企业法务管理

从入门到精通

胡礼新◎主编

中国铁道出版社有限公司
CHINA RAILWAY PUBLISHING HOUSE CO., LTD.

图书在版编目（CIP）数据

企业法务管理从入门到精通 / 胡礼新主编 .—北京：
中国铁道出版社有限公司，2023.12
ISBN 978-7-113-29650-6

Ⅰ.①企… Ⅱ.①胡… Ⅲ.①企业法－基本知识－中
国 Ⅳ.① D922.291.914

中国版本图书馆 CIP 数据核字（2022）第 168607 号

书　　名：**企业法务管理从入门到精通**
　　　　　QIYE FAWU GUANLI CONG RUMEN DAO JINGTONG
作　　者：胡礼新

责任编辑：吕　芨　**编辑部电话：**（010）51873035　**电子邮箱：**181729035@qq.com
封面设计：宿　萌
责任校对：苗　丹
责任印制：赵星辰

出版发行：中国铁道出版社有限公司（100054，北京市西城区右安门西街8号）
网　　址：http://www.tdpress.com
印　　刷：河北宝昌佳彩印刷有限公司
版　　次：2023年12月第1版　2023年12月第1次印刷
开　　本：710 mm×1 000 mm 1/16　**印张：**19.5　**字数：**317千
书　　号：ISBN 978-7-113-29650-6
定　　价：88.00元

编 委 会

主　　编：胡礼新

副 主 编：张异般

参编人员：（排名不分先后，以姓氏拼音字母为顺序）

刘靖晖　牟敦波　孙俊霞

魏　玮　钟　静　赵　暖

编委会成员简介

胡礼新

北京志霖律所高级合伙人，擅长公司法律业务，包括股权激励、股权设计、股权并购与融资、公司诉讼与仲裁、公司治理、公司法律顾问等。曾受到央视主持人邓丽娟的专访。央视云访谈崛起中国节目连线律师。入选 2018 年中国当代优秀律师。2022 年曾参与中国中小企业协会团体标准《中小企业合规管理体系有效性评价》的草拟工作。2017 年出版专著《中小企业股权激励实操》，2019 年出版专著《股权冲突预防与应对策略》，好评如潮。

张异般

北京志霖律师事务所合伙人，擅长处理民商事交易风险、制度梳理、法律文件及案件诉辩等与企业相关的法律事务。中国政法大学民商法硕士、北京大学法学学士。曾任职于北京两级法院的民事审判庭和执行局，数次发表调研文章和论文获得法院系统调研奖项，办理的强制执行案件，曾在北京晚报、北京电视台等媒体进行过报道。

牟敦波

毕业于中国政法大学研究生院，现任北京志霖律师事务所高级合伙人，同时也是北京市律师协会民法委委员。曾任中国石油华油集团法务部副处长、办公室主任（正处级）、华能集团日照发电公司财务部会计。具有 16 年法律顾问工作经验，曾获得"国务院国资委央企优秀法律工作者"称号。

刘靖晖

自 2006 年开始从事知识产权法律相关工作以来，有近 18 年的工作经验。曾担任志霖南通办事处负责人，负责南通办事处知识产权业务团队的整体运营和管理。擅长民商事法律事务、知识产权诉讼法律事务，曾先后为泸州老窖、剑南春、九阳股份有限公司等单位提供知识产权维权诉讼服务工作。

孙俊霞

2005 年毕业于中国政法大学，硕士研究生。2006 年正式开始执业，擅长公司法、证券法、合同法等方面的法律事务，拥有中国注册会计师资格、证券从业资格、基金从业资格、期货从业资格、深圳证券交易所董事会秘书资格。为多家上市公司、大型企业集团公司、证券公司提供过诉讼、非诉讼法律服务。

赵暖

毕业于华东政法大学、英国杜伦大学，拥有管理学学士、法学硕士学位。在公司并购、投融资、外商投资、企业解散清算等业务领域有丰富经验，曾为多家大中型企业、中外合营企业、境外公司提供法律服务。曾完成多个中外合营企业、民营公司解散清算项目，并在项目过程中提供法律服务。

钟静

2005 年开始从事律师工作，现为北京市伟拓律师事务所合伙人。具备上市公司独立董事资格，擅长公司顾问、私募基金、知识产权、投融资及商事争议解决等。参与过企业改制、股权投融资、公司治理与合规等专项法律服务，服务过大型国有企业、上市公司、行业头部公司及投资基金等机构。

魏玮

毕业于清华大学，现任北京志霖律师事务所律师。曾在北京市隆安律师事务所担任律师。擅长企业投融资业务和财税业务，为企业和投资人提供投融资法律服务和税务整体建议，还涉及合同业务、公司法律业务和知识产权业务。曾服务过三星电子、高通、日立建机、兄弟株式会社、中兴电子、奇虎 360 等企业。

前　　言

　　企业从设立到注销的整个生命周期会涉及很多法律风险，其中包括民商事法律风险（如违约赔偿）、行政法律风险（如行政处罚），还有刑事法律风险（如被判刑）。许多企业常常会遇到以下情况：因平时经营不规范，又未经专业法律人士的指导，经常会把公司治理和股权激励搞得相互冲突；被漏洞百出的合同和知识产权问题弄得愁眉不展；因投融资与税务问题，导致损失惨重；进入创新行业或执行解散程序后不知所措；企业遇到诉讼和其他危机时有苦难言。

　　针对以上类似问题，企业通常是没有遇到时过度自信，觉得所谓的法律风险只不过是律师危言耸听的说辞，离自己还很远。可是一旦风险来临，企业就惊慌失措，对自己过去的草率后悔不已。企业高管后悔当初没请专业的律师把关，企业法务后悔当初没学好专业本领。于是决心学习企业法律实务，结果发现既通俗易懂又有一定深度的书不多，既有丰富实操经验又有理论高度的书籍更少。

　　鉴于这种现状，编辑就联系了我，希望我能出一本专业书籍。可是企业法律实务涉及面广、内容丰富，我一个人短时间很难写好。幸好，周围有几位在企业法律实务领域既有丰富执业经验又有理论深度的优秀律师。于是，我就请他们选择各自擅长的业务领域与读者分享。我们的写作要求是简洁务实，让初学者读得懂，使资深法务有收获。

　　参与本书撰写的共有八人，按照目录中章节前后顺序，他们分别是：

　　胡礼新律师：撰写　第一章、第二章和第三章；

　　钟　静律师：撰写　第四章；

　　张异般律师：撰写　第五章、第九章和第十一章；

　　刘靖晖律师：撰写　第六章；

　　孙俊霞律师：撰写　第七章；

　　魏　玮律师：撰写　第八章；

赵　　暖律师：撰写　　第十章；

牟敦波律师：撰写　　第十二章。

感谢以上律师在繁忙的工作之余抽出时间将自己多年宝贵的办案经验和心得体会呈现给各位读者。

本书共十二章，涉及企业设立、公司法理、股权激励、合同的制作、审查与管理、企业劳动关系实务、企业知识产权、企业融资与投资并购法律实务、企业运营相关税收实务、公司数据化业务的法律问题及风险应对、企业解散、企业相关诉讼法律风险分析、企业管理者法律风险防控。这些内容涵盖了企业的整个生命周期，可为企业防范、控制和解决常见法律问题提供翔实的参考。

对于本书的出版我们要感谢家人们的大力支持，让我们能腾出时间来静心写作；感谢中国铁道出版社有限公司吕芨编辑及相关工作人员为本书的编辑和出版所付出的辛劳；感谢财新网法务部陈楠女士从企业法务的角度提出的宝贵意见；感谢我的助手赵云龙对书稿中图表的整理；最后我们还要特别感谢曾经或正在委托我们的顾问单位对我们的信任与支持，让我们的专业能力有了用武之地，使我们有不断丰富实践经验并为国家法治进步出一份力的机会。

胡礼新

于北京环球贸易中心

2023 年 9 月

目　　录

第三章　股权激励

第四章　合同的制作、审查与管理

第五章　企业劳动关系实务

第六章　企业知识产权

第七章　企业融资与投资并购法律实务

第八章　企业运营相关税收实务

第九章　公司数据化业务的法律问题及风险应对

第十章　企业解散

第十一章　企业相关诉讼法律风险分析

第十二章 企业管理者法律风险防控

第一章

企业设立

一个企业的设立就相当于一个新生儿的诞生，需要取名字、办营业执照（相当于孩子出生后要办理出生证）。在中国，目前的企业形式主要包括有限公司、股份有限公司、普通合伙企业和有限合伙企业等。

第一节 有限公司的设立

有限公司是目前中国最常见的企业组织形式，本节将告诉你在设立有限公司前需要弄清楚哪些重要问题，公司出资时要注意哪些法律问题。

一、公司设立前需要弄清楚哪些重要问题

设立公司时所做的一系列工作就类似为一座大厦打地基，设计的图纸、所选的地址、施工方案及使用材料等因素都将直接影响大厦的稳固和高度。所以，有限公司在设立前一定要把一些影响公司前途与稳定的重要事项弄清楚。

（一）公司要怎么取名称

公司名称是公司区别于其他公司和市场主体的标志。公司的名称就像人的姓名一样非常重要，除了能区别于其他市场主体外，还可以赋予特定的含义，让潜在的客户产生美好的联想，记住公司。例如，1992 年以前有一款叫"巴依尔"的进口汽车，这个名字从中文字面看没有什么特别含义，也不好记，市场反应冷淡，后来改名为"宝马"，让人一听就感觉是一款又快又好的汽车，在市场上不断热卖。可见，取一个好的名字可以为公司的发展带来更多的商机。

此外，公司名称还要符合法律规则。早在 1991 年，就出台了企业名称登记管理规定，之后经先后两次修订，形成了现行的版本，并于 2021 年 3 月 1 日起施行。修改主要有以下变化。

1. 可通过数据库筛选备用名称

企业名称申报系统和企业名称数据库向社会开放，申请人可以事先登录网络检索进行自查。如果准备启用的名称已经在数据库中存在，说明被别人用过了，就不能再用相同的名称。

2. 跨区域、跨行业的企业名称取用规则

跨省、自治区、直辖市经营的企业，其名称可以不含行政区划名称；跨行

业综合经营的企业，其名称可以不含行业或者经营特点。例如，今日头条有限公司的注册地址为北京市海淀区，但其经营的范围包括北京、上海、天津、江西、河南、福建等地，所以"今日头条有限公司"名称中可以不含行政区划名称。跨行业综合经营的企业也是同样的道理，如"新希望集团有限公司"同时经营多个行业，包括置业、化工、资产管理、农业……让它归属哪一类都不合适，因此这类公司名称可以不含行业信息。

3. 企业名称予以保留的时间更短

企业登记机关对通过企业名称申报系统提交完成的企业名称予以保留，保留期为两个月。企业名称予以保留的时间大大缩短，以免部分名称长期闲置不用。

设立企业依法应当报经批准或者企业经营范围中有在登记前须经批准的项目的，保留期为一年。

除了以上介绍的《企业名称登记管理规定》中的相关规定外，实操中，申请人（准备投资设立公司的出资人）可以在办理登记时直接向企业登记机关提交拟登记的企业名称，也可通过网上自主申报系统查询、比对并保留企业名称。例如，在北京注册设立公司可通过"北京市企业服务 e 窗通平台"自主申请。其他省市一般也有相应的服务平台。

（二）企业名称的构成

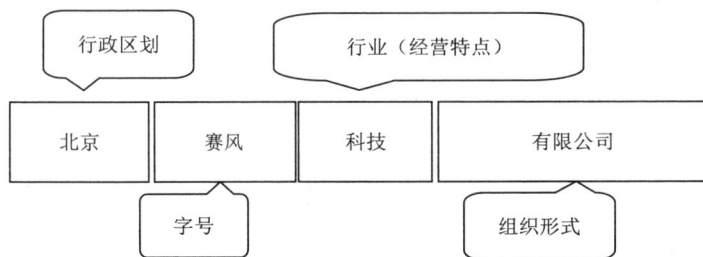

图 1-1　企业名称构成示例

一个企业名称由行政区划、字号、行业（经营特点）、组织形式组成，如图 1-1 所示。为降低重名的概率，建议提前准备 3~5 个符合国家规范的汉字作为企业名称中的字号。下面介绍企业名称的四个组成部分。

1. 行政区划

企业名称中的行政区划一般表述为"北京""北京市"，"北京"也可以在名称中间使用，但应加上括号，如赛风（北京）科技有限公司、赛风科技（北京）有限公司。

含"中国""中华""中央""全国""国家"等字样应当按照有关规定从严审核，内资企业新设，申请人通过国家市场监督管理总局企业登记网上注册申报服务系统进行查询、比对并拟好准备用的名称，再报国务院批准。

企业名称中间含有"中国""中华""全国""国家"等字词的，该字词应当是行业限定语。

使用外国投资者字号的外商独资或者控股的外商投资企业，企业名称中可以含有"（中国）"字样。

2. 字号

字号是区别与你公司从事的主要业务相同的其他企业的标志。字号应由两个以上符合国家规范的汉字组成。这是名称中最核心的部分，建议公司成立后立即将字号注册为商标。通常我们会用公司的字号作为公司的简称，例如"京东""腾讯""华为""海尔"等均为这些公司的字号。

3. 行业（经营特点）

名称中的行业（经营特点）是指准备设立的公司所要从事的主要经营项目。

例如，以技术开发为主的，行业可表述为"科技""技术""科技开发"等。以经营餐饮为主的，可以表述为"餐饮""酒楼""饭馆"等。

在选择拟从事的行业时，应参照国家统计局印发的《国民经济行业分类》确定。

4. 组织形式

组织形式是企业组织结构或者责任形式的体现。公司制企业一般应表述为"有限公司""有限责任公司""股份有限公司""股份有限责任公司"。

合伙企业在组织形式后还应加"（普通合伙）""（有限合伙）""（特殊普通合伙）"等字样，如北京济民中医医院（普通合伙）、北京中邮投资中心（有限合伙）、大信会计师事务所（特殊普通合伙）。

如果要设立集团企业，名称怎么取呢？控股企业可以在其名称的组织形式之前使用"集团"或者"（集团）"字样。例如，中国南水北调集团有限公司。需要使用企业集团名称的，控股企业应当在其变更登记时一并登记，并在章程中记载。

（三）选择企业住所时应注意哪些问题

申请人采取自主承诺申报办理住所登记。市场主体应当使用真实、合法、安全的非住宅类规划用途的固定场所作为住所，并对住所的真实性、合法性、安全性负责。除填写登记表格相应内容外,应提交产权人签字（单位加盖公章）的不动产登记（房屋所有权）证复印件，而且权属证明记载的房屋用途应为非住宅（公寓、别墅）类性质。

（四）如何选择经营范围

所谓经营范围，就是指公司从事的行业、经营项目的种类。公司经营范围要依法经过登记，有些还需要依法经过批准。载明公司经营范围是明确公司开展业务活动的界限，便于政府监督管理，也便于公司经营管理人员执行。选定的经营项目需要记载在公司章程和公司营业执照中。表1-1所示为常见的公司经营项目，可根据公司的类别和实际经营计划选择相应的经营项目。

表1-1　公司类别与常见经营项目对应表

公司类别	常见经营项目
科技类公司	一般经营项目：技术开发、技术推广、技术转让、技术咨询、技术服务；软件开发
商贸类公司	一般经营项目：销售日用品、文化用品、体育用品、化妆品、服装鞋帽、针纺织品、工艺美术品、珠宝首饰、电子产品、计算机软硬件及辅助设备、家用电器、汽车、汽车配件、机械设备、通信设备、建筑材料、矿产品、金属制品、塑料制品
商贸服务类公司	一般经营项目：企业管理；经济贸易咨询；市场调查；商贸服务类企业；承办展览展示；设计、制作、代理、发布广告；商标代理、版权代理；翻译服务；打字、复印
餐饮、住宿类公司	餐饮、住宿类企业许可经营项目：餐饮服务、住宿

（五）公司的机构及其产生办法、职权、议事规则

公司设立后，依法应建立符合有限公司要求的组织机构，如股东会、董事会、经理、监事会等。具体的产生办法，应当在公司章程中载明，如董事会的组成人数是几人、董事长和副董事长如何产生、董事的任期是多久、董事如何改选等。对上述机构的职权、议事规则、议事程序等具体问题，也应在公司章程中约定。

（六）公司法定代表人

有限责任公司或股份有限公司都是企业法人。公司的法定代表人应是具有完全民事行为能力的自然人，是代表法人从事民事活动的负责人。法律规定，在公司对外发生法律关系时，由法定代表人代表公司作出法人意思表示。法定代表人也就是平时代表公司对外签约或签署其他法律文件的人，公司出了事当然也会是责任人。例如，公司欠钱不还，债权人可向法院申请将公司法定代表人纳入限制消费人群。按照《中华人民共和国公司法》（以下简称公司法）的规定，公司法定代表人只能由董事长（有董事会的公司）、执行董事（无董事

会的公司）或经理（日常生活中被称为总经理或总裁）担任，具体由哪一种身份的人担任，公司法交给公司章程来具体规定。

二、关于公司出资的几个法律问题

公司经营的资本主要来自投资人的出资，公司成立之初租场地、购买办公设备、发工资等开支都需要依赖公司出资所形成的现金流。但谁可以向公司出资、用什么出资、什么时候出资都是有讲究的。

（一）公司投资人（股东）的身份要求与限制

自然人、法人及非法人组织都可以投资设立公司，成为公司的股东。但是，根据现行法律、法规及相关规定，以下组织或个人不能成为公司的投资人（股东）：

①各级党政机关（含政法机关）、军队、武警部队；

②各级党政机关所属事业单位，除非其属于：新闻、出版、科研、设计、医院、院校、图书馆、博物馆、公园、影剧院、演出团体类性质的，或本市各区所设乡镇集体资产运营中心可以成为企业投资者。国务院各委办所属机关后勤服务中心可作为本系统提供相关后勤服务类企业的投资者，但其所办企业不得再投资兴办企业；

③党政机关（含政法机关）主办的社会团体；

④合伙企业、个人独资企业等非法人企业或组织不能成为一人有限公司股东；

⑤一个自然人只能投资设立一个一人有限公司，该一人有限公司不能投资设立新的一人有限公司；

⑥法律、法规禁止从事营利性活动的人（如公务员、现役军人等）；

⑦律师事务所；

⑧法律、行政法规规定的其他情形。

（二）合理确定公司注册资本及缴纳期限

我国公司法经历了由实缴制到认缴制的变化。实缴制就是公司营业执照上注册资本写多少，股东就必须立马投入相应的金额。认缴制是公司营业执照上的注册资本总额，不需要马上实际投入，按照公司章程规定的期限缴纳即可，这样就降低了创业的门槛。

1. 什么是公司注册资本

公司的注册资本，是指公司章程所记载的股东认缴的全部资本，而非股东实际缴纳的资本。例如，一家有限公司章程记载的注册资本是 100 万元，股东

A 和股东 B 分别认缴 60 万元和 40 万元，但公司设立时，两位股东各自仅实际缴纳了 5 万元。此时，这家公司的注册资本仍然是 100 万元，而不是 10 万元。

有限公司的注册资本，是指以货币表示的各股东认缴的出资额的总和；发起设立的股份有限公司注册资本，是在公司登记机关登记的全体发起人认购的股本总额；募集设立的股份有限公司注册资本则是在公司登记机关登记的实收股本总额。不管是有限公司还是股份有限公司，均应在公司章程中载明公司注册资本的具体数额，同时在公司的营业执照上记载。

2. 确定注册资本金额与缴纳期限

2014 年 3 月 1 日起，注册资本登记制度改革正式施行，实缴登记制变为认缴登记制。在公司设立时，不要求公司股东必须同时缴纳所有的认缴注册资本额。股东可以不实际出资，而是根据公司章程规定的出资方式、出资时间和出资额履行出资义务。也就是把公司注册资本金额与缴纳期限的决定权交给股东自己，登记机关只登记股东（发起人）认缴的注册资本总额。实收资本不再作为登记事项，公司登记也无须提交验资报告。取消了对公司法定最低注册资本的要求，但并不是公司可以没有注册资本，就算是 1 元的注册资本，仍然要记载于公司章程并依法登记。

此外，仅保留对银行业金融机构、期货公司、基金管理公司、保险专业代理机构、保险经纪人、直销企业、对外劳务合作企业、融资性担保公司、劳务派遣企业、典当行、小额贷款公司和保险资产管理公司等的注册资本实缴、最低限额的硬性要求。

（三）股东的出资方式、出资额和出资时间

股东（发起人）可以自主约定出资比例、出资方式和出资期限。认缴制并没有改变公司股东以其认缴的出资额承担责任的规定。股东（发起人）应按照记载于章程的认缴出资额、约定的出资方式和出资期限向公司缴付出资。如未按约定实际缴付出资，公司和已按时缴足出资的股东（发起人）可以追究其违约责任。如果公司发生债务纠纷导致破产清算，股东（发起人）即使未缴足出资，也必须根据其认缴的出资数额承担责任。因此，请投资者自觉履行出资责任，约定合理的出资期限，并践诺守信。注册资本数额越大，并不能说明公司实力越强、信用越好。公司认缴的出资金额及出资期限将通过企业信用信息公示系统向社会进行披露。如果超出股东经济实力盲目认缴巨额资本，超过合理期限随意约定过长的出资时间，不仅会加大股东责任，而且也会影响公司的公信度和竞争力。

因此，请股东（发起人）在认缴出资时充分考虑到自身所具有的投资能力，理性确定认缴金额及出资时间，以避免承担与自身实力不符的责任风险。公司设立时，注册资本是公司经营的启动资金，在公司运营过程中，转换为公司财产的构成部分。"一元钱办公司"只是一个形象的比喻。投资者还是应该根据公司从事的生产经营活动，合理选择相匹配的注册资本规模，以适应公司发展的需要。

（四）股东可以用什么作为出资

股东可以用货币出资，也可以用实物、知识产权、土地使用权等可以用货币估价并可以依法转让的非货币财产作价出资；另外，股权和债权也可以作为财产作价出资。但是，法律、行政法规规定不得作为出资的财产除外。例如，商誉与劳务不得作为出资。

对作为出资的非货币财产应当评估作价，核实财产时不得高估或者低估作价。法律、行政法规对评估作价有规定的，从其规定。

股东以货币出资的，应当将货币出资足额存入有限公司在银行开设的账户；以非货币财产出资的，应当依法办理其财产权的转移手续。另外，现实生活中有许多投资人经常会问，某朋友社会关系很丰富，能否把他的社会资源当成出资。还有就是某个朋友在技术方面或管理方面能力很强，能否把他的技术或管理能力当成出资。由于社会资源、技术或管理能力具有很强的人身属性，难于转让，所以，按照现行的法律规定是不能直接用于出资的。但这些又是企业经营过程中特别重要的。其实我们可以用股权激励的方式来使社会资源、技术或管理能力达到出资的效果。本书将在第三章中介绍相关内容。

第二节　合伙企业的设立

合伙企业是人合性较强的企业组织形式，大多数投资基金、持股平台、会计师事务所和律师事务所等主要设立为合伙企业。本节将告诉你在设立合伙企业前需要弄清楚哪些重要问题，合伙企业出资时要注意的法律问题。

一、设立前需要弄清楚哪些问题

合伙企业，是指自然人、法人和其他组织《依照中华人民共和国合伙企业法》（以下简称合伙企业法）在中国境内设立的普通合伙企业和有限合伙企业。

普通合伙企业由普通合伙人组成，合伙人对合伙企业债务承担无限连带责任。有限合伙企业由普通合伙人和有限合伙人组成，普通合伙人对合伙企业债务承担无限连带责任，有限合伙人以其认缴的出资额为限对合伙企业的债务承担责任。

有限合伙人在出资责任方面与有限公司中的股东类似，只在认缴出资的额度范围内承担有限责任。例如，某合伙企业中，全体合伙人认缴出资 100 万元，结果该合伙企业经营亏损导致负债 1 000 万元，那么全体合伙人把认缴出资的 100 万元赔完后，普通合伙人还要对该企业剩下的 900 万元债务承担偿还责任。而有限合伙人对剩下的 900 万元债务就没有偿还义务。

我国法律规范的合伙企业类型共有三种，分别为：普通合伙企业、特殊的普通合伙企业、有限合伙企业。根据现行的法律规定，要设立合伙企业，需要注意弄清楚以下几个问题。

（一）设立合伙企业须有两个以上的合伙人

合伙企业的设立必须具有两个或两个以上的合伙人，包括自然人、法人或其他组织，否则不称其为合伙企业。至于普通合伙企业，合伙人数没有最高限制，允许当事人自行选择。但有限合伙企业的合伙人数是有限制的，最多 50 人，与有限公司股东人数的最高限额一样。有限合伙企业中至少应当有一位普通合伙人作为兜底人为企业的债务承担无限连带责任。

合伙人为自然人的，应当为具有完全民事行为能力的人。智力正常并且年满 18 周岁的成年人，或 16 周岁以上的未成年人，以自己的劳动收入为主要生活来源的，都视为完全民事行为能力人。

（二）设立合伙企业应有书面合伙协议

合伙协议一般具有三方面的功能：一是用作企业设立登记时，向登记机关登记备案的文件；二是作为企业从事经营活动的准则；三是作为协调各合伙人之间关系的基本准则和依据。从企业经营方面来看，合伙协议规定了合伙企业的经营范围、经营目的、经营规则等企业重大问题，是开展生产经营活动、管理合伙企业的基本依据。从协调各合伙人之间关系来看，合伙协议规定了各合伙人之间相互的权利、义务及对企业的权利、义务，是调整企业各类内外部关系的基本准则，相当于有限公司中的公司章程。

（三）设立合伙企业各合伙人须认缴或实际缴付出资

合伙企业的设立筹备阶段和生产经营的过程中需要一定的资金保障，虽然合伙企业是人合性企业，法律对其资金的要求较为灵活，但仍要求其有合伙人认缴或者实际缴付的出资。各合伙人认缴的出资，即在合伙人之间签订合伙协议，设立合伙企业时各自承诺要向企业投入、缴付于企业用于生产经营的出资。实际缴付的出资，指合伙人承诺并实际投入的财产，它既是企业经营的财产保障，也是对外的信用保证。

（四）设立合伙企业应有合伙企业的名称和生产经营场所

如同自然人的姓名一样，企业名称是企业区别于其他组织的基本标志。一方面，企业要有一个自己的名称以便对外开展活动；另一方面，随着企业经营的发展，产品与经验的积累，名称可能形成品牌，使企业品牌具有较高的内在价值，使得企业形成自己的商誉与字号。具体的名称登记规则适用《企业名称登记管理规定》，与本章第一节讲的有限公司名称使用相似。

（五）有限合伙企业的特别规定

所谓的特别规定，主要是与其他类型的企业比较而言，包括以下几点：①有限合伙企业由二个以上五十个以下合伙人设立，但是，法律另有规定的除外；②有限合伙企业至少应当有一个普通合伙人；③有限合伙企业由普通合伙人（GP）执行合伙事务，执行事务合伙人可以要求在合伙协议中确定执行事务的报酬及报酬提取方式，有限合伙人（LP）不执行合伙事务，不得对外代表有限合伙企业。也就是说执行事务合伙人实际控制企业，不管投资比例的大小，就算执行事务合伙人投资的比例仅占1%，也照常由其实际控制企业，代表企业处理经营事务；④有限合伙人可以同本有限合伙企业进行交易、可以自营或者同他人合作经营与本有限合伙企业相竞争的业务；但是，合伙协议另有约定的除外。有限合伙人就是财务投资人，只管出钱和分钱，中间怎么经营的一般不用管，也无权管理。同时，自己做其他的投资甚至与有限合伙企业一样的经营也不受限制。

（六）特殊的普通合伙企业的特别规定

主要注意掌握以下几点：①以专业知识和专门技能为客户提供有偿服务的

专业服务机构，可以设立为特殊的普通合伙企业，如律师事务所和会计师事务所等。②一个合伙人或者数个合伙人在执业活动中因故意或者重大过失造成合伙企业债务的，应当承担无限责任或者无限连带责任，其他合伙人以其在合伙企业中的财产份额为限承担责任。③合伙人在执业活动中非因故意或者重大过失造成的合伙企业债务以及合伙企业的其他债务，由全体合伙人承担无限连带责任。④合伙人执业活动中因故意或者重大过失造成的合伙企业债务，以合伙企业财产对外承担责任后，该合伙人应当按照合伙协议的约定对给合伙企业造成的损失承担赔偿责任。可见，合伙人的执业风险还是比较大的，搞不好就会倾家荡产。为了防范这类风险，参与执业的合伙人可以购买相应的执业责任保险。

二、合伙企业出资与合伙协议相关的问题

合伙企业与有限公司对出资有什么不同要求？合伙企业中没有章程，但是要有合伙协议，这种协议就类似公司章程的统领作用，那么设计相关条款时要注意什么？

（一）合伙人的劳务是否可以作为出资

由于法律允许合伙人以现金、实物、知识产权、土地使用权以及劳务等资产与方式对企业出资，而且不同的合伙人用于出资的方式可能有所不同，协议应分别对不同的合伙人的出资方式作出规定。有限合伙人可以用货币、实物、知识产权、土地使用权或者其他财产权利作价出资，但不得以劳务出资。

以劳务出资，是将某一特定人的劳务，看作是一种财产权利而允许其作为对合伙企业的出资方式。由于特定的劳务，如某人的管理技能、某个知名厨师的烹调技艺等具有较高的价值含量，实际应用能产生经济效益。世界上多数国家和地区的立法对以这种劳务为合伙人出资的做法是肯定的，即允许部分合伙人以其特定的劳务对合伙企业进行出资。

我国合伙企业法也允许普通合伙人以劳务出资。但由于劳务出资不是有形财产出资，其价值具有不确定性。为避免纠纷，维护劳务出资者和企业的合法权益，合伙人以劳务出资的，其评估办法由全体合伙人协商确定，并要在合伙协议中载明。对于这种评估的方式，既可以由全体合伙人协商确定，也可以委托评估机构来承担。

在现实生活中，用于对企业投资的财产除上述五种以外，还有许多其他

财产，如股权、债权、信托受益权、矿产资源开发权、林地使用权等。

（二）与合伙协议有关的法律问题

合伙协议是确定合伙人之间的权利义务关系的协议，是调整合伙内部关系的依据。合伙协议的特征主要表现为：一方面，它是一种共同行为。要成为合伙人，必须毫无保留地接受合伙协议的全部条款；另一方面，它具有共担风险、共享收益的内容。各个合伙人都应当按照合伙协议享受权利和承担义务，任何一个合伙人违反协议对其他合伙人都构成违约。

下面介绍四个与合伙协议相关的法律问题。

第一，没有出资或未按照约定足额出资的合伙人要承担违约责任。因合伙协议解除，如果合伙协议对资金占用方的违约金有约定的，按照约定计算违约金。若未约定违约金，资金占用方需按照贷款市场报价利率（LPR）向出资人支付法定孳息。这通常是在合伙企业中有的合伙人实际出资了，而有的合伙人却没有出资或未按照约定足额出资，在合伙协议解除时会产生的问题。

第二，合伙人未实际参与合伙事务管理并非合伙关系解除的法定条件，当事人主张合伙人未实际参与合伙事务的时间为清算时间的，不予支持。这通常是合伙企业中一个重要的经营管理合伙人没有如期参与合伙事务时会产生的问题。

第三，合伙协议约定的期限届满后，当事人的合伙关系并不必然终止。合伙人仍从事合伙经营事务，并分配合伙盈余，应视为合伙关系继续存在，仅是合伙的期限为不固定期限。为了使合伙企业后续能更稳定地发展，可以经全体合伙人一致同意延长经营期限并记载在合伙协议中。

第四，合伙财产因为经营管理不善而灭失，合伙人在未请求解除合伙关系、未对合伙财产进行清算的情况下要求其他合伙人承担赔偿责任的，不予支持。合伙财产的显著特点就是相对独立和完整。合伙财产由于合伙经营过程中因经营管理不善而灭失，应当由合伙企业承担责任。在未查清合伙财务账目、盈亏尚未确定的情况下，合伙财产不宜做分割。所以，如果发现执行事务合伙人经营不善或者有恶意侵害企业利益的行为，应该尽早请求解除合伙关系并对合伙财产进行清算，以防止损失的扩大。

第二章

公司治理

　　公司治理，是指用以平衡股东层面、董事层面、经营者层面乃至其他相关者利益的一整套机制，其目的在于使公司能够健康长久发展，取得更好的经营业绩。公司治理涉及公司运营的方方面面。一套符合公司实际需要的公司治理机制，不仅能增强抵御外来风险的能力，而且能提升公司运营效率、透明度，减少内耗，让公司各利益群体专注于公司业务发展，创造更多的市场价值。

第一节 中国公司治理的常见缺陷

2019 年 8 月 19 日，由 181 位美国顶级公司 CEO 组成的商业圆桌会议（Business Roundtable）发表联合声明，重新定义了公司经营的宗旨，认为股东利益不再是一个公司最重要的目标，公司的首要任务是创造一个美好社会。这份《公司宗旨宣言书》称，"虽然我们每个公司都有各自目标，但我们对所有利益相关方都有一个共同且基本的承诺"，这些承诺包括"为客户提供价值""投资于我们的员工""公平和道德地对待我们的供应商""支持我们工作的社区"，还有"为股东创造长期价值"。

当今社会，公司内外部生存环境急速变化，只有适时理顺公司治理模式，方能保证公司管理顺畅，保持公司的持久生命力。公司治理主要涉及的是法律问题。

在第四次工业革命条件下，管理者股东化是互联网时代信息不对称加剧对公司组织重构的内在需求，其背后逻辑是，外部投资者通过让渡部分投票权来降低投资风险，同时投票权配置权重向创业团队倾斜，达到一箭双雕的效果。这一方面通过对人力资本的加倍奖励，实现雇佣关系长期化、稳定化，另一方面降低上市公司被敌意收购的风险，实现经营者和投资者双赢。

公司治理的多样性导致公司在面对统一的法律规范时产生越来越多的抵触。道德在公司治理中的作用逐步增加，道德规范不是公司运行中的一个装饰物，当公司所有权广泛分散时，它是对管理者的监督和对股东利益保护的重要保障。

2008 年爆发的国际金融危机及其对经济社会的长期影响，引起了国际社会对公司治理的深刻反思。监管失灵或过度监管、扭曲的资本市场、司法体系的弱化等都是导致公司治理失败的原因。而外部机制公司是很难改变的，而内部机制却是公司大有可为的。从公司治理的内部机制看，股东会、董事会、管理层都是造成公司治理失败的主角。

下面将从公司治理的内部机制谈谈常见的问题。

一、股权结构不合理

在英美法国家，公司股权表现出较低的集中度。而在大陆法国家，尤其在以家族企业为主体的东亚国家，绝对控股模式和相对控股模式成为一般公司甚至上市公司占主导地位的股权结构。

（一）股权高度集中引发股东间冲突

我国公司治理亟待解决的一个问题是股东之间的矛盾。股东之间的内斗和大股东对中小股东的欺压是有限公司最为典型和突出的问题。为实现自己意志和确保自身利益，控制权和管理权的争夺往往成为争斗的核心内容。大量公司的解散倒闭并非因为经营亏损，实是因为控制权争夺导致公司机构陷于瘫痪，公司运营陷入僵局。而上市公司的经营丑闻和违法违规事件也多与控股股东或实际控制人的过度控制和权利滥用相关，但控制权冲突同样是我国股份公司治理的核心问题之一。如国美控制权争夺战和万科控制权争夺战等。

在一股独大的情况下，股东会、董事会和监事会形同虚设，企业无法摆脱"一言堂"和家长式管理模式。在公司步入规模化、多元化经营以后，缺乏制衡机制，决策失误的可能性大大增加，企业承担的风险会随着公司规模的扩大而同步增大。

治理风险：①企业行为与大股东个人行为混同，在法律上因刺破公司面纱，股东将对公司无力偿还的债务承担连带责任，将股东的有限责任变成无限责任；②大股东容易忽视小股东的利益，小股东的权利容易受到侵害。

（二）股权平均分配或过度分散导致公司缺少主心骨

公司各股东持股比例相同或相近，比如，公司两个股东，各持50%股权；或者三个股东30%，30%，40%等（见图2-1）。这样的分配并不是说一定不行。但无论从公司治理的原理上，还是从实践经验来看都具有很大的风险和失败概率。

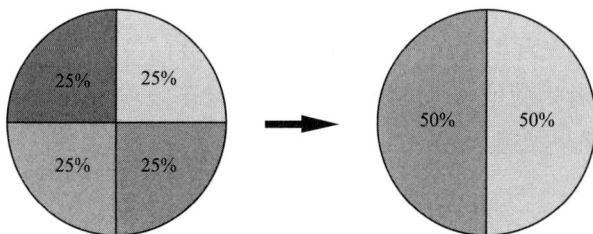

图2-1　股权平分结构示例

因为每个人的思维方式、性格、知识水平和经验等存在差异，对公司的发展和经营方面的决策就会产生不同意见，平分的股权结构使得公司无法做出有效的决策。

另外，如果公司股权过度分散，各自持股比例较少，会使公司治理效率低下；公司实际控制人缺位，公司经营发展方向不明确，股东会召开困难或难以形成有效的决议；也易引起投资人对公司控制权及公司稳定性的担忧，不利于公司融资。

治理风险主要有两个：①难于形成有效的股东会决议；②容易激化股东之间的矛盾。

（三）传统资本与人力资本比例关系失调

许多人认为，应按照出资比例占有相应的股权。其实，股权比例与出资比例并不必然存在对等关系。知识经济时代，知识也是一种资本，而且会成为主导公司成败的主要因素，所以传统的金钱资本可以选择人力资本，人力资本也可以选择金钱资本，依据双方的稀缺性及各自贡献在市场中体现议价能力。创业融资就是典型的人力资本与金钱资本的双向选择。创业者可以出小钱占大股，甚至不出钱占大股，前提是创业者及创业项目确实有价值和议价能力。但现实中有许多创业公司让出钱不干活的投资人当大股东，而实际干活的核心团队反而只拿工资或仅占很小比例的股权。还有一种是创业团队为了融资把股权比例稀释过多，最终创业团队沦为小股东，心态也由创业者变为打工者。如之前发展得不错的"红孩子"和"俏江南"就是典型的案例。

治理风险：①公司创始人团队的贡献与其从公司取得的长期回报失衡，心态也失衡，工作积极性下降；②创始人团队与公司利益不一致，过度职务消费和损公肥私的现象频繁发生；③出资的大股东与创始人团队容易发生利益冲突并导致创始人团队集体出走，严重影响公司的稳定和发展。

（四）夫妻两人成为公司主要股东

此外，许多民营企业在创业之初即为夫妻共同打天下，公司注册为夫妻两人所有。或者为满足公司法规定有限公司股东必须为两人以上的要求，将配偶也作为股东，实质上由一人出资经营。

【案例】

2020 年 6 月 28 日由最高法院作出判决的 (2019) 最高法民再 372 号案。

　　青曼瑞公司系熊某（男）、沈某（女）夫妻二人婚后出资成立的有限责任公司（夫妻公司），两人在案件审理中没有提交夫妻财产分割的书面证明，青曼瑞公司的注册资本来源于夫妻二人的共同财产，青曼瑞公司的全部股权属于熊某、沈某婚后取得的财产，从《中华人民共和国婚姻法》以下简称婚姻法（自2021年1月1日起婚姻法废止，同时《中华人民共和国民法典》（以下简称民法典）生效）上判断归夫妻二人共同共有。

　　当时的最高人民法院认为，公司法第五十七条第二款规定："本法所称一人有限责任公司，是指只有一个自然人股东或者一个法人股东的有限责任公司。"本案中，青曼瑞公司虽系熊某、沈某两人出资成立，但熊某、沈某为夫妻，青曼瑞公司设立于双方婚姻存续期间，且青曼瑞公司工商登记备案资料中没有熊某、沈某财产分割的书面证明或协议，熊某、沈某亦未补充提交。根据婚姻法第十七条、第十八条及第十九条的规定，夫妻在婚姻存续期间所得财产归夫妻共同共有。据此可以认定，青曼瑞公司的注册资本来源于熊某、沈某的夫妻共同财产，青曼瑞公司的全部股权属于熊某、沈某婚后取得的财产，应归双方共同共有。青曼瑞公司的全部股权实质来源于同一财产权，并为一个所有权共同享有和支配，该股权主体具有利益的一致性和实质的单一性。

　　另外，一人有限责任公司区别于普通有限责任公司的特别规定在于公司法第六十三条，该条规定："一人有限责任公司的股东不能证明公司财产独立于股东自己的财产的，应当对公司债务承担连带责任。"即一人有限责任公司的法人人格否认适用举证责任倒置规则。本案青曼瑞公司由熊某、沈某夫妻二人在婚姻关系存续期间设立，公司资产归熊某、沈某共同共有，双方利益具有高度一致性，亦难以形成有效的内部监督。熊某、沈某均实际参与公司的管理经营，夫妻其他共同财产与青曼瑞公司财产亦容易混同，从而损害债权人利益。在此情况下，应参照公司法第六十三条规定，将公司财产独立于股东自身财产的举证责任分配给股东熊某、沈某。

　　综上所述，青曼瑞公司与一人有限责任公司在主体构成和规范适用上具有高度相似性，青曼瑞公司系实质意义上的一人有限责任公司。

　　以上作为最高人民法院的判决有一定的指导意义，所以夫妻两人以婚后共同财产投资设立股东为夫妻两人的公司很可能会被当成实际性的一人有限责任公司来对待。但是根据公司法修订草案公布的规定可以预见，立法机关已在改变对一人有限公司的歧视，一人有限公司应当与其他多人股东的公司一样以承担有限责任为原则，未来一个人还可以设立股份公司。

治理风险：①经营管理活动容易出现"公""私"不分，财产混同，存在法人人格被否定的法律风险；②感情和事业不分，一旦夫妻感情出现危机，随之带来的是股权争夺战、公司控制权争夺战，如真功夫、当当网都是这种情况。

（五）股权登记在挂名（名义）股东名下

有的公司为了隐藏关联交易、方便设立或出于其他目的，通常会把其他人登记为公司股东，但这些被登记的股东没有实际出资，真正的股东以及管理者却没有任何工商登记的痕迹。另外，在国企改制、非上市公司向职工募股，基于法律上对股东人数不得超过 50 人的限制，对入了股的职工却未进行工商登记，以委托代持、职工持股会、股权信托等方式代持股权。

以上情形便会出现名义股东和隐名股东，一旦出现家族矛盾，或股权代持人（名义股东）假戏真唱，名义股东将股权进行质押、转让给第三方，违背隐名股东意愿表决公司事务，或者由于拖欠债务被法院强制执行，均会产生很大的法律风险。

有些行业，如金融类企业 (证券公司、典当行、银行等)，国家对股东资格是要进行审查审批的。另外，外资企业、国有股的股权问题发生变化也都要进行审批。有些股东为了绕开这些规定，就找人代持，自己当隐名股东，这样的持股情形存在无效的法律风险。股权代持总体来说是弊大于利。

治理风险：①股权结构不稳定、不明确，影响公司上市进程；②容易产生腐败和犯罪行为；③增加社会诚信危机和法律争议。

二、高管和员工缺乏长效激励

薪酬的问题既要看给多少，又要看如何给。目前，商业银行和保险机构普遍在现金薪酬的设计中考虑风险因素，部分保险机构也开始尝试采用员工持股的方式加强风险绑定，如建立相对规范的现金与持股相结合的薪酬体系（如中国平安、泰康人寿、阳光保险、众安保险等）。保监会在 2015 年 6 月发布《关于保险机构开展员工持股计划有关事项的通知》。另外，证券行业目前以短期激励为主，缺乏中长期激励政策，这也造成从业人员多数对公司归属感不强，继而出现人才流动频繁的情况。证监会在 2019 年 5 月发布《关于支持证券公司依法实施员工持股、股权激励计划的函》，明确支持上市证券公司建立长效激励约束机制，完善治理结构，持续引进人才，提升企业活力。

少数领先金融企业实施了股权激励，但行业整体上缺乏规范的中长期激励机制，尤其是股权激励实践较少。当然纵向比较而言，最近几年实施股权激励对高管进行长期激励的力度还是有大幅加强的。为顺应公司发展的需要，相关部门也不断出台股权激励的规定。2018 年 8 月，中国证券监督管理委员会发布了《上市公司股权激励管理办法》（2018 修正）；2021 年 11 月，北京证券交易所发布了《北京证券交易所上市公司持续监管指引第 3 号——股权激励和员工持股计划》；同月，全国股转公司发布了《全国中小企业股份转让系统股权激励和员工持股计划业务办理指南》（2021 修订）；2022 年 2 月，上海证券交易所发布了《科创板上市公司自律监管指南第 4 号——股权激励信息披露》。这么密集的发布节奏说明在上市公司中股权激励已经得到广泛的重视和应用。

另外，公司缺乏愿景与价值观的认同，如果没有共识，只有物质上的激励也是不够的。稻盛和夫也曾强调过对员工的长期激励，除了物质奖励之外，精神奖励可能是更为持久的。因此，公司还应大力推进企业文化建设，把文化建设融入公司治理，用公司文化的感召力对高管和员工产生持续的自我激励。

三、公司权责运行规则粗糙

一个缺乏责任的人是不可靠的人；一个缺乏责任的组织是不可靠的组织。职责不清必然会导致有的人没事干，有的事没人干。

大多数企业权责不清，主要表现在以下几个方面。

（一）人人皆为战士的状态

有的企业内部工作人员没有固定的角色和明确的职责，类似于打一枪，换一个地方的散兵游勇。

许多企业没有像华为那样主动聘请外部专家指导其进行专业分工，实施科学的管理。有一定规模后依然是没有明确职责与专业分工的散兵游勇，无法形成优势互补的合力。

（二）过分强调领导作用，越层管理

一个人能直接领导、指挥几个人是有一定限度的，一般六七个人为宜。

不少企业家骨子里有一种个人英雄主义，不懂得适度授权，经常越层指挥，难免造成权责不清的局面。

（三）部门之间职责交叉，互相推诿

职责，顾名思义是职务与责任的统一，由授权范围和对应的责任两部分组成。许多企业的职责划分不清晰，常常在职责描述中相互交叉或重叠，这无疑为互相推诿和有效考核留下"后患"。

（四）监督检查机制缺失、追责错位

许多企业缺乏监督机制，对违规、失职、渎职现象不能有效遏止，有些企业追责错位。例如，产品出厂前发现不合格，第一责任人是生产部门。不合格产品出厂以后，质量管理部门本应是第一责任人，一旦因产品质量问题引起客户投诉，许多企业往往首先问责生产部门，忽略了质量监督部门的责任。

四、独立董事缺乏独立的头脑

独立董事制度是指具有完全意志、代表公司的全体股东和公司整体利益的公司董事会成员，独立董事独立于公司的经营管理活动，以及其他有可能影响其独立性的经营活动，以免影响其独立和公正性。

在我国，独立董事制度是由我国证监会在 2001 年 8 月发布的《关于在上市公司建立独立董事制度的指导意见》确立的，该意见规定每家上市公司都要在董事会中引入独立董事。接着，我国证监会又于 2004 年 9 月发布了《关于加强社会公众股股东权益保护的若干规定》，完善了独立董事的相关规定。于 2006 年 1 月 1 日开始施行的公司法也对独立董事制度做了规定。我国现行独立董事制度建立时间短，还存在诸多的问题，主要包括以下三点。

（一）独立董事难"独立"

在我国，独立董事一般缺乏独立性，这是我国独立董事制度最大的问题，其原因有以下几点。

1. 独立董事选聘不独立

我国上市公司独立董事主要是由大股东提名，他们或多或少都和大股东有着一定的联系，有的甚至代表的就是大股东的利益，所以难以为全体股东和公司的整体利益而对抗大股东。另外，我国的独立董事是股东大会选举决定的，我国大部分上市公司的大股东的股权所占比重都很大，因此对独立董

事的选举有很大的决定权。所以，独立董事的提名和选举皆难以摆脱大股东的控制。

2. 薪酬没有独立性

独立董事的薪酬是从其服务的上市公司取得的，而标准又由大股东操纵的董事会和股东大会制定通过。由于薪酬受制于大股东，独立董事难保不会为了更高的薪酬而讨好大股东。

3. 任期太长

独立董事可以连选连任，可以任职两届，任期可达六年。在如此长的任期中，独立董事很容易慢慢被公司的高层管理人员同化，与之建立起过度亲密的关系，影响其独立性。

（二）独立董事办事难

1. 独立董事自身能力问题

我国上市公司在提名独立董事候选人时，一般主要考虑的是候选人的名声以及与提名人的关系，对于其实际能力重视程度不够。这样就导致我国目前大部分独立董事都缺乏参与经营管理的经验。而由于不熟悉管理运作和决策过程，其监督很难有实效。

2. 独立董事的时间与精力问题

独立董事要参与管理公司的经营决策和监督管理层的不当行为，就必须花费大量的时间与精力通过各种渠道获取信息，但是由于大部分独立董事都是兼职的，自己本职工作都忙得不可开交，还要兼任多家公司的独立董事，很难保证其工作时间和精力。

3. 独立董事获得的信息渠道狭窄

独立董事获得的信息，大部分还是由内部管理层提供。内部管理层为了通过议案，报喜不报忧是很常见的，那么其提供信息就比较片面。而独立董事由于不参加公司日常管理，难以对内部管理层所提供的信息的真实性进行判断，这就削弱了独立董事行使职权的能力。

（三）独立董事与监事的冲突

英美的公司是一元制结构，董事会只对股东负责，没有对董事会的监督机构，因此设立了独立董事履行监督职责。而我国实行的是二元制结构，设立了监事会履行对董事会和高管层的监督职责。而如今又建立了独立董事制度。这样在上市公司里就出现了既有独立董事监督又有监事会监督的状况。

在这种状况下，容易发生监督权力的分配与协调问题，处理不好会导致双方相互推诿，违背制度设立的初衷。基于这种考虑，2021年公司法（修订草案）就规定，将国有重点大型企业监事会职责划入审计署，不再设立国有重点大型企业监事会。

五、监事无力监督

在美国的公司中通常是没有监事的，而是由独立董事来行使监督职责。但德国公司里监事会且比董事会地位更高，比较容易对董事会和高管层实施监管。在我国，监事在公司组织结构中的地位与董事相同，但实际上比董事弱势一些。

（一）监事会成员的产生方式使其缺乏独立性

我国公司法针对有限公司和股份公司监事会成员的构成作出相同的规定，监事主要由两种人担任：一是股东选派的代表；二是职工选派的代表。就监事会中的股东代表而言，他们是股东选派的，股东选派代表监事依然采取的是"资本多数决规则"，也就是说，谁的股权多或者股份多就能选出代表他的监事。这样监事会中的股东代表监事实质上就成了大股东的代表。

尽管法律要求监事一经选出须独立地履行监督职责，维护公司和全体股东利益，但人都是有感情的，何况这里还有经济利益。这样的监事必然会成为某些股东的代言人，有意无意地维护其委派股东的利益甚至包庇不当行为。同时，董事会的董事也是以同样方式选举的，甚至公司高级管理人员也是大股东直接指定的，有些公司由大股东兼任董事长、总经理。由此可见，欲使监事中的股东代表去监督公司董事、高管、大股东和实际控制人的行为，虽不能说是一件不可能的事情，但也是一件非常艰难的事情，因为他们本来就是一个利益共同体。

就监事会中的职工代表而言，他们是职工选派的。职工选派代表监事实行"人头规则"，即"一人一票"，倒不用担心职工代表监事受到选派他的其他职工的控制和支配，但问题同样出在他的职工身份上。职工代表监事受雇于企业，与企业之间是雇佣关系，是否雇佣他，奖金多少，如何晋级，均取决于他的领导。他的雇主是企业固然不错，但企业是由股东会、董事会和公司高管控制的。试想，职工代表监事如欲真正对公司董事、高管进行监督，恐怕其首先要考虑的就是会不会因此而失业的问题。尽管职工受到劳动法保护，工会也会维护职工利益，但如果他的上级要想解雇他的话，也不是什么难事。由此可见，欲使职工代表监事监督公司董事、高管的行为，虽不能说是一件不可能的事情，但同样也是一件非常艰难的事情。从公司监事会的成员身份的依附性来看，公司监事会不具有独立性。若公司监事会不具有独立性，又怎能指望它履行监督职责？

（二）监事会履职的经费缺乏独立性

但凡要做事情，就离不开经费支持。监事会欲行使监督权力，履行监督职责，必然会产生监督成本和费用。因监事会的监督工作是为公司利益而实施的，其费用自然应由公司承担。然而，如果监事会不具有独立的财务支配权，则必然会依附于公司管理层。虽然公司法明文规定了监事会行使监督权力产生的费用由公司承担，但公司财务实际上掌握在管理层手中，这导致监事会行使监督职责所需经费必然受制于公司管理层。监事会监督的对象是董事、高管，而所需费用又须经他们之手，被监督的对象会乐意给予财务支持吗？应该不会。他们必然会在监事会的监督经费上大做文章以便阻止监事会监督工作的进行，如在经费的预支、使用、报销等相关环节上制造障碍。由此可见，关于监事会行使监督职责的经费问题，虽然公司法规定得明白，但实操上却是困难重重。监事会没有独立可支配的监督经费，是导致监事会缺乏独立性的财务原因。

六、公司经营过程中容易出现僵局

公司僵局是指公司在存续运行中由于股东或董事之间发生分歧或纠纷，且彼此不愿妥协而处于僵持状况，导致公司股东会、董事会不能按照法定程序作出决策，从而使公司无法正常运转甚至瘫痪的事实状态。

当公司出现僵局，如任其持续下去，将会造成公司股东、员工、债权人等利益相关者的损失。为保护股东利益，使这些公司顺利地退出市场，股东可以依据公司法请求法院解散公司。导致公司出现僵局的原因很多，但从实践来看主要是以下三大类。

（一）股东（大）会或董事会无法形成有效的决议

例如，公司的某项经营活动根据公司章程规定需要二分之一以上的股东表决通过方可实施，可股东会一直无法通过该决议，那么此项经营活动只能搁置。另外，在风险投资和合资项目中比较常见的是一票否决权或一方对某些事项的否决权。如果股东之间发生矛盾，不论什么决议都不能表决通过，那么公司就无法开展经营活动，便会造成公司僵局。

董事会决议出现僵局，其本质上是股东之间的冲突无法调和所致。因为董事会成员是由股东推举和选择出来的，董事通常是其幕后股东的代言人，只要股东之间能协调好，董事间就不会有大的冲突。如果有董事无视股东的意志，那么，股东就可以通过股东会将不听话的董事替换掉。因此，纯粹意义上的董事僵局是不存在的。

（二）控股股东被司法羁押或失联，无法表决

控股股东被司法羁押，无法行使股东表决权，导致公司需要股东会决议的重大事项无法形成有效决议。其实，从理论上讲这种情况是可以解决的，因为股东被司法羁押，但可以授权其他人行使股东表决权，可实践中，由于某些原因，很难取得被羁押人的授权，那么长此以往，公司就会陷入僵局。

另外，由于控股股东出现意外或其他原因导致联系不上，股东会无法召开，其他股东对公司的经营又不了解，公司就会陷入经营僵局。

例如，公司只有两个股东，大股东作为执行董事兼总经理负责公司的日常经营管理，小股东出于对大股东的信任，平时不过问公司的经营，突然有一天，小股东发现大股东失联了，公司的公章也找不到，员工也不认识小股东或者员工不买小股东的账，公司就会成为无头的苍蝇而陷入瘫痪状态。

（三）因商业判断冲突导致的公司僵局

按照公司僵局形成的原因可以划分为因商业判断冲突形成的公司僵局和因利益冲突导致的公司僵局。因商业判断冲突形成的公司僵局是指处于僵局的双方或多方之间仍然保持着良好的个人关系，而仅仅是由于双方或多方对公司的经营策略、管理方式、投资决策和利润分配等纯粹商业意见的不同才引起的僵局。在这种情形下，公司的人合性和相互之间的信任基础并未丧失，经过良性互动和充分沟通，或者通过第三方的斡旋和调节，僵局很可能会自行化解。当然，如果各方的价值理念相差太远而无法相容也会分道扬镳。

因利益冲突导致的公司僵局是指某个决议在不同股东间的利益不一致导致公司陷入僵局。例如，有的股东因某个决议而得到巨大利益，而其他股东却因此而遭受重大损失，这样便引起股东间情绪的对抗，使彼此之间的信任和合作基础丧失，从而产生僵局。此时，除非双方的关系能够得到及时修复，使股东间的利益趋于一致，才能重新获得彼此的信任，否则这种僵局是很难通过公司自身化解的，而必须依靠外部力量的介入。

第二节 公司治理中的问题应对

公司治理面对的问题是立体多面的，其中公司控制权是公司各方利益冲突和矛盾的焦点。控制权的争夺是引发公司内部激烈冲突的主要缘由，是经常困扰公司治理的棘手问题。下面将以公司控制权为核心，围绕公司治理的八大问题，分析应对的方法和策略。

一、股权架构与公司治理问题

最大限度地防止公司治理效率低下，就必须使股东拥有适度的控制权，这就要求公司安排好各股东的持股比例，即股权结构。正如李维安教授所说，股权结构的选择会影响治理成本，即保持公司治理的高效率而发生的成本，它主要包括治理的组织结构本身发生的成本和治理活动的组织协调成本。

由于股份高度集中在一个投资者手中，对投资者来说投资风险大，风险成本高，绝对风险会随着公司规模的增大而增大。但是，投资者若想减少风险，就意味着要分散经营投资，所有投资者分散投资的结果使某一企业的股权相应地由若干个投资者所持有。某一投资者的风险成本虽然降低了，但也相应地失去了对企业的控制权，导致所有权与经营权的分离，因而产生了代理成本。随着企业股权的日益分散和所有权与经营权的高度分离，以及股东之间博弈行为的发生，治理成本不断提高，所以分散的股东们便各自存有"搭便车"动机，出现有利益都想分、有责任都想推的现象。

究竟采取何种股权结构，关键看两者的均衡所产生的总成本的大小。其中的总成本还包括法律风险的大小以及产生的概率大小等。

企业的股权结构正常的发展过程是从集中到平衡，再从平衡到分散的过程。创业初期是偏向集中，上市之后趋于平衡，最后不断分散。

到底什么样的股权结构才是理想的呢？

科学合理的股权结构，不仅可以明晰股东之间的权责，恰当体现各股东对企业的贡献、利益和权利，还有助于维护公司和创业项目的稳定。以下几点是通过优化股权结构来改善公司治理的方法。

（一）有核心的股权结构

即使股权平均分配，也要保证有一个股东拥有较大权重的决策权。股东人数多则容易筹集资金，分散风险，但人多了就难免会遇到意见不合的情况，控股股东只有比别人承担更大的风险，在决策上才能更加谨慎。控股股东作为公司的核心，面对瞬息万变的商业机会也能以高效的股东会决议来应对。所以，建议在公司初创时期要有一个带头大哥，相当于压舱石，股权比例要在 50% 以上。

（二）同股不同权的约定

对于有限公司，我国现行公司法第四十二条规定："股东会会议由股东按照出资比例行使表决权；但是，公司章程另有规定的除外。"第四十三条规定："股东会的议事方式和表决程序，除本法有规定的外，由公司章程规定。"因此，可以在公司章程中约定与出资比例不一致的表决权，表决方式也可以自行规定。例如，创业团队仅出资 100 万元，而风险投资人出资 5 000 万元，但公司章程可以规定创业团队占 66% 的股权，股东会上有 80% 的表决权。根据已公布的公司法修订草案可以预见未来我国的公司也可以设计类别股，就像京东的创始人刘强东一样，把自己的一股表决权设计成相当于其他股份 10 倍的表决权。对科技创新企业来说，即使经过多轮融资，创始人股权比例下降甚至成为小股东，但是控制权却能牢牢控制在手。突出创始人在公司的核心地位，有利于公司的平衡发展。

（三）股权退出方式的设定

公司的每个发展阶段都需要不同的人才，对于那些跟不上公司节奏或者不愿意跟随公司的股东，需要提前设计退出机制。按照公司法规定，除非股东自愿退出，很难将一个股东除名。所以对于这类股东，应提前在公司章程中规定退出条件和退出价格。例如，在什么情况下触发退出，以什么价格退出、退出的时间和程序怎么安排等，越具体越好操作。若设立有限合伙企业作为持股平台，可有效避免股东退出时产生的法律风险。不过，根据目前的立法趋势，公司法再次修订时可能会专门设计条款来解决这个问题，2021 年年底公布的公司法（修订草案）第四十六条、第一百零九条增加了股东欠缴出资的失权制度。

二、股权激励与公司治理问题

股权激励，是一种通过授予经营者或核心员工公司股权利益的形式，使他们能够以公司主人翁的心态参与工作、分享利益、承担风险，从而使个人的长期利益与公司的长期利益绑定在一起的一种激励方法。股权激励是公司治理的推进剂。股权激励计划在降低代理成本、吸引人才方面有着不可替代的作用。2016 年 8 月，中国证监会发布的《上市公司股权激励管理办法》正式施行，国内上市公司股权激励的新时代帷幕也就此拉开。上市公司实施股权激励的目的之一就是完善公司治理水平，提高上市公司经营管理和规范运作水平。

那么，怎么运用股权激励来完善公司治理结构呢？首先，我们从完善股权结构和股东会开始分析，股东（大）会是公司的最高权力机关，它由全体股东组成，对公司重大事项进行决策，有权选任和解聘董事，并对公司的经营管理有广泛的决定权，具体职权包括：

（1）决定公司的经营方针和投资计划。

（2）对公司合并、分立、解散和清算等事项做出决议。

（3）修改公司章程，以及公司章程规定需由股东大会决定的事项。

……

公司通过股权激励可以把一些能力和价值观都经受考验的骨干员工转变为公司股东，以后召开股东会时可能会经常听到一些不同的声音，甚至反对的声音，但是这种股东会才真正起到开会的作用——发现问题，讨论问题，分析问题，解决问题，凝聚众人的智慧，降低犯错的概率，做出正确的决策。

当然，这会比较考验大股东的胸怀和判断力，许多大股东认为小股东提出不同观点是在故意为难他。他们把召开股东会当成一种应付小股东和工商登记的任务，而没有把股东会当成解决公司重要问题时凝聚众人智慧的最佳平台，这真是极大的浪费！

大股东一定要明白"一个好汉三个帮""三个臭皮匠顶个诸葛亮"的道理。所以，正常情况下通过股权激励进入股东会的小股东们能提高股东会决策的质量和有效性，大大减少重大决策失误的概率。

股权激励能直接改善企业的治理结构。首先，股权激励减少了企业的代理成本，使职业经理或核心员工成为企业的主人翁，在某种程度上削减了双方的目标差异，减少道德风险带来的利益损失。其次，治理结构的完善，传递给市场经营管理绩效可能增加的信息，而企业绩效增加更凸显人力资本的价值，人力资本价值的提升和流动进一步深化治理结构的调整和完善。

另外，通过股权激励变成主人翁的骨干员工，以大股东为中心的股东会还可以将他们选举为公司董事，这样的董事比外面请的一些董事更了解公司的情况，更有动力奉献自己的智慧，更有信心和勇气表达自己真实的想法。由于激励对象可以成为董事会成员，股权激励机制的实施，将极大地影响董事会的运作机制，有利于董事会成员利益和股东利益的统一，有利于促进董事会更多地关心公司长期利益。同时，股权激励机制的建立将强化董事会的作用，强化对管理层的约束，使得公司治理结构更为合理，更加重视实效。

阿里巴巴、小米、万科的合伙人制度与华为、京东等公司的股权激励均是将管理层或骨干员工纳入合伙人或激励对象的范围，道理很简单，因为他们平时就在公司从事具体工作，又有公司的剩余价值索取权，公司经营好坏与他们的利益直接相关。

因为缺乏独立性且与公司无长期利益关系，监事会很难起到监督董事和高管的作用。如果让股权激励对象担任监事就不一样了，当看到高管层有损公肥私或者其他损害股东利益的行为，就相当于看到小偷从自家偷走东西，监事就有挺身而出的动力。

最后是高管层，股权激励对象担任高管就会站在股东的角度思考公司的长远利益，而减少一般职业经理人员的短期行为，能更好地贯彻股东会和董事会的决议，降低管理成本，提高工作效率。他们若想让自己多年努力取得的股权不断增值，就得踏踏实实认真干活，否则就会"有劳无功"。因此，股权激励机制的建立，也将强化经理层的自我约束，使得公司治理立足长远，更务实。

股权激励可以让董事、监事和高管站在股东的角度思考公司的整体利益和未来的长远利益，有效地统一各利益群体的目标，引导各利益群体将焦点放在未来的利益而不是眼前的得失，淡化对眼前利益的计较，更容易协调各方的关系，提升公司的决策效果和执行力度。

股权激励通过公司治理价值内核（宏观）、企业内部治理结构（中观）、激励对象的行为影响（微观）三个方面综合起作用，在公司治理中发挥重大功效。

基于大家对股权激励作用的认识和高度肯定，2018 年 8 月，中国证监会发布《关于修改〈上市公司股权激励管理办法〉的决定》，进一步扩大股权激励对象，并吸纳进外籍员工，同时规定该外籍对象可以开立证券账户。对掌握核心技术或任职高管的外籍员工一视同仁。2018 年 11 月中国证监会、财政部、国资委联合发布《关于支持上市公司回购股份的意见》，明确鼓励上市公司依法回购股份用于股权激励及员工持股计划。

三、公司章程与公司治理问题

股东会、董事会和监事会（以下简称"三会"）是我国公司法及公司章程规定的基本公司治理架构，为了完善公司治理，除了要细化"三会"的产生方式、权责划分，还需要将一些"高级管理"岗位纳入治理的架构中。公司法规定了公司治理的诸多规则，同时也授权了大量事务由公司股东自己决定，但要在公司章程中明确，这些章程中的规定可以比法律规定更具体，还能优先于公司法的规定。

（一）法定代表人由谁担任

法定代表人是依法对外代表公司的自然人，其法律意义上的言行，均可被视为公司的言行。

法定代表人是由董事会的召集人——董事长担任，还是由执行层的领头人——总经理担任，一度让立法者很纠结，所以，公司法规定法定代表人由董事长或经理担任，由公司自己决定并在公司章程中规定产生办法。

法定代表人及印章对控制权有特别重要的意义。法定代表人通过印章使用、文件签署控制公司的重大经营活动，对外代表公司开展业务。

当董事长为股东推选，总经理为社会招聘的职业经理人时，法定代表人一般优先由董事长担任。也有些大型集团公司，由于签署文件的工作量特别大，就会有意安排一个可靠的人专门负责签署各种文件的工作，并由其担任法定代表人。例如，华为就是这样安排的，公司的最高管理者不是法定代表人，而是轮值董事长。

在公司章程中明确约定公司法定代表人由董事长、执行董事或总经理担任，落实到职位层面，不落实到自然人，即不直接写张三或李四，以免人员变动导致公司章程的修订。董事长、总经理谁更适合担任法定代表人，需要股东对公司经营管理的分配进行综合考量。目前，有越来越多的大股东为了规避法律风险，自己不担任法定代表人，而是找一个自己可以掌控的"傀儡"来充当公司法定代表人。

（二）红利分配与表决权

股东在背景、能力、资源、诉求等方面各有不同，有的股东并不在乎对公司的实际控制，愿意让渡一部分控制权，但希望在红利分配上能优先。对此，股东会可以一致决议改变公司红利的分配规则，改变后的分配比例、方式没有任何限制，完全由股东自己商定并记载于公司章程中。例如，可以规定优先满足部分股东固定比例的收益要求，剩余部分再由全体股东分配……股东在股东会投票时的表决权也可以自行规定，而不受出资比例的限制。例如，李学欣出资 70 万元占甲公司 70% 股权，徐洪孝出资 30 万元占甲公司 30% 股权，甲公司章程可以规定股东会上徐洪孝占 60% 的表决权，分红时两位股东各分 50%（见图 2-2）。这样的规定是受法律保护的。新的公司法进一步扩大了公司股东自治的空间，所以公司可以根据自身的实际需要和情况让专业律师为自己设计个性化的公司章程。

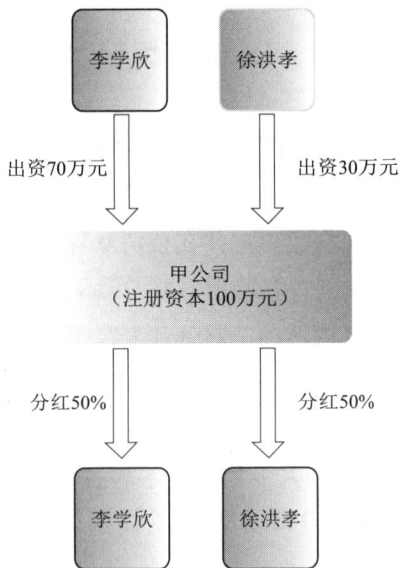

图 2-2　出资比例与分红比例不一致的股权架构

（三）设计股权转让条件

公司法设定了一系列关于股权转让的规则，股东内部转让股权没有限制条件。如对外转让的，应经其他股东过半数同意，这里的过半数是指人数而非股权比例。对外转让股权的股东，应当做好书面通知其他股东的工作，并且该通知要送达转让人以外的全部股东，即使达到过半数同意仍应通知。同时，公司法明确公司章程可以另行规定股权转让的条件、程序等。并且公司章程的规定优先于法律规定。

例如，股东可以根据实际需要，规定更加简化，甚至简化到无须征得同意、无须通知其他股东；也可以约定更加复杂的转让程序。需要注意的是，如股东不得对外转让股权的规定因为限制股东权利，则是无效的。为了提高通知的效率，可以规定以电子邮件或微信等即时通信方式进行通知，这样还可有效保留发布通知的记录。

（四）股东会职权、召集程序、议事方式、表决程序

公司可以根据实际情况优化股东会的职权、召集程序、议事方式和表决程序，并在公司章程中进行明确。从思维习惯看，公司法规定的规则是被普遍认知接受的，若大幅调整，容易因不符合思维惯性而被忽略掉，造成"违章"。如果做了调整，则建议对调整部分重点标注或单独编撰成文，以提示使用者。所以，在召开股东会时一定要认真对照公司章程的规定，从股东会的议题内容、召开程序和表决程序等方面严格照章办事。

近年来，很多PE机构喜欢将国外的"投资条款清单"照搬进国内使用，对被投资公司进行各类限制，而此种限制要在股东会职权、召集程序、议事方式、表决程序中具体落实。容易造成投资者与被投资企业及其股东之间的误解，甚至引发重大冲突。因此，在引进风险投资时一定要请专业的律师把关，认真审核投资机构草拟的法律文件，在兼顾风险控制的同时应充分考虑企业运营的主动性、便利性需要。

（五）董事的任期与董事长、副董事长的产生

董事的任期可由公司章程规定，每届最长不得超过3年，但董事可连选连任。董事长、副董事长的选举由公司章程规定，可规定由全体董事选举产生，还可以规定由某个或某些股东推选或委派的人员担任。

执行董事只有一名，并且执行董事可以兼任总经理，可能集大权于一身，所以法律并没有规定执行董事的职权，而完全由公司章程规定。若想防止执行董事独断专行，建议将重大事项的决策权保留在股东会，执行董事与总经理安排不同的人担任，以形成权力的制衡。

（六）总经理有多大职权

总经理是公司的日常经营管理和行政事务的负责人，由董事会决定聘任或者解聘。总经理对董事会负责，可由董事或其他自然人股东兼任，也可由外聘的职业经理人担任。

公司法通过"董事会授予的其他职权"与"公司章程对经理职权另有规定的，从其规定"两项规定，为总经理职权设置留下了相当大的空间。

总经理获得股东会及董事会充分授权时，可以"权倾朝野"；总经理职权若被刻意限制时，则只能做个"提线木偶"。

对总经理放权、束权都被公司法所允许，两个方向的操作本身无好坏优劣之分。公司完全可以根据实际需要，自主决定总经理的权限范围，而不必囿于公司法列举的职权。但是，无论向哪个方向操作，股东都应当通过公司章程以及相配套的其他管理制度，细化、明确，避免因授权不明导致公司治理混乱。

（七）股东资格能否继承

股权具有财产和身份的双重属性，如果不将财产属性和身份属性区分，在发生继承时，若继承人为限制民事行为能力人甚至无民事行为能力人，或者继承人为法律意义上的外国人，公司性质将因股东是"外国人"的身份而发生变更，股权变更的审批、公司的经营范围、业务开展等均可能会受到影响。

这就会影响有限公司的人合性，破坏公司的治理结构。公司法将股权财产性权利的继承和股东资格的继承做了区分，自然人股东的合法继承人可以继承股权和股东资格，但允许公司章程另作规定，即公司章程可以规定继承人不能取得股东资格。

例如，在非家族企业中，因继承人是什么人具有不可预测性，公司章程可以规定股东的继承人不能取得公司股东资格。或者规定股东事先指定并经其他股东认可的继承人可以继承股东资格，若被指定的继承人先于继承人死亡的，股东资格不允许再被继承。

公司章程既可以粗线条式规定继承人不能取得股东资格，也可以详细规定继承人在什么情况下（如未成年、丧失民事行为能力等）不能取得股东资格。在规定继承人不能取得股东资格时，应当就继承的股权价值如何处理一并作出规定，包括如何评估作价等。

（八）公司解散要慎重

理想状况下，公司可以因营业期限届满或者由股东决议解散而寿终正寝。但实务中，随着公司股东间各种利益冲突，会出现各类非正常的解散事由。

（1）有的投资机构以高溢价投资某公司，甚至远超过原股东的投资金额，但持股比例远低于原始股东且不参与公司的实际经营。当公司原股东违背诚信、挥霍投资机构的资金时，投资机构无奈之下可能会选择解散公司。

（2）有的中外合资公司，外资方以技术投入，中资方投入大量现金及实物资产，但企业被外资方控制，当实际控制一方恶意损害另一方利益时，利益受损方无奈之下可能会选择解散公司。

（3）公司股东会或董事会连续两年以上长期无法形成有效决议，导致公司经营僵局，持股 10% 以上的股东可以申请解散公司。

公司解散是一把双刃剑，可以保护小股东利益、降低损失，也可能会损害公司的正常经营及其他股东的权益。另外，启动公司解散程序是不容易的，作为小股东或没有控制权的股东，可以要求在公司章程中增加公司解散的具体事由，以便在极端情况下通过解散公司降低损失。但建议慎重对待，除非确有必要才增设解散事由。

（九）累积投票制——表决权放大器

累积投票制，是指股东大会选举董事或者监事时，每一股份拥有与应选董事或者监事人数相同的表决权，股东拥有的表决权可以集中使用在一人身上。例如，公司董事会由9人组成，股东张瑶持有1万股股份，那么每位董事她就有1万股表决权，9位董事累计9万股表决权，张瑶可以每位董事投1万票，也可以针对9位董事自主决定投票数量，但累计投票数量不得超过9万票。若张瑶决定只投给某一董事，该董事就能取得她9万票。可见，小股东可通过将投票权累计到同一候选人身上，使得其推选的董事当选的可能性增大。

有些公司股份分散，公司的控制通过董事会实现。而董事由股东大会选举产生，如果按股份比例表决，小股东就很难将自己推荐的人选入董事会。但累积投票制能有效弱化大股东对董事、监事选举过程的绝对控制力。

公司法规定，股东大会选举董事、监事，可以依照公司章程的规定或者股东大会的决议，实行累积投票制。相比股东大会的决议，章程的规定无疑更具稳定性。因此，小股东应当在创立大会审议公司章程时就要求采用累积投票制，以免事后陷于不利境地。

四、股东与公司治理问题

股东在公司治理过程中无疑发挥着基础性的作用，下面从股东会职权和股东会决议两个方面进行介绍。

（一）完善股东会职权

股东会是公司最高权力机构，由全体股东组成，决定公司的重大事项。但由于股东会并非常设机构，通常一年开几次会议（包括定期会议和临时会议），其职权的落实还要靠董事会。

公司法规定股东会享有的法定职权包括：决定公司的经营方针和投资计划；选举和更换非由职工代表担任的董事、监事，决定有关董事、监事的报酬事项；审议批准董事会的报告；审议批准监事会或者监事的报告；审议批准公司的年度财务预算方案、决算方案；审议批准公司的利润分配方案和弥补亏损方案；对公司增加或者减少注册资本作出决议；对发行公司债券作出决议；对公司合并、分立、解散、清算或者变更公司形式作出决议；修改公司章程等。

另外，按照公司法规定，还可以在公司章程中规定股东会的其他职权。这是公司根据自身实际情况制定和完善公司治理的依据。建议公司章程应明确股东会的以下五项职权。

第一，审议批准股东会、董事会、监事会议事规则。三会属于公司顶层架构，是公司治理核心机构，其工作制度、议事规则应当由股东会决定，由全体股东讨论决定，不能授权给其他机构决定。

第二，公开发行证券或挂牌上市。属于公司重大财务行为，对公司发展和经营具有重大影响，应当由股东会决定。

第三，审议批准股权激励计划。这是影响公司人才团队建设的大事，涉及公司股东、管理团队的核心利益和凝聚力。

第四，审议批准超过一定额度的对外投资、关联交易、抵押担保、资产处置或购买行为等。以防止控股股东、董事会、高级管理人员假借职务之便，损害公司及其他股东的权益。

第五，决定股东除名及回购公司股权。有必要明确对严重违约、严重损害公司合法权益股东的除名制度，以防范道德风险及公司陷入僵局后对公司和其他股东造成的损害。2021年公布的公司法（修订草案）中增加股东欠缴出资的失权制度，规定：股东未按期足额缴纳出资，经公司催缴后在规定期限内仍未缴纳出资的，该股东丧失其未缴纳出资的股权（修订草案第四十六条、

第一百零九条）。若该规定最终得到立法确认，那就可以很好地应对认缴不实缴的扯皮股东。

（二）股东会决议瑕疵与防范

股东会决议无效、不成立和可撤销是常见的三类决议效力瑕疵，立法者对于决议撤销持开放态度，对于决议无效和不成立持谨慎态度。例如，股东会决议无效之诉、不成立之诉均不适用除斥期间的规定，也不受诉讼时效限制，原告可在任何时间提起。但股东提起撤销之诉的，须在股东会决议作出之日起 60 日内提出。

1. 股东会决议无效

公司中利益关系异常复杂，导致股东会决议无效的主要法定事由有三个方面：第一，是股东会决议违反法律法规的效力性强制规范；第二，是股东会决议违反公序良俗，公司法虽未采用"公序良俗"的表述，但民法典已将"公序良俗"用于股东会决议效力裁判中；第三，股东会决议超越股东会的法定职权和公司章程规定的职权范围；第四，是恶意串通损害第三人利益的决议。下面将选取实践中比较常见的几种情形进行分析，以便大家日后加以防范。

（1）超越股东会职权范围作出的决议无效

股东会作为公司的权力机关，其职权范围由公司法及公司章程进行规定。股东会超越其职权所作出的决议应认定无效。

【举例】

针对南京安盛财务顾问有限公司诉祝鹃股东会决议罚款纠纷案，法院认为：有限公司的股东会无权对股东处以罚款，除非公司章程另有约定。有限公司的股东会作为权力机构，其依法对公司事项所做出决议或决定是代表公司的行为，对公司具有法律约束力。股东履行出资义务后，其与公司之间是平等的民事主体，相互之间具有独立的人格，不存在管理与被管理的关系，公司的股东会原则上无权对股东施以任何处罚……因此，在公司章程未做另行约定的情况下，有限公司的股东会并无对股东处以罚款的法定职权，如股东会据此对股东作出处以罚款的决议，则属超越法定职权，决议无效。

有限公司的公司章程在赋予股东会对股东处以罚款职权的同时，应明确规定罚款的标准和幅度，股东会在没有明确标准和幅度的情况下处罚股东，

相应决议无效。所以，要想增加股东会的职权范围就要修改公司章程并明文规定在章程中。

（2）擅自解除股东资格的股东会决议无效

公司法司法解释（三）规定，有限公司的股东"未履行出资义务或者抽逃全部出资"，经公司催告缴纳或者返还，其在合理期间内仍未缴纳或者返还出资，公司以股东会决议解除该股东的股东资格，该股东请求确认该解除行为无效，人民法院不予支持。

以上是关于解除股东资格的规定，但"未履行出资义务或者抽逃全部出资"的要求太苛刻了，也就是说认缴10亿元，只要履行了1元钱的出资义务，也不能将该股东除名，这实在是不合理。可以事先在公司章程中规定逾期未实缴的出资对应的股权可以强行分配给其他愿意认缴的股东或者通过减资的形式降低该股东的股权比例，这样就更具可操作性。但这样不合理的立法条文可能会被新的公司法所修正。2021年全网公开的公司法（修订草案）第四十六条和第一百零九条规定，有限公司应当对股东的出资情况进行核查，发现股东未按期足额缴纳出资，或者作为出资的非货币财产的实际价额显著低于所认缴的出资的，应当向该股东催缴出资。如果在缴纳出资的宽限期届满之日仍未缴纳的，公司可以向该股东发出失权通知。该股东丧失其未缴纳出资的股权。股份公司也适用这一规则。这将有力打击那些大胆认缴而迟迟不肯实缴的投资人。

（3）侵害股东对公司增资时的优先认缴权的股东会决议无效

公司法规定，除全体股东另有约定外，公司新增资本时，股东有权优先按照实缴的出资比例认缴出资，若股东会决议在未经其他股东同意的情况下，确认将本应由属于该部分股东优先认缴的出资由第三人认缴的，则该股东会决议无效。

【举例】

2018年12月16日KC公司作出的股东会决议，在其股东胡仁洪（化名）明确表示反对的情况下，未给予胡仁洪优先认缴出资的选择权，以股权表决的方式通过了由股东以外的第三人袁真富（化名）出资800万元认购KC公司全部新增股份600万股的决议内容，侵犯了胡仁洪按照各自的出资比例优先认缴新增资本的权利，违反了上述法律规定。决议内容因侵犯了胡仁洪的优先认缴权而归于无效。

（4）侵害股东优先购买权且本人不予认可的股东会议决议无效

【案例】

（2019）最高法民申 3741 号——林某某张某某第三人撤销之诉再审案。法院认为，公司召开有关股权转让事宜的股东会，未通知相关股东参加，致使相关股东不能行使股东优先购买权，公司损害并剥夺了同等条件下其他股东的优先购买权；同时公司未经相关股东的授权，在股东会决议上代签的行为，剥夺了股东的表决权，股东本人也不予认可该股东会议决议的内容。该股东会决议侵犯了股东的权益，违反了法律法规，应为无效。

（5）滥用股东权利，损害公司或公司债权人利益的股东会决议无效

【案例】

（2018）最高法民申 2054 号——北京某医药投资集团有限公司、西安某药业有限公司损害公司利益责任纠纷再审案。法院认为，公司股东在申请仲裁机关仲裁、向人民法院起诉请求介入公司内部治理争端之后，置司法机关、仲裁机关正在进行的诉讼、仲裁于不顾，召开股东会并形成了与另案生效仲裁裁决以及生效判决相悖的股东会决议及董事会决议。根据公司法第二十条第一款的规定，公司股东应当遵守法律、行政法规和公司章程，依法行使股东权利，不得滥用股东权利损害公司或者其他股东的利益；不得滥用公司法人独立地位和股东有限责任损害公司债权人的利益。公司的行为属于滥用公司股东权利，损害公司利益的行为，因此其作出的股东会决议无效。

2. 股东会决议不成立

股东（大）会不成立是指股东（大）会还未成立，显然也就没有法律约束力的所谓“决议”，主要包括以下几种情形。

（1）未召开股东会或者股东大会，虚构决议

在没有实际召开股东会或者股东大会的情况下，伪造签名、伪造决议，直接书面形成“决议”，不具备决议基本成立要件。

（2）会议未对决议事项进行表决

虽然召开了股东会或者股东大会，只是开会，进行了讨论，却没有表决，

没有形成决议，而行为人伪造他人签名形成决议的书面文件，该类所谓的公司决议因欠缺成立的形式要件而不成立。另外，"表决"应当由适格主体——股东或股东代表做出，否则也无法认定为有效"表决"。

（3）出席会议的人数或者股东所持表决权不符合公司法或者公司章程规定

我国立法中并未对股东最低出席数作出规定，实践中主要通过公司章程加以规定。对于股东会未达最低出席人数或者股东所持表决权达不到最低限度要求的情形，应当视为未召开股东会，既然没有股东会存在的前提，便无股东会决议成立的可能。例如，公司章程规定参会股东达到 6 人以上方可对股东会议案投票表决，否则不得形成决议。如某次股东会只有 5 人参会并形成了所谓的书面"决议"，但由于该次股东会出席会议的人数不符合公司章程的规定，所以决议不成立。

（4）会议的表决结果未达到公司法或者公司章程规定的通过比例

通过决议必须符合公司法或者公司章程规定的比例。决议在表决时没有达到公司法规定或者公司章程规定的多数决，则表明决议的意思表示没有形成，未形成团体意思，相当于股东会或者股东大会未做出任何意思表示，决议不成立。

（5）导致决议不成立的其他情形

这里不做展开论述。

3. 防范股东会决议无效、不成立与被撤销

公司股东会决议若出现无效、不成立、被撤销的情况会给公司治理及稳定发展带来很大的危害，为了有效防范出现这些情况。建议股东会的召开程序和审议的议案内容都要符合公司法和公司章程的规定，不能违背公序良俗或恶意损害其他股东合法利益。因此必须请专业律师提前审阅召开股东会的相关材料，特别是股东会决议。下面介绍几点保障股东会决议的有效方法。

（1）完成股东会合法的召集程序。这其中最关键的要素，在于召集权人的适格性。例如，按照公司法，股东会的召集主体一般为董事会（执行董事）。要防止无召集权人召集会议。此外，会议通知要到位，核心应以实际送达并知悉为标准。

（2）在指定时间和地点实际召开会议。会议应当在有权召集人所召集和通知的特定时空进行。

（3）由法律或章程规定的人员主持召开。公司法对于会议的主持权基本遵循"谁召集谁主持"的原则。

（4）参会股东应当有"议"有"决"。如果只开会讨论，没有决定行为，不能算是表决。

（5）不得在决议上伪造签名。伪造签名情形下，显然无法视为该被伪造签名人真实到会或进行表决，不仅严重违反了程序正当原则，并且具有相当的恶意性。

（6）出席和表决人员应当适格。仅适格人员的出席和表决，方能计入有效"出席数"和"表决数"。这里适格性，既包括股东自身也包括受托人员的适格。如果无代理权、超越代理权，则受托人员的出席和表决不应被视为有效的出席和表决。

（7）表决时注意回避表决事项。公司法第十六条规定："公司为公司股东或者实际控制人提供担保的，必须经股东会或者股东大会决议。"前款规定的股东或者受前款规定的实际控制人支配的股东，不得参加前款规定事项的表决。该项表决由出席会议的其他股东所持表决权的过半数通过。另外，若出现关联交易事项，相关的股东会召开时关联交易的利益冲突股东也要回避表决。例如，A 公司、B 公司的大股东均是权勇先生，现在 A 公司要收购 B 公司，股东会表决时，权勇先生就必须回避，不得投票表决。

五、董事会与公司治理问题

董事会是公司的决策机构。公司章程可以在董事会的法定职权外扩充董事会的职权；也可以对董事会职权的行使进行限制。

董事会可以单独决定的法定事项包括：决定公司的经营计划和投资方案；决定公司内部管理机构的设置；决定聘任或者解聘公司经理及其报酬事项，并根据经理的提名决定聘任或者解聘公司副经理、财务负责人及其报酬事项；制定公司的基本管理制度。其他事项则允许由股东自行在股东会、董事会与经理层之间进行授权、分配。但是根据公司法的发展趋势及公司法（修订草案）可以预见，随着公司经营的持续专业化和股权结构的不断分散化，董事会在公司经营中的中心地位将不断强化，我国的公司法也将由股东会中心主义转变为董事会中心主义，除了公司法规定为股东会的职权外，其他职权均可能交给董事会和高管行使。而公司高管层要向董事会负责，其职权也由董事会决定。

董事会职权的扩张属于股东会对董事会的授权，体现股东会对董事会的信任；而对董事会职权的限制，则体现了股东对公司控制的慎重。公司股东（会）

要从自己对董事会本身的控制（特别是大股东对董事会的控制）和决策效率角度来确定是否要对董事会授权以及授权哪些事项。而作为中小股东，则要权衡对股东会或董事会的控制孰优孰劣来选择是否扩大对董事会的授权。

由于市场环境瞬息万变，如果股东人数较多，建议适当扩大董事会职权，这有助于提升企业经营决策的效率，也能更好发挥董事会对公司发展的作用。

董事会的议事方式和表决程序应在公司章程中明确，否则将出现无法可依、无章可循的情况。另外，若要扩张董事会职权需通过章程明确规定，如无规定，即视为无授权，则董事会只能行使公司法中规定的职权。董事会在公司治理中起到承上启下的关键作用，但也要注意实践中出现的一些现象。

（一）董事薪酬占比过高

对公司高管的聘任和薪酬决定是董事会的一项关键职能，几乎所有国家都要求或建议披露董事会和高管薪酬政策和水平，甚至要求薪酬披露到董事和高管个人，以防止他们利用手中的权力给自己发过高的薪酬，损害公司利益。高管个人的收入与普通工作人员的工资差距越拉越大，高管个人过高的收入标准会侵蚀公司的利润，同时也会引起普通员工不满。

（二）提升董事会的多元化水平和业务水平

提高女性董事和高管的比例受到越来越多国家的认可。有些国家还强制要求董事会席位要有女性担任。鼓励公司开展董事会培训，以提高董事会的业务水平和董事会成员的绩效。

（三）增加公司独立董事的比例和独立性

经合组织发布的《2019年公司治理概览》对49个OECD成员国和G20国家的调查显示，独立董事在董事会中所占的比例与过去相比有所提高。有19个国家在公司治理准则中建议上市公司独立董事应在董事会中占多数。17个国家要求独立董事在董事会的比例不小于1/3。美国、法国、以色列和智利对分散型股权结构公司的董事会中独立董事比例要求降低，而在股权集中型公司董事会中要求独立董事占多数。

另外，董事会成员不得成为有控制权股东的代表，也不得与其产生密切的商业关系。独立董事应独立于大股东，限制独立董事在同一企业任期时间或届次。

最后，若个别董事与公司的某项交易涉及关联关系时，董事会表决时该关联董事应当回避，但回避表决由谁提出，董事会是否要对特定董事应不应该回避的问题专门进行集体表决等公司法是没有具体规定的。针对该类表决，公司法一百二十四条规定："上市公司董事与董事会会议决议事项所涉及的企业有关联关系的，不得对该项决议行使表决权，也不得代理其他董事行使表决权。该董事会会议由过半数的无关联关系董事出席即可举行，董事会会议所作决议须经无关联关系董事过半数通过。出席董事会的无关联关系董事人数不足三人的，应将该事项提交上市公司股东大会审议。"那么是经董事会的全体无关联关系董事过半数通过还是经出席董事会的无关联关系董事过半数，法律没有明确。

六、监事与公司治理问题

监事主要有检查公司财务，监督公司董事和高级管理人员并建议罢免，提议召开临时股东会或在一定条件下主持股东会，向股东会提议案，对给公司造成损害的董事、高管提起诉讼等权利。主要作用就在于监督董事会和高级管理人员的行为，督促他们合法、勤勉履职。监事的任期法定为每届三年。监事任期是按届算，而不是按监事个人的任职期限算。

目前多数监事会是软弱无力的，为提升监事会的监督作用，可以在公司章程中增加监事/监事会的职权；明确监事会议案形成、出席人数、表决方式（如举手、无记名投票）等。针对公司监事会的尴尬处境，建议从以下几个方面进行改进。

（一）在监事会中引进外部监事

引进外部监事的目的在于平衡监事会中股东代表监事的利益和意志倾向，同时弥补职工代表监事的软弱性。这样，公司监事会就形成了"三三制"的平衡制约格局。股东代表监事倾向于代表大股东利益，职工代表监事倾向于代表职工利益。问题是公司中小股东、债权人和公众投资者以及其他利益相关者的利益，谁来代表呢？只能是外部监事，它们来自公司外部，与公司、股东代表监事和职工代表监事不能有情感和利益关系。

（二）建立分类选派监事制度

就股东代表监事的选派而言，由于大股东已经在公司董事、高管的选派和任命上具有绝对的发言权或者事实上的掌控力，如果股东选派监事依然采取同样的直接选举方法，必然形成公司大股东"一言堂"的局面。因此，监事的选举应当区分开来。股东代表监事的选举有两种方案：（1）采取"累积投票制"，尽量保障中小股东能够选出他们的代言人进入监事会；（2）采取"人头制"，即按照股东人数选举产生，而不是按照持股比例选举产生。采取何种方案，可由公司章程规定。现行的职工代表监事的选举没有问题。但建议在公司章程中明确规定，职工监事任职期间不得无故解除其雇佣合同。解除职工监事的雇佣合同须经职工代表大会或者职工大会的同意。为了保障职工监事在行使监督权和履行监督职责时无后顾之忧。外部监事的选任不得让公司内部人举荐，否则便会失去独立性。建议以后在立法过程中考虑由法律授权某些公共机构建立外部监事人才库，类似于现在的破产管理人，供企业选定。

（三）明确监事的工作报酬

当前，大多数监事都是兼职的，他们的报酬来自本职工作。监事会的工作应当是常规性的日常工作，无论是股东代表监事还是职工代表监事，均应要求他们专职从事监督工作，当然也应当为他们提供报酬，而不是让他们做义工。相应地，也应要求他们抽出更多的时间实质性地投入工作。

针对监事会无所作为的现实和困境，立法机关正考虑用审计委员会来代替监事会。

七、高级管理人员与公司治理问题

公司高级管理人员是指公司的经理、副经理、财务负责人、上市公司董事会秘书和公司章程规定的其他人员，通常简称为公司高管。他们是公司的执行层，对公司的具体情况最为熟悉，是经营公司的核心力量，也是公司治理成败的关键成员。

（一）公司高管的忠实和勤勉义务

公司法规定，董事、监事、高级管理人员应当遵守法律、行政法规和公司章程，对公司负有忠实义务和勤勉义务，不得利用职权收受贿赂或者其他非法收入，不得侵占公司的财产等。未经股东会或者股东大会同意，不得利用职务便利为自己或者他人谋取属于公司的商业机会，不得自营或者为他人经营与所任职公司同类的业务等。高级管理人员执行公司职务时违反法律、行政法规或者公司章程的规定，给公司造成损失的，应当承担赔偿责任。

高管承担的竞业限制义务分为公司法中规定的法定义务和劳动合同中的约定义务。所以对应的责任可分为损害公司利益的侵权责任和违反劳动合同约定的违约责任。其实，公司章程也可以规定具体的针对高管忠实和勤勉义务的特别条款。

高管在离职后不再承担公司法和公司章程中规定的忠实义务与勤勉义务，但仍应遵守劳动合同中的约定义务。所以，高管离职后公司仍可以追究违约责任。

（二）对高管言论建立完善的管控机制

公司高管，具有双重社会属性，一方面有个人言论自由，另一方面作为企业的代言人，其言论具有一定的公共属性。要解决这个矛盾，可以从两方面入手：一方面，对公司高管进行必要的公共关系意识培训，将公共关系列为高管考核组成部分，通过制度明确高管身份"个人边界"及"公共边界"；另一方面，明确公司官方宣传渠道，在公关、宣发上，做到官方行为、官方渠道，明确官方渠道与高管私人发声渠道的界限等。很多舆论危机重点在"防患于未然"，因此建立严格的企业内部的 PR 制度，对高管言论形成有效约束，对企业的稳定和发展至关重要。对于危害企业品牌形象的个人，应该予以处罚。

（三）由控制到激励的软治理

以前大家主要强调通过外部力量对高管进行约束。但现在更应该强调如何激励，主要是激活其内在的动力，这是对心智的引导。被激活的人是主动的，是愿意为公司好，高管用内心的愿景、价值观、情感归属等进行自我约束。当越来越多从小衣食无忧并受过良好教育的"80 后""90 后"担任公司高管时，软治理就显得更为重要。阿米巴经营模式、股权激励、合伙制、去中心化等都显示出"从外部控制到内部激活"这个趋势。

例如，华为、阿里、万科等企业都谈到关于使命、愿景、价值观的问题。这便是"软治理"，这是以前在公司治理中不太强调的，但现在正逐渐变成公司治理中的关注重点，作为高管一定要认可并且自觉传承公司的使命和文化。

八、公司僵局与公司治理问题

很多公司股东对公司章程的设计没有给予应有的重视，往往是抄袭别人的范本，并没有认真考虑公司的个性化需要，股东之间不愿意把丑话说在前头。在公司股东之间或所选派的董事之间表决权势均力敌的情况下，就很难形成决议从而导致公司僵局。

（一）预防公司僵局的措施

预防公司僵局发生的最有效措施是设计合理的股权架构，设计预防僵局的条款并记载于公司章程或者投资协议里。下面我将为大家讲解几个有效预防公司僵局的办法。

1. 通过股权设计防范公司僵局的产生

僵局的产生往往是股权比例过于均衡，相互之间没有办法通过资本多数决的方式形成股东会决议和董事会决议，导致公司无法正常运营。因此，应尽量避免持股比例对等的股权结构，如 10 个股东各占 10%，四个股东各占 25% 等。特别是两个股东各占 50% 的股权结构最容易出现公司僵局。所以，建议创业公司中要有一个带头大哥，让他持有公司 50% 以上的股权，这样一般的公司决议事项仅须二分之一股东表决权通过就行，就不会产生久议不决的现象。

2. 通过公司章程预防公司僵局的产生

公司法每次修改都在不断放松管制，使公司自身有更大的自治权限，一般在法条中表述为："由公司章程规定""公司章程另有规定的除外""应当依照公司章程的规定"等，要学会充分运用法律授予的自治权并记载于公司章程中。

（1）少规定需要全体股东一致同意才能决议的事项，对于部分股东的一票否决权给出具体的限制，并且对于行使一票否决权导致可能出现的公司僵局的情况约定解决办法。

（2）用股权回购来解决公司僵局并详细规定操作办法。例如，哪些情形可以启动股权回购程序，采取何种规则进行股权回购，如何确定股权回购的合理价格等。还可通过公司回购一方股东的股权并进行减资，从而化解股东矛盾，避免公司僵局。

（3）对公司因严重僵局而启动公司解散程序作详细的规定。公司法虽然对于僵局情况下公司的解散进行了规定，从一定程度上解决了公司长期僵局的问题，但公司法规定的条件过于严格，实操中还是比较困难的。股东之间可以在章程中对于解散的条件进行更为宽松和更具操作性的约定，以最大限度防止"僵而不死"的困境。

（4）预设打破表决僵局的机制。公司章程可以规定，在某些事项上股东会一旦形成僵持局面，无法做出决议，则启动打破僵局的机制。可以是由某个机构或者人员（如特定人士组成的委员会、独立董事、仲裁机构、行业协会或者行政主管部门）来居中调解或裁决，也可以是由特定机构或人员暂时接管公司事务，以防范公司经营因决策僵局而遭受重大损害。

【举例】

A 有限公司由甲乙两位股东组成，甲股东持股 67%，公司章程规定，股东会决议应经全体股东表决权的四分之三通过，但就同一议案，在前次股东会上未获通过，而于三个月后重新召开的股东会上，经股东表决权的三分之二以上通过即视为有效。若在公司章程中作出类似规定，显然可以有效防范公司僵局。

（5）预设股权强制收购或转让条款。公司章程可以规定，出现特定僵局情形时，持有多数股权的股东应以某种价格（如经独立评估机构评估的价格，或者按章程规定的计算公式得出的价格）强制收购异议股东的股权。公司章程还可以规定，如果连续两次股东会或董事会对某些重大事项无法达成决议，则持有公司 50% 以上股权的股东或一致行动人，有权受让投反对票的股东的股权。投反对票的股东也有权要求投赞成票的股东受让。这样就可以有效避免公司僵局。但强制收购时，如何确定一个公平合理的价格却是关键问题。

3.通过一致行动人协议预防公司僵局的产生

若有限公司的股东人数比较多，股权比较分散，没有单个持股 50% 以上的控股股东，重新调整股权结构因牵涉的利益太大，通常很难操作。但是可以由大股东选择几个信任度较高的小股东一起签署一致行动人协议，以凑齐50% 以上的表决权比例。可以在一致行动人协议里约定：若出现公司股东会决议两次未能通过的情形，如再次召开股东会就相同的议案进行表决，大股东可以依据一致行动人协议要求其他签署该协议的股东与大股东就股东会决议投票保持一致。这样就可以保障在特定的情况下不出现公司僵局。

（二）法院诉讼解决公司僵局

当冲突各方不能通过协商达成一致，公司章程又未规定预防或化解公司僵局的条款。请求法院判决解散公司就成了解决公司僵局的最后途径。判决解散是一种带有破坏性的措施。因为它是以公司死亡的方式终结冲突的。如果有其他解决途径而无须解散公司，应该优先适用非解散途径。所以，法院要判决解散一家公司，除了论证"公司经营管理发生严重困难，继续存续会使股东利益受到重大损失"外，还必须考虑公司僵局是否通过"其他途径"（包括调解、股权转让、股权回赎或公司减资等）不能解决。而且，法院在判决之前还会进行调解，即尝试能否通过法庭调解来避免公司解散的结局。

第三章

股权激励

十年前很少有公司实施股权激励，如今股权激励已经成为一个广受关注的热点话题，公司想留住或吸引优秀人才时要考虑股权激励；企业要引进风险投资时，投资机构会考察企业是否有合理的股权激励制度；公司 IPO 之前需要冲业绩时也会讨论股权激励。总之，如果公司不做股权激励，那么多少有点"不入流"。

第一节　股权激励模式的类别与选择

股权激励的基本模式有很多种，但常用的基本模式有九种：股票期权、限制性股票（权）、期股、虚拟股票（权）、股票（权）增值权、账面价值增值权、延期支付（TUP）、业绩股票、员工持股计划。下面重点为大家介绍九种常用的股权激励模式，方便大家根据企业的具体情况正确选择。

一、股票期权

股票期权模式是国际上一种最经典、使用最广泛的股权激励模式之一。期权是在期货的基础上产生的一种衍生性金融工具，实质上是在金融领域中将权利和义务分开进行定价，使得权利的受让人在规定的时间内对于是否交易行使权利，既可以选择行权，又可以选择放弃行权，但公司作为义务方必须兑现承诺。

自公司股票期权激励协议签订之日到行权这段时间，如果公司有利润，只要激励对象选择行权，激励对象有权根据其股权持有比例或股票数量分享公司的利润，如果激励对象选择不行权，那么公司相应的利润也就跟他没关系了。

【案例】

四川 CH 公司与激励对象约定：如果激励对象张文（化名）3 年后达到股权激励考核要求，张文有权以每股 2 元的价格购买 500 000 股（见图 3-1）。

由于股权激励后大家干劲十足，3 年后张文达到股权激励考核要求，综合评分为优。这时公司股票每股市场价格是 3.5 元，张文根据股权激励协议有权以每股 2 元的价格购买，这样他每股就等于赚了 1.5 元，购买 500 000 股，就相当于赚了 750 000 元（1.5 元／股 ×500 000 股）。

如果 3 年后公司股票价格下跌至每股 1.8 元，张文觉得自己行权购买还要赔钱，他就可以选择不购买，也就是放弃行权。可见，选择权在张文手里，公司应该配合他，但不能强制要求张文购买。

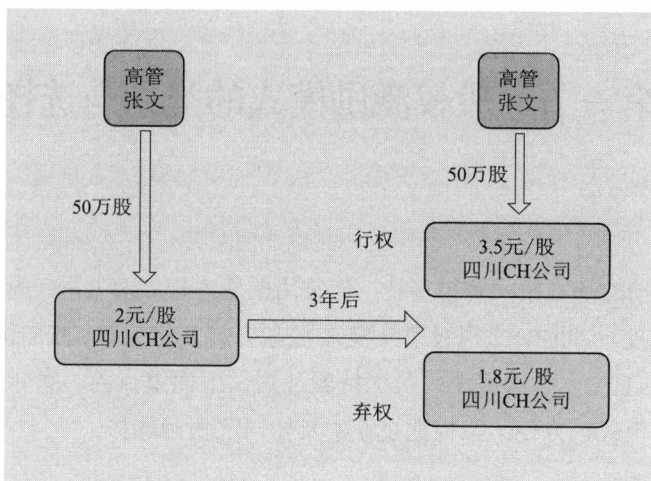

图 3-1　四川 CH 公司股票期权架构

【股票期权的优缺点分析】

股票期权的激励标的物是企业的股票，激励对象在行权后可以获得完整的股东权益，成为注册股东，具有长期激励效果，可降低委托代理成本。股票期权只有在行权时股票价格高于行权价时，持有人才能获得股票市价和行权价的价差带来的收益。股票期权采用"企业请客，市场买单"的方式，激励对象获得的收益由市场进行支付。公司不需要额外的现金投入，可增加投资者信心。

股票期权在上市公司中运用比较广泛，特别在资本市场比较成熟的国家和地区，因为上市公司的股票通过两级市场容易确定激励对象股票行权时的市场价格，操作简便。所以，有许多人认为股票期权激励只能用于上市公司，其实这是一种误解。非上市股份公司也可以用股票期权激励员工，只是非上市公司激励对象行权时股价不好确定，操作更复杂一些。

二、限制性股票（权）

股份公司按照预先确定的条件授予激励对象一定数量的本公司股票，激励对象只有在工作年限或业绩目标符合股权激励计划规定的条件时，才可以实际取得或出售限制性股票获益。

公司将一定的股份无偿或者以优惠的价格授予激励对象，但同时对这种股票的权利进行一些限制。激励对象不得随意处置股票，限制性股票在解除限售前不得转让、用于担保或偿还债务。只有在规定的服务期限后或完成特定业绩目标时，才可以出售限制性股票并从中获益。否则，公司有权将限制性股票收回。而在中国《上市公司股权激励管理办法》第二十三条规定，上市公司在授予激励对象限制性股票时，应当确定授予价格或授予价格的确定方法。授予价格不得低于股票票面金额，且原则上不得低于下列价格较高者：

（一）股权激励计划草案公布前 1 个交易日的公司股票交易均价的 50%；

（二）股权激励计划草案公布前 20 个交易日、60 个交易日或者 120 个交易日的公司股票交易均价之一的 50%。

上市公司采用其他方法确定限制性股票授予价格的，应当在股权激励计划中对定价依据及定价方式作出说明。

其实"限制性股票"的原理用在非上市中小企业中会产生更大的激励空间，因为非上市中小企业不用局限于《上市公司股权激励管理办法》中关于股权授予价格的限制，企业可以根据自身的特点和需要灵活安排，激励力度和范围更自由。

公司法规定，只有股份公司才有股票，既可以用股份比例表示，又可以用股票数量表示权益。有限公司或有限责任公司中只能用股权比例来表示股东权益的数量，所以"限制性股票"这种模式用于有限公司当中应称为"限制性股权"。

限制性股权，其限制主要体现在两个方面：一是获得条件；二是出售条件。具体方案应当依据各个公司实际情况来设计，具有一定的灵活性。根据公司的不同要求和不同背景，公司可设定可售出股票或股权的价格、年限条件、业绩条件等。

【案例】

北京 ZJ 公司，大股东钱汶都（化名）为了激励追随自己多年的部门经理，请专业人士为公司设计股权激励方案，大股东早就口头承诺给他们股权，但一直未能兑现，希望通过股权激励的方式来实现。在设计时发现，公司最近两年是投入期，每年利润都是负数，各位部门经理平时工资不高，家庭开支不少，没有多少积蓄。针对这些现实情况，最后选择限制性股权激励，如表3-1所示。

表3-1 北京ZJ公司限制性股权激励授予条件

授予安排	授予时间	比例	授予条件
第一次授予	自公司股东会审议通过本方案之日起30日内	40%	无考核指标
第二次授予	2019年1月15日至2019年2月15日当日止	30%	2017年度、2018年度考核合格
第三次授予	2020年1月15日至2020年2月15日当日止	30%	2019年度考核合格

公司授予激励股权的价格＝公司注册资本 × 激励对象获受股权占公司股权的比例。

也就是和创始人股东一样按照注册资本金计算。

授予的限制性股权自授予之日起24个月内为锁定期。在限制性股权解锁之前，激励对象根据本计划获授的限制性股权不得转让、不得用于担保或偿还债务。激励对象因获授的尚未解锁的限制性股权而取得的资本公积转增股本、派息、派发股权红利、股份拆细等股份和红利同时按本计划锁定。

在解锁日前，公司应确认激励对象是否满足解锁条件，对于满足解锁条件的激励对象，由公司统一办理解锁事宜并书面通知激励对象。

激励对象获授标的股权必须同时满足以下条件：

（1）劳动合同处于有效期间；

（2）依据股权激励计划实施考核办法，激励对象上一年度绩效考核合格，其中2018年度考核还应当包括2017年度考核。

【限制性股权的优缺点分析】

股权激励协议通常约定激励对象只需象征性地支付一点现金作为购买限制性股权的价款，如果激励对象支付能力比较差，可以约定免费赠送。限制性股权的限制条件主要是激励对象连续在公司服务的年限、工作业绩和其他考核指标，这样有利于激励核心团队将更多的时间和精力投入到公司长期战略目标中，促进战略目标达成。

但是，实施限制性股权激励时，确定合理的业绩目标和股权价款比较费心思，公司的现金流压力较大。

三、期股 (按揭购股)

期股原本是中国当时的国有企业为了调动管理层的积极性而采用的一种股权激励模式,现在更多地被民营企业所运用。期股的激励对象(包括管理层、核心团队和核心员工)通过部分首付、分期还款而拥有公司股份的一种股权激励制度,类似按揭购房,所以我把期股称为按揭购股。

这种方式可以有效解决经理人购买股份一次性支付现金压力太大的问题。通常是公司或大股东借款给激励对象作为其购买股份的投入,激励对象对股份有分红权。表决权可以和分红权同时产生,也可以设计成激励对象取得所有权时才拥有表决权。股权所有权是虚的,只有期股激励对象把购买期股的贷款全部还清后才能拥有完整的所有权。激励对象所分得的红利在偿还全部期股价款之前不能取走。

【案例】

北京 DE 公司 2 名创始股东,2019~2021 年利润比较平稳,但是行业竞争越来越激烈,公司计划 5 年内有一个大的突破,需要到全国各直辖市及省直辖市增加 12 个分支机构。专业人士对该公司做了全面的调查了解,最后设计了针对各分支机构负责人的期权激励来增强公司对其的约束,加大利益分享力度。

方案要求 12 个分支机构组建成注册资本为 200 万元的有限公司,成为总公司北京 DE 公司的子公司,独立核算,负责人及其核心团队取得 45% 期权,总公司当大股东,持有 55% 股权。另外,总公司再给负责人及其核心团队 10% 的分红权(虚拟股权)。这样总公司实际持有各子公司 55% 的股权,但只要求 45% 的分红权,子公司的负责人及其核心团队每年度实际可以分到子公司 55% 的红利。子公司的负责人及其核心团队需要分 5 年支付期权价款,每年支付 18 万元。第一年先自己出 18 万元,第二年、第三年、第四年、第五年他们都可以通过子公司 55% 的红利进行支付,如果哪一年度子公司利润的 55% 扣除所得税后不足 18 万元,取得期权的激励对象就要自己用现金补足差额。如果哪一年度子公司利润的 55% 扣除所得税后超过 18 万元,超过部分可以直接分配给取得期权的激励对象(见图 3-2)。

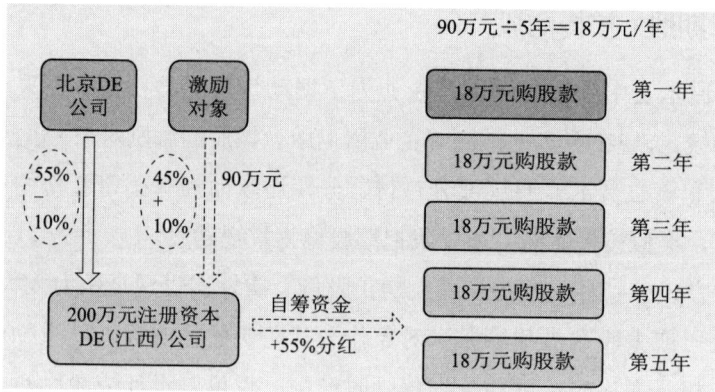

图 3-2　北京 DE 公司期股架构设计

所以，要想将期股变为实股（登记注册的股权），激励对象必须把企业经营好，使其有可供分配的红利。如果企业经营不善，不仅期股不能变成实股，投入的本金有可能收不回。与股票期权相比，期股对激励对象的约束性更强。

【期股的优缺点分析】

由于激励对象持有的股权价值与企业资产和经营效益直接相关，这就促使激励对象更为关注企业的长远发展和长期利益。而股权收益难以在短期内兑现，从而有效避免了激励对象的短期行为。期股既可以通过个人现有资金出资购买，也可以通过贷款购买，还可以通过年薪收入、分红等支付。期权的收益获得是渐进的、分散的。这在一定程度上避免了因激励对象一夜暴富，导致内部员工贫富差距过大的问题。

但是，激励对象的股权收益难以在短期内兑现，且承担和现有股东同样的风险，做不好还会亏钱。所以，约束力非常大，激励对象的压力也会特别大。

四、虚拟股票（权）

公司授予激励对象一种"虚拟"的股票，并非公司真正的股票，但激励对象可以据此享受一定数量的分红权和股价升值收益。如果实现公司的业绩目标，则激励对象可以据此享受一定数量的分红，但没有所有权和表决权，不能转让和出售，在离开公司时自动失效。如果激励对象通过股权激励考核目标，公司应向激励对象支付虚拟股票收益，既可以支付现金或等值的股票，又可以支付等值的股票和现金组合。虚拟股票将股份的所有权和收益权分离，持有人只有股份的分红权和增值收益权，而没有所有权和表决权。另外，授予虚拟股票也不需要到工商部门或证券交易部门登记，不用更改公司章程，操作方便。但由于这些方式实质上不涉及公司股票的所有权授予，只是奖金的延期支付，短期激励效果较好，长期激励效果有限。

此外，非上市中小企业，如新三板挂牌公司或未挂牌的"股份"公司也可以采用这种模式。如果是一般的"有限"公司，我们称为"虚拟股权激励"，也可以参照这种模式实施股权激励。

【案例】

山西 HD 公司是一家准备上新三板挂牌的股份有限公司，为了冲业绩，在新三板挂牌时股票能卖出好价钱，同时也为了让几个刚从北京引进的优秀骨干员工分享公司发展的成果，在对他们的价值观和真实能力没有充分了解的情况下，建议大股东先对他们实施虚拟股权激励，观察两年，等条件成熟了，再考虑设计股权所有权的激励模式。

经调查发现该公司已经改制为股份有限公司，注册资本 2 500 万元，共有股份 2 200 万股。公司虚拟 800 万股作为对陈洁（化名）等 20 个激励对象的股权，这样公司整体股份可以看作 3 000 万股，股权激励方案实施一年后，公司年度净利润达到 3 000 万元（见图 3-3）。那么，每股的净利润是 1 元（3 000 万元 ÷ 3 000 万股），虚拟 800 万股的净利润是 800 万元（800 万股 × 1 元 / 股），平均每人可以得到 40 万元虚拟股份分红。如果有谁从公司离职，自离职当年开始公司不用再向其支付虚拟股份分红，所以无一人愿意离开。另外，有张建林（化名）等 3 人在 2 年股权激励考核期间因考核不合格，按照规定公司不用向其支付虚拟股份红利。

【虚拟股票的优缺点分析】

虚拟股权不同于一般意义上的公司股权。公司为了更好地激励骨干员工，在公司内部无偿地派发一定数量的虚拟股份给公司骨干员工，其持有者可以按照虚拟股权的数量，按比例享受公司税后利润的分配。与购买实有股权或股票不同，虚拟股权由公司无偿赠送或以奖励的方式发放给特定员工，不需要员工出资。

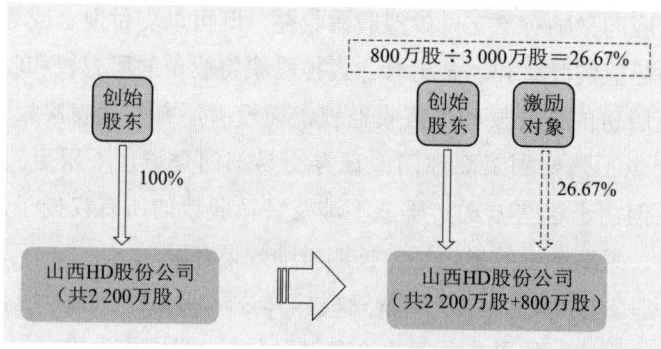

图 3-3　山西 HD 公司的虚拟股权激励架构

虚拟股票实质上是一种享有企业分红权的凭证，虚拟股权的持有者只能享受到分红收益权，而不能享受普通股股东的权益（如表决权、转让权等）。所以虚拟股权的持有者会更多地关注企业短期内经营状况及企业利润的情况。

除此之外，虚拟股票的发放不影响公司的总资本和股权结构。虚拟股票的持有人通过自身的努力去经营管理好企业，使企业不断盈利，进而取得更多的分红收益，公司的业绩越好，其收益越多，所以虚拟股票具有内在的激励作用。同时，虚拟股票激励模式还可以避免因股票市场不确定因素造成公司股票价格异常下跌对虚拟股票持有人收益的影响。虚拟股票操作方便，只要拟定一个内部协议就可以了，不会影响股权结构，也无须考虑激励股票的来源问题。

但是，虚拟股票激励对象并不实际持有股权，与企业未建立稳固的长期利益绑定，因此可能过分考虑当年的分红，减少企业资本公积金的积累，容易形成分光利润的思想，导致公司的现金支付压力比较大。

五、股票（权）增值权

股票增值权就是公司授予激励对象在一定的时期和条件下，获得规定数量的股票价格上升所带来的收益的权利。股权激励对象不实际拥有股票，也不拥有股东表决权、配股权、分红权，股票增值权不能转让和用于担保、偿还债务等。激励对象不用为行权付出现金，行权后可获得现金或等值的公司股票。激励对象不用实际买卖股票，仅通过模拟股票认股权方式获得股票增值权。因为这种股权激励模式在已上市的股份公司中运用时，股票增值金额容易确定，操作比较方便，所以，大家习惯称为"股票增值权"。其实，在一般的有限公司也是可以运用的。公司法规定，有限公司的股权是按照百分比来计算的，应当称为"股权增值权"，由于有限公司很难确定一个让各方都认可的公允价格，所以很少有人将"股权增值权"运用于有限公司股权激励中。

【案例】

广东某股份公司近两年高管经常流动，两年下来累计利润不到 1 300 万元。2018 年 1 月 1 日股东会决议授予团队骨干成员股票增值权进行激励。共授予公司副总及部门经理 600 万股票增值权，每股价值 5 元，由于实施了有效的股权激励，公司上下齐心协力，公司业绩显著提升，该股份公司 2020 年 12 月 31 日每股价值升到 8 元，即每股价值增加 3 元，公司副总胡水洋（化名）及部门经理共 25 人在 2020 年 12 月 31 日所获得的股票增值权为 1 800 万元（600 万股 ×3 元 / 股）。平均每个人增加 72 万元的收入。公司的整体价值增加了 60%，股东们的投资收益实现了大幅提升（见图 3-4）。

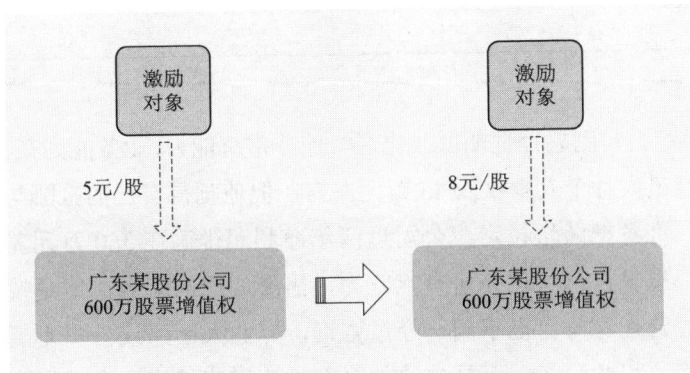

图 3-4　SARs 制度实施成果示例

【股票增值权的优缺点分析】

公司实施股票增值权时，激励对象不用现金购买股票，所以，对工资不高、家庭积蓄少的员工特别适用，不会增加他们任何经济压力。另外，公司给激励对象股票增值权后也不用去工商局变更登记、修改公司章程。如果是上市公司也不需要去证监会审批。所以，实际操作时流程比较简单，基本不用行政机构的审批。

股票增值权是一种虚拟股权激励工具，被激励者获得的仅仅是二级市场股价和激励对象行权价格之间的差价的升值收益，并不是企业的股票。非上市公司激励对象获授的是股权价值增加部分的收益。

但是，不适用于资本市场有效性较弱的国家和地区，因为这种地方二级市场的股价不能反映上市公司股票的真实价值，股价与经营者业绩关联度不大。如果大家齐心协力把业绩做上去了，但是股票价格不升反降，这将对激励对象带来精神上的挫败感和工作热情的打击，其后果是对公司极为不利的。

六、账面价值增值权

账面价值增值权是指直接用每股净资产的增加值来激励其高管人员、技术骨干和董事，很适合于非上市中小企业。账面价值增值权不是真正意义上的股权，没有所有权、表决权、配股权。由于账面价值增值权不能流通、转让或继承，员工离开企业将失去其权益,因而有利于减少骨干员工的流失;具体操作也方便、快捷。上市公司可以有效避免股票市场因素对股票价格的干扰。

【案例】

安徽 AC 公司副总经理胡朋（化名),他非常有能力,业务能力在公司最强,但是脾气也最大。个人年收入 45 万元左右，但他觉得自己的报酬与作出的贡献不对等，准备把队伍拉走。公司近两年净利润徘徊在 360 万元左右，大股东很紧张，感觉自己管理公司有点吃力，需要胡朋的配合，但是发现此人性情不定，经营理念与自己不同。经过咨询，专业人士建议公司不要让胡朋直接成为有表决权的股东，而是先给他账面价值增值权，这个方案正合大股东心意，于是公司立即启动股权激励计划。

2017 年 1 月 1 日公司净资产 3 000 万元,股东会授予公司副总经理胡朋 7%账面价值增值权，如果公司未来 3 年内净资产增值了，他可以分到公司净资产增值部分的 7% 作为回报。胡朋觉得自己不用交一分钱却能得到整个公司净资产增值部分的 7% 作为回报，也很满意。股权激励后他工作非常努力，处处考虑公司的整体利益，带动大家齐心协力降低经营成本，公司盈利能力不断加强。AC 公司 2019 年 12 月 31 日，经审计，公司净资产为 5 500 万元，增加 2 500 万元（5 500 万元 −3 000 万元 =2 500 万元），胡朋 2019 年 12 月 31 日根据股权激励计划，取得账面价值增值权为 175 万元（2 500 万元 ×7%）。

【账面价值增值权的优缺点】

账面价值增值权是与证券市场无关的股权激励模式，激励对象所获收益仅与公司的每股净资产值有关，而与股价无关。这种激励方式使业绩和管理水平直接挂钩，让管理者专注于每股净资产的增长。激励对象不用现金购买股权，即避免支付现金；不用去工商局变更登记、修改公司章程，如果是上市公司，也不需要去证监会审批。

在具体操作中，使用账面价值增值权的方式可以和股票期权的做法结合起来。当激励对象得到公司股票时，其购买价格可以由股票当时的账面价值来决定，而不是根据市场价格；以后，当公司回购此种股票时，就以回购时的账面价值作为股票的回购价格。

由于账面价值增值权没有利用资本市场的放大作用，每股净资产的增加幅度有限，所以激励对象的收益不会有爆炸性增长。适用于现金流量比较充裕且净资产增长比较快的有限公司。

七、延期支付

延期支付，是指公司将管理层的部分薪酬，特别是年度奖金、股权激励收入等按当日公司股票市场价格折算成股票数量，存入为激励对象单独设立的延期支付账户。在预定的期限届满后或在该激励对象退休以后，以公司股票形式或按照期满时的股票市场价格以现金方式支付给激励对象。

【案例】

某投资控股有限公司下面有十多家全资控股的科技公司，公司之前做过多次股权激励，虽然都是虚拟股票，给激励对象分享的是账面价值增值权。但老员工持有的权益比重太高，公司净资产增值压力很大，部分老员工吃老本，影响了对新进员工的激励力度。公司经过专业咨询后，最后选择了通过时间单位计划来解决这个问题。具体操作和计算方式如下：

某投资控股有限公司 2016 年 1 月 1 日给吕丹（化名）配了 60 000 股，当时股票价值为 5 元 / 股，2016 年度（第一年）每股分红为 0.65 元。2015 年度（第二年）每股分红为 0.80 元。2018 年度（第三年）每股分红为 0.90 元。2017 年度（第四年）每股分红为 1 元。2020 年度（第五年）每股分红为 1.20 元，股票价值为 7 元 / 股（见图 3-5）。

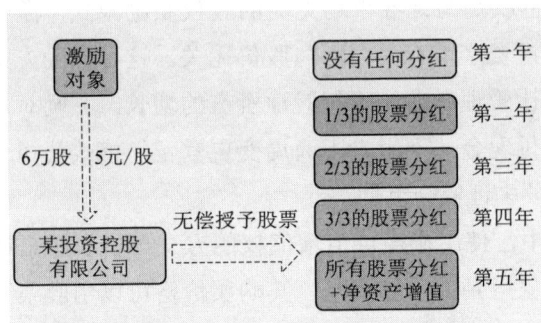

图 3-5 TUP 制度设计方案示例

问：

（1）吕丹第二年度可以分到多少钱？

0.80×60 000×1/3=160 000（元）

（2）吕丹第三年度可以分到多少钱？

0.90×60 000×2/3=360 000（元）

（3）吕丹第四年度可以分到多少钱？

1.00×60 000×3/3=600 000（元）

（4）吕丹第五年度可以分到多少钱？

1.20×60 000+（7−5）×60 000=1 920 000（元）

【延迟支付（包括时间单位计划）的优缺点分析】

（1）只有股价上升，激励对象才能保证自己的利益不受损害；

（2）部分薪酬转化为股票，且长时间锁定，可以减轻公司的现金支付压力；

（3）获得的激励额度通常较少，等待时间较长，难以产生较强的激励效果；

（4）解决外籍员工的长期激励问题，解决用股票收益混日子的问题。

八、业绩股票

业绩股票指在年初确定一个较为合理的业绩目标，如果激励对象到年末时达到预定的目标，则公司授予其一定数量的股票或提取一定的奖励基金购买公司股票。业绩股票的流通变现通常有时间和数量限制。激励对象在以后的若干年内经业绩考核通过后可以获准兑现规定比例的业绩股票，如果未能通过业绩考核或出现有损公司的行为、非正常离任等情况，则其未兑现部分的业绩股票将被取消。地产公司万科曾用过业绩股票实施股权激励。

业绩股票不仅可以用于上市公司中，也可以运用到非上市中小企业中。关键在股权激励时能确定一个合理的股权购买价格及业绩考核指标，实践中许多上市公司由于业绩指标太低，考核指标很轻松就达成了，股权激励就成了向管理层变相增加福利的手段。

【案例】

海南 MY 有限公司主要做销售贸易业务，公司刚成立两年，业务发展很顺利，之后业务基本处于原地踏步状态。好的业务人员做了一段时间就自己出去创业或者跳槽到其他公司成为其竞争对手。留下的大多是业务能力比较弱的。公司无奈只好不断招聘新人，但新人中业务能力强的总是找各种理由离职。公司做了 4 年多的义务培训，把优秀员工培养出来交给社会，把能力弱、不好找工作的留下。终于有一天大股东感觉再不改革，再过四年公司还是这个样子，甚至都要被淘汰了。针对这种情况，建议公司通过股权激励留住优秀员工，实施优胜劣汰的用人法则，让优秀业务员有更高的收入，能够通过公司这个现有平台实现自己的创业梦想。经过认真研究，最终选择业绩股权作为公司股权激励模式。

股权激励对象包括吴建淼等 3 个副总经理和销售部胡婷婷等 10 个区域销售总监，2012 年 12 月 31 日公司改制为股份公司，净资产 5 000 万元，共5 000 万股。公司股权激励考核期限为 2013 年 1 月 1 日至 2015 年 12 月 31日共 3 个完整会计年度。考核期内每年净资产增加超过 300 万元的部分给13 个激励对象分配 35%，分配的金额直接转为投资入股的资本金，按每股1 元计算（见图 3-6）。

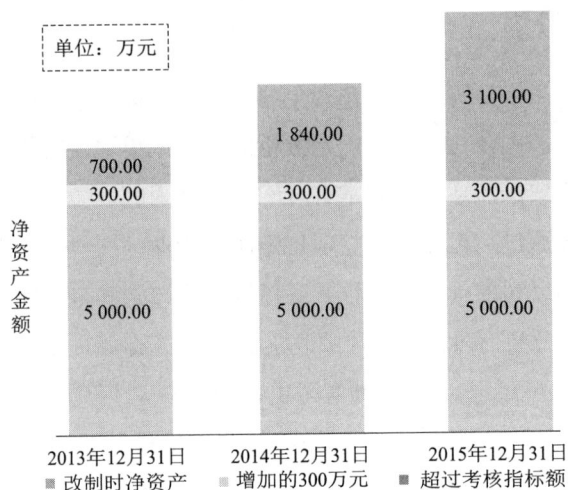

图 3-6 海南 MY 有限公司净资产增长示意图

2013 年 12 月 31 日该公司净资产为 6 000 万元,激励对象共分配到 245 万元（700 万元 ×35%）；

2014 年 12 月 31 日该公司净资产为 7 140 万元,激励对象共分配到 644 万元（1 840 万元 ×35%）；

2015 年 12 月 31 日该公司净资产为 8 400 万元,激励对象共分配到 1 085 万元（3 100 万元 ×35%）。

3 年下来公司 13 位激励对象共计分配到 1 974 万元(1 085 万元 +644 万元 + 245 万元)，根据股权激励计划可以转换为公司 1 974 万股股票。占公司整个股权比例为 28.31%。从此，13 位激励对象就是公司的股东了，他们再也不想离开公司，而一心想着怎么把公司做上市。因为公司成功上市之后，手里的股票价格就有机会翻几十倍。

【业绩股票的优缺点分析】

在业绩股票激励方案的设计中，应注意激励范围和激励力度的确定是否合适。激励范围和激励力度太大，则激励成本上升，对公司和股东而言，收益不明显，现金流的压力难以承受；而激励范围和激励力度太小，激励成本和现金流压力减小了，但激励效果很可能减弱了。因此，公司应综合考虑各种因素，找到激励成本、现金流压力和激励效果之间的平衡点。针对一般的中小企业，激励范围确定为以高管和骨干员工较为适宜，激励力度对于传统行业的企业可以低一点，对于高、精、特、新企业应相对要高一些。

激励对象获得奖励的前提是实现一定的业绩目标，并且收入是在将来逐步兑现的；如果激励对象未通过年度考核，出现有损于公司的行为、非正常调离等，激励对象将受风险抵押金的惩罚或被取消激励股权，这对作为激励对象的员工来说退出成本较大。

对于上市公司激励对象而言，在业绩股票激励模式下，其工作绩效与所获激励之间的联系是直接而紧密的，且业绩股票的获得仅取决于其工作绩效，几乎不涉及股市风险等激励对象不可控制的因素。但是激励对象最终所获得的收益与股价有一定的关系，因此业绩股票可以充分利用资本市场的放大作用，激励力度较大。对于现有股东而言，业绩股票激励模式对激励对象有严格的业绩目标约束，权、责、利的对称性较好，能形成现有股东与激励对象双赢的格局，故激励方案较易为股东大会所接受和通过。

但是，上市公司业绩目标确定的合理性很难保证，容易导致公司激励对象为获得业绩股票而弄虚作假。

九、员工持股计划

员工持股计划就是通过让员工持有本公司股票和期权而使其获得激励的一种长期绩效奖励计划。它是一种企业所有者与员工分享企业所有权和未来收益权的制度安排。员工通过购买公司部分股票（或股权）而成为公司的股东，并获得相应的管理权，实施员工持股计划的目的，是使员工成为公司的"主人翁"。

在实践中，员工持股计划往往是由公司内部员工出资认购本公司的部分股权，并委托员工持股会管理运作，现在主要通过持股平台管理员工所持股权，持股平台代表持股员工推选公司董事，参与表决和分红。

员工持股计划的优缺点分析如下：

员工持股计划可以增强公司的凝聚力和竞争力，为员工提供安全保障，增加员工收入，调动员工积极性，留住优秀人才。同时还能调整企业收益权，可以防范公司被敌意收购的风险。

但是，员工持股计划与员工业绩挂钩不明显，福利性较强，平均化容易变成"吃大锅饭"现象。公司给激励对象设置的门槛比较低，参考的员工范围广，人数多，操作比较复杂。

第二节 选择合适的股权激励模式

股权激励的模式有很多种，每种模式都有自己的特点，公司能否选择适合自身发展需要的股权激励模式，是公司激励效果好坏的关键因素，一定要全面考虑，慎重选择。

一、量体裁衣——设计适合自己的一套模式

经常会有公司问，哪一种股权激励模式最好，其实每种股权激励模式都有其独特的优点，同时也存在不足之处。这就像人们穿衣服一样，没有哪一件衣服是最好看并适合任何人穿的，每个人只有选择最适合自己的身高、三围、肤色、年龄和场合的衣服才会有好的效果。一旦选择错误，不但达不到理想的效果，可能还会产生不利的后果。我们只有深入了解每种股权激励的优点和不足，全面了解企业所处的发展阶段、员工现状、财务状况、行业特点、发展规划及股权治理结构等情况后，才能选择最适合企业当前阶段的股权激励模式。检验一个股权激励方案实施是否成功主要是看以下三点：

（1）是否明显调动公司全体员工的工作积极性；

（2）是否如期达到公司既定的战略目标或业绩目标；

（3）是否能够促进公司形成优胜劣汰的用人机制。

当企业在实施股权激励一段时间后，公司的许多具体情况可能会出现较大变化，再次启动后续的股权激励时应当重新思考原来的股权激励模式是否仍然适合。如果不再适合，企业就应该及时调整并重新选择更适合的股权激励模式。哲学家赫拉克利特说："人不能两次踏进同一条河流。"因为当人第二次进入这条河时，是新的水流而不是原来的水流在流淌。公司也是不断发展变化的，如果公司变化了而股权激励模式未及时调整，就会像一个 15 岁的人还穿他 12 岁时的衣服一样不合身，会很别扭。华为的股权激励就做了很多次，每次做法都不相同。

1990 年，华为第一次提出内部融资、员工持股的概念。当时参股的价格为每股 10 元，以税后利润的 15% 作为股权分红。那时，华为员工的薪酬由工资、奖金和股票分红组成，这三部分数量几乎相当。其中股票是在员工进入公司一年以后，依据员工的职位、季度绩效、任职资格状况等因素进行派发，一般用员工的年度奖金购买。如果新员工的年度奖金不够派发的股票额，公司帮助员工获得银行贷款购买股权。

华为采取这种方式融资，一方面减轻了公司现金流压力，另一方面增强了员工的归属感，稳住了创业团队。

1998 年，华为的营业利润有了较多富余后，任正非以养老基金的方式，全部补发和兑现了拖欠员工的工资转成的股份，实现了他的承诺。

2000 年网络经济泡沫时期，IT 业受到毁灭性影响，融资出现空前困难。2001 年底，由于受到网络经济泡沫的影响，华为迎来发展历史上的第一个冬天，此时华为开始实行"虚拟受限股"的期权改革。

虚拟股票是指公司授予激励对象一种虚拟的股票，激励对象可以据此享受一定数量的分红权和股价升值权，但是没有所有权，没有表决权，不能转让和出售，在离开企业时自动失效。虚拟股票的发行维护了华为公司管理层对企业的控制力，避免产生管理失控的问题。

华为公司还实施了一系列新的股权激励政策：

（1）新员工不再派发长期不变的一元一股的股票；

（2）老员工的股票也逐渐转化为期股；

（3）以后员工从期权中获得收益的大头不再是固定的分红，而是期股所对应的公司净资产的增值部分。

2003 年，尚未挺过泡沫经济的华为又遭受 SRAS 重创，出口市场受到影响，同时和思科之间存在的知识产权官司直接影响华为的全球市场。华为内部以运动的形式号召公司中层以上员工自愿提交"降薪申请"，同时进一步实施管理层收购，稳住员工队伍，共同渡过难关。

此次配股规定了一个 3 年的锁定期，3 年内不允许兑现，如果员工在 3 年之内离开公司则所配的股票无效。华为同时也为员工购买虚拟股权制定了一些配套的政策：员工本人只需要拿出所需资金的 15%，其余部分由公司出面，以银行贷款的方式解决。自此改革之后，华为实现了销售业绩和净利润的突飞猛进。

2008 年，由于美国次贷危机引发的全球经济危机给世界经济发展造成重大损失。面对本次经济危机的冲击和经济形势的恶化，华为又推出新一轮的股权激励措施。2008 年 12 月，华为推出"配股"公告，此次配股的股票价格为每股 4.04 元，年利率逾 6%，涉及范围几乎包括了所有在华为连续工作一年以上的员工。

最近几年，华为又针对公司部分持股老员工躺在功劳簿上光靠分红就能拿大把的钱，不再卖力工作，同时许多新进员工努力工作，收入却比不努力干活的老员工少得多的现象，设计了时间单位计划，也就是本书前面延迟支付中讲到的 TUP 股权激励方案。

所以，一个好的股权激励方案是抄不来的，必须针对自己公司的现状，与时俱进。

二、股权激励必须注意的五大前提

为了达到理想的股权激励效果，除了选择适合公司特点的模式外，在实施股权激励时还必须注意以下五个前提。

（一）选择晴朗时修屋顶比雨天更好

公司的发展前景不同，其股权激励对员工的吸引力或激励效果也不同，如果员工对企业前景感到悲观，股权激励对员工来说更多的是一种风险。特别是大股东或实际控制人也不看好时，股权激励就可能是一个陷阱。所以企业应该持续改进自己的管理水平，在员工对公司前景充满信心时，及时进行股权激励，让员工在美好的期待中为了自己和公司的明天而努力奋斗，提升企业的战斗力，实现跳跃式发展。对于一些未来前景很好，只是眼前盈利状况并不理想，可能面临经济周期下行危机的公司，大股东让出一部分股权给核心员工，也可以增加核心员工的凝聚力，激发员工的潜能。

（二）诚信的公司文化是股权激励的基石

若公司平时说话不算数，本来约定每月 10 日发工资，却经常故意拖延到月底才发。员工正常离职时故意少算工资补贴，还经常找各种不合理的理由。公司这样的行为，员工表面不说，但是心里都有一个印象——公司不诚信，说了的话不一定会做，基本工资都不能兑现，若干年后的股权就更难指望了。如果公司在员工心里是不可信赖的，多么精彩的股权激励方案也难以产生理想的激励效果。如果公司之前在员工心目中的信用不好，可以学战国时期的商鞅"立木为信"，迅速树立公司及控制人的威信，树立员工对新制度的信心。

（三）股权激励要切合实际，只能借鉴不能照抄

股权激励方案一定要根据公司的实际情况（包括发展阶段、行业特点、盈利状况、员工收入和家庭现状、公司规划等）做个性化的设计。没有任何企业都可以通用的方案，就像没有哪种药可以包治百病一样，只有适合自己公司实际情况的才是最好的方案。否则只会出现"东施效颦"的结果。目前的科学研究表明，猫与人类的基因相似性高达90%，但就是这10%的差异却让我们人类与猫有了天壤之别。所以，很多中小企业的老板千万不要认为华为的股权激励做得好就简单模仿，因为你的企业与华为有太多差异。

（四）让激励对象感觉激励的公正性与公平性

是否要公开股权激励方案这是令许多老板头痛的难题，如何有效消除其负面影响是最难的。有的专家主张不公开股权激励方案，应当对分配额度保密。理由是：股权是老板的，老板想给谁多少是老板个人的事，老板没有义务告诉激励对象；另外，告诉了员工之后，他们之间会相互比较，经常会高估自己的能力和贡献，而感觉自己分配的额度太少，容易产生不公平的感觉。

还有的专家认为应当公开股权激励方案及分配额度，理由是：公开的话可以让更多的员工了解公司股权激励的政策，这样就能激励全体员工努力工作，让所有员工都看到希望；而不公开则会让员工间相互猜忌，"小道消息"满天飞，让激励对象心里没底，容易产生不公平的感觉。

其实不管公开还是不公开，最核心的是消除员工的不公平感。一个人对奖励是否公平的感觉取决于他的投入回报平衡；这种感觉反过来决定满意度。当感觉公平时就产生了满意，反之就导致不满意。

人们把自己的投入回报平衡与他们感觉到的比较对象（他们用以比较的人）的投入回报平衡进行比较，评价自身投入回报平衡的公平性。

（五）大型企业股权激励不能仅限于几个核心人才

公司股权激励只针对几个核心人才，这种固化思维具有普遍性。但是，这种固化思维却忽视了一个重要的事实，不管核心人才如何重要，如何有能力，如何有才华，其力量都不可能有团队力量大。

核心人才再有能力，如果手下的普通员工对企业缺乏认同感，没有凝聚力，这个团队的力量必然羸弱不堪。不要忘了，直接面对市场、客户和消费者的人，

是普通员工。他们是听到枪声和炮声的前线战士，拥有第一手的情报。

股权激励核心人才当然至关重要，但要让普通的优秀员工看到希望。大型企业，如果条件成熟，应当考虑让更多的员工参与进来，甚至全员股权激励，那样才会调动更多的积极力量。华为的全员股权激励，阿里巴巴合伙人数不设上限就是这种思想的产物。

（六）激励力度与考核难度相适应

行动者采取某种行为方式的强度取决于期望值的强度，即行动者期望某种行为方式引发的后果（或者结果），以及这种后果（或者结果）对行动者可能产生的价值或吸引力。使人按某一特定方式行为的约束力等于注重所有行为结果的价值观的结合。

因此，公司给予员工的激励额度越大员工的动力也就越大，假如公司制定的考核标准分为"高、中、低"三级，公司给予股权激励的力度分为"强、中、弱"三级（见图3-7）。公司要想让激励对象完成考核标准为"高"级别的目标，就得用力度为"强"级的股权激励政策来激励。同理，若公司股权激励力度为"弱"级的政策去激励员工，公司就不要试图用考核标准为"高"级别的目标去考核员工，而应当选择考核标准为"低"级别的目标。否则，就像高级跑车加低标号的油一样，虽然省了点油钱，但是会降低跑车的性能，损害引擎的动力。

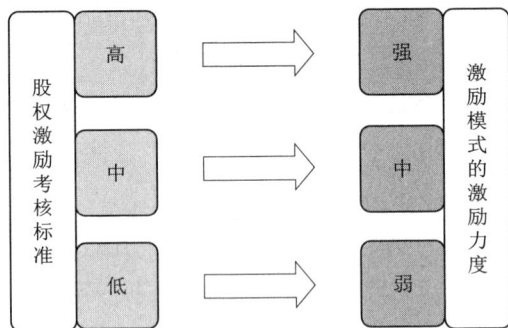

图 3-7　股权激励考核标准与激励力度对应关系

俗话说"重赏之下必有勇夫"，有挑战的目标一定要付出比较大的努力，公司给予的股权激励政策一定要有较大吸引力才能让员工的心理找到平衡，感觉值得去努力，愿意为达成考核目标而不断克服重重困难。

第三节 股权激励时不同持股方式的税负对比

股权激励时授予给激励对象的股权可以通过多种方式实现，主要根据公司股权激励的需要而定。根据激励对象取得股权形式的不同，可以将股权激励持股方式分为以下三种类型。

一、激励对象直接持股

激励对象直接持有本公司（实施股权激励计划的公司）的股权，成为本公司的注册股东。例如，北京 XM 公司创始股东 5 人持有公司 100% 的股权，公司 2011 年实施股权激励，激励对象为 15 人，2020 年 12 月 31 日行权期结束，15 位激励对象最后共获得公司 20% 股权，创始股东持股权比例变为 80%（见图 3-8）。

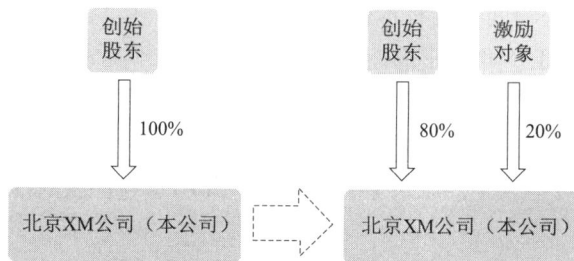

图 3-8　激励对象直接持股示意

2021 年初给烟台杞杨机械有限公司实施的股权激励方案就属于这种直接持股模式，公司原来是由 3 个股东组成，其中创始人朱文彬持有占公司 99% 的股权，其他两位各占 0.5% 的股权。根据公司的现状和战略发展需要向一位副总、五位部门主管实施股权激励，经过综合考虑和反复计算，最后决定向副总授予占公司 5.059% 的股权，部门主管各授予占公司 2.395 8% 的股权。原来的两位小股东退出，股权激励实施后公司的股东一共有 7 位，人数少，大股东的持股比例仍可以有效保障公司的稳定发展。同时，激励对象的直接持股能最大限度激发其投身公司事业的热情和荣誉感。虽然 2021 年度外部经济环境对行业造成了较大冲击,但由于大家齐心协力,公司的业绩不但未下降,总销售额反而比上一年增加45%。股权激励实施后的股权结构见图3-9。

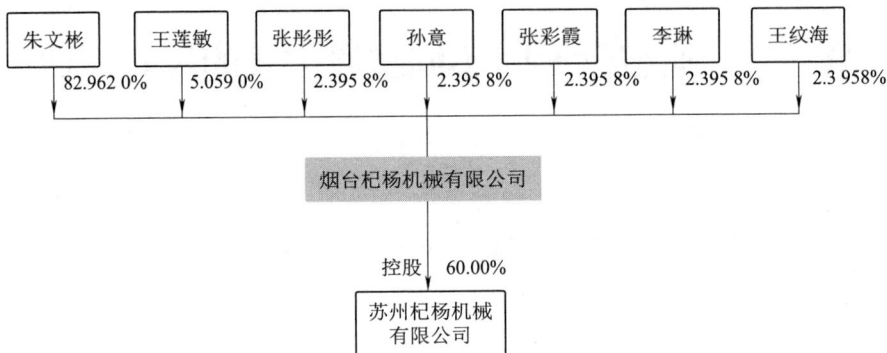

图3-9 股权激励实施后的股权结构

二、成立有限公司作为持股平台间接持股

为了实施股权激励,成立一家由本公司大股东控制的有限公司(俗称持股平台),然后由本公司转让部分股权给持股平台,这样持股平台就成为本公司的股东,然后持股平台将其股权转让给获得股权的激励对象,最终激励对象通过持股平台公司间接持有本公司股权。

例如,广州BJ公司注册资本金近2亿元,2015年实施股权激励,两个大股东新成立了广州JX有限公司作为本次股权激励的持股平台,占广州BJ公司25%的股权,2019年股权激励行权期结束,公司35位激励对象最终获得10%的股权,该公司通过持股平台实现激励对象间接持有广州BJ公司股权的目的(见图3-10)。

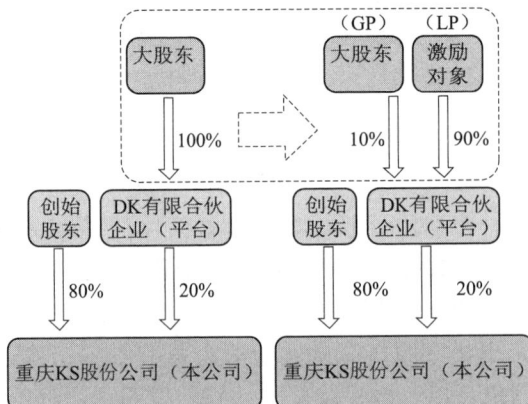

图3-10 激励对象通过平台公司持股示意

三、成立有限合伙企业作为持股平台间接持股

为了实施股权激励，成立一家由本公司大股东控制的有限合伙企业（以下简称持股平台），然后由持股平台通过增资扩股的方式持有本公司部分股权，这样持股平台就成为本公司的股东，之后获得激励股权的激励对象作为有限合伙人进入持股平台，获得持股权平台相应的财产份额，最终激励对象通过有限合伙企业间接持有本公司股权。例如，重庆 KS 股份公司总股本 5 000 万股，2015 年实施股权激励，2018 年股权激励行权期结束，公司 26 位激励对象最终获得 18% 的股份即 900 万股，该公司通过持股平台 DK 有限合伙企业实现激励对象间接持有重庆 KS 股份公司股份的目标（见图 3-11）。其中，本公司的大股东为持股平台 DK 有限合伙企业的普通合伙人（以下简称 GP），而激励对象则作为有限合伙人加入（以下简称 LP）。

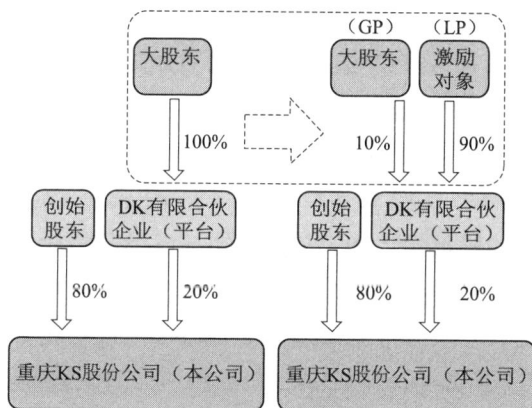

图 3-11 激励对象通过合伙平台持股示意

四、激励对象直接持股方式的税负

激励对象直接持股通常被认为是激励对象参与感和荣誉感最强的一种方式，但是激励对象的税负是轻是重，下面来分析一下。

（一）个人所得税

1. 股权转让所得税税率为 20%

根据《财政部 国家税务总局 证监会关于个人转让上市公司限售股所得征收个人所得税有关问题的通知》（财税〔2009〕167 号）的规定，对激励对象个人转让限售股取得的所得，按照"财产转让所得"适用 20% 的比例税率征收个

人所得税。其中，应纳税所得额＝限售股转让收入－（股票原值＋合理税费）。如果纳税人未能提供完整、真实的限售股原值凭证，不能准确计算限售股原值的，主管税务机关一律按限售股转让收入的15%核定限售股原值及合理税费。因此，员工直接持股时，限售股转让所得税为转让所得的20%，如果纳税人不能提供限售股原值凭证的，税率为股权转让收入的20%×(1-15%)，即17%。

2. 股息红利所得税税率为0~20%

根据《中华人民共和国个人所得税法》（以下简称个人所得税法）规定，利息、股息、红利所得税税率为20%，激励对象持有普通中小企业股权取得的股息红利所得税税率是20%。

根《据财政部 国家税务总局 证监会关于实施上市公司股息红利差别化个人所得税政策有关问题的通知》（财税〔2012〕85号）规定，个人从公开发行和转让市场取得的上市公司股票，持股期限在1个月以内（含1个月）的，其股息红利所得全额计入应纳税所得额；持股期限在1个月以上至1年（含1年）的，暂减按50%计入应纳税所得额；持股期限超过1年的，暂减按25%计入应纳税所得额。上述所得统一适用20%的税率计征个人所得税。

根据《关于继续实施全国中小企业股份转让系统挂牌公司股息红利差别化个人所得税政策的公告》（财政部 税务总局 证监会公告2019年第78号）规定，全国中小企业股份转让系统挂牌公司（以下简称新三板挂牌公司）股息红利差别化个人所得税政策分为三档。（1）个人持有挂牌公司的股票，持股期限超过1年的，对股息红利所得暂免征收个人所得税。（2）持股期限在1个月以上至1年（含1年）的，其股息红利所得暂减按50%计入应纳税所得额。（3）个人持有挂牌公司的股票，持股期限在1个月以内（含1个月）的，其股息红利所得全额计入应纳税所得额。上述所得统一适用20%的税率计征个人所得税。持股期限是指个人取得挂牌公司股票之日至转让交割该股票之日前一日的持有时间。

所以，上市公司及新三板挂牌公司分红所得都按"股息红利所得"征税，实施差别化个人所得税政策，股息红利所得按持股时间长短确定实际税负，个人投资者持股时间越长，其股息红利所得个人所得税的税负就越低，上市公司股息红利所得税负为5%~20%。新三板挂牌公司股息红利所得税负为0~20%。而非公众公司（未上市且未在新三板挂牌的公司）股息红利所得税负为20%。

（二）增值税

根据《国家税务总局纳税服务司关于下发营改增热点问题答复口径和营

改增培训参考材料的函》（税总纳便函〔2016〕71号），关于营改增后，企业买卖股票应如何纳税，回答如下：应按金融服务——金融商品转让缴纳增值税。以卖出价扣除买入价后的余额为销售额。适用税率为6%，小规模纳税人适用3%的征收率。

另外，请注意：非上市企业未公开发行股票，其股权不属于有价证券，转让非上市公司股权不属于增值税征税范围；转让上市公司股权应按照金融商品转让税目征收增值税；此外，个人从事金融商品转让免征增值税。

所以，激励对象作为个人在转让股权或股票时都不用缴纳增值税。

（三）转让股权所得税及增值税综合税率为20%

由于激励对象直接转让股权或非上市公司股票时都不用缴纳增值税，所以，转让股权所得税及增值税综合税率＝股权转让所得税税率（20%）＋转让股权增值税（0）=20%。

五、通过平台公司持股的税负

激励对象通过平台公司持股是现实中最少见的一种方式，为什么？看完下面对其税负的分析后，你就明白了。

（一）个人所得税

1. 股权转让所得税税率为40%

平台公司转让股权时，平台公司按25%的税率缴纳企业所得税，公司向激励对象分红时，激励对象作为自然人股东按20%的税率缴纳个人所得税。因此，在不考虑税负优惠和税负筹划的前提下，税率为1-(1-25%)(1-20%)=40%。如果合理筹划，税率可以适当降低，但通常平台公司只是用于持股，而不开展实际业务，因此要大幅降低实际税负比较困难。

2. 股息红利所得税税率为20%

根据《中华人民共和国企业所得税法》（以下简称企业所得税法）规定，符合条件的居民企业之间的股息、红利等权益性投资收益为免税收入。根据《中华人民共和国企业所得税法实施条例》的相关规定，企业所得税法第二十六条第（二）项所称"符合条件的居民企业之间的股息、红利等权益性投资收益"，是指居民企业直接投资于其他居民企业取得的投资收益。因此，持股平台公司从本公司取得分红时不需要缴纳企业所得税。但激励对象从平台公司分红时，需要缴纳20%的个人所得税。

（二）增值税

只有当本公司为上市公司，平台公司所持的股权为上市公司股票，在这种情况下，平台公司转让股票时才征收增值税。其他情况就不用缴纳增值税。

（三）转让股权所得税及增值税综合税率为40%

由于激励对象所在的平台公司所持的股权或股票通常不是上市企业公开发行的股票，转让非上市公司股权不属于增值税征税范围，不用缴纳增值税。所以，这样计算：转让股权所得税及增值税综合税率＝股权转让所得税税率（40%）＋转让股权增值税（0）＝40%。

六、通过有限合伙企业持股的税负

激励对象通过有限合伙企业持股是现实中最常见的一种方式。看完下面对其税负的分析后，你就知道原因了。

（一）个人所得税

1. 股权转让所得税为5%~35%的累进税率

《国务院关于个人独资企业和合伙企业征收所得税问题的通知》（国发〔2000〕16号）明确规定："对个人独资企业和合伙企业停征企业所得税，只对其投资者的经营所得征收个人所得税。"随后财政部、国家税务总局联合印发《关于个人独资企业和合伙企业投资者征收个人所得税的规定》（财税〔2000〕91号），其中第四条规定：作为投资者个人的生产经营所得，比照个人所得税法的"个体工商户的生产经营所得"应税项目，适用5%~35%的五级超额累进税率，计算征收个人所得税。

前款所称收入总额，是指企业从事生产经营以及与生产经营有关的活动所取得的各项收入，包括商品（产品）销售收入、营运收入、劳务服务收入、工程价款收入、财产出租或转让收入、利息收入、其他业务收入和营业外收入，详见表3-2。

表3-2　个人所得税税率表

级数	全年应纳税所得额	税率（%）
1	不超过30 000元的	5
2	超过30 000~90 000元的部分	10
3	超过90 000~300 000元的部分	20
4	超过300 000~500 000元的部分	30
5	超过500 000元的部分	35

（注: 本表所称全年应纳税所得额是指以每一纳税年度的收入总额减除成本、费用以及损失后的余额）

可是，2019年，财政部、税务总局、发展改革委和证监会四部门联合发文《关于创业投资企业个人合伙人所得税政策问题的通知》（财税〔2019〕8号）中第二条明确："创投企业选择按单一投资基金核算的，其个人合伙人从该基金应分得的股权转让所得和股息红利所得，按照20%税率计算缴纳个人所得税。创投企业选择按年度所得整体核算的，其个人合伙人应把从创投企业取得的所得，按照'经营所得'项目5%~35%的超额累进税率计算缴纳个人所得税。"

综上，有限合伙企业的股权转让是适用"个税——财产转让所得"20%税率计算缴纳个人所得税还是按照"经营所得"项目5%~35%的超额累进税率计算缴纳个人所得税，存在不同的观点。

从实践来看，2018年之前，很多地方都采用20%的税率，视同个人转让股权。也有部分地方认为，应比照"经营所得"纳税。对此，2018年8月初，国家税务总局稽查局发布了《关于2018年股权转让检查工作的指导意见》（税总稽便函〔2018〕88号），其中提到个别地区将投资类合伙企业向自然人分配收益统一按20%征收个人所得税的做法不妥，应该纠正；要求比照"个体工商户生产经营所得"项目，适用5%~35%的超额累进税率征税。

所以，合伙企业每一纳税年度的收入总额减除成本、费用以及损失后的余额，作为投资者个人的生产经营所得，比照个人所得税法的"个体工商户的生产经营所得"应税项目，适用5%~35%的五级超额累进税率，计算征收个人所得税。

根据以上分析，平台企业转让本公司股权分配给激励对象时，激励对象作为平台企业的自然人合伙人应按5%~35%的累进税率征收个人所得税。

2.股息红利所得税税率为20%

根据《关于〈国家税务总局关于个人独资企业和合伙企业投资者征收个人所得税的规定〉执行口径的通知》（国税函〔2001〕84号），合伙企业对外投资分回的利息或者股息、红利，不并入合伙企业的收入，而应单独作为投资者个人取得的利息、股息、红利所得，按"利息、股息、红利所得"应税项目计算缴纳个人所得税。

根据个人所得税法规定，利息、股息、红利所得税税率为20%。因此，激励对象通过平台企业持股时，从本公司取得的股息红利的个人所得税税率为20%。

（二）增值税

当本公司为非上市公司时，有限合伙企业转让股权时不征收增值税。详细情况同上文。

（三）转让股权所得及增值税综合税率为5%~35%

由于激励对象所在的有限合伙企业所持的股权或股票通常不是上市企业公开发行的股票，其转让非上市公司股权不属于增值税征税范围，不用缴纳增值税。所以，转让股权所得税及增值税综合税率＝股权转让所得税税率（5%~35%的累进税率）＋转让股权增值税（0）＝5%~35%。

七、三种持股方式的税负对比表

实施股权激励时，激励对象获得的股权可以通过本公司直接持股、有限合伙企业持股或有限公司持股，但是这三种持股方式之间的所得税、营业税及综合税率有较大差别，要想从财税角度选择合适的持股方式，表3-3会让你一目了然。

表3-3　三种持股方式的税负对比表

税收种类	持股方式		
	本公司直接持股	有限合伙企业持股	有限公司持股
股权转让所得税	转让所得的20%或股权转让收入的17%	5%~35%的累进税率	转让所得的40%
股息红利所得税	0~20%	20%	20%
股权转让增值税	免征	免征	免征
转让股权所得税及增值综合税率	20%	5%~35%	40%
对比结果	税负最低	税负中等	税负最高

第四章
合同的制作、审查与管理

　　合同在企业日常经营中扮演着重要角色，任何交易本身都是合同的外化表现，合同制作、审查与管理工作的水平直接关系到企业经营的法律风险，务必引起高度重视。本章将着重讨论合同制定、审查与管理工作的要点，此处"合同"指对外商业合同，对内的劳动及劳务合同等暂不在讨论范围。

第一节　缔约前的调查与谈判

对于法律工作者而言，拟制定一份真正符合双方需求且能规范交易过程的合同，其工作始点并非合同条款的起草，而应是缔约之前的调查与谈判。故应充分重视缔约前调查与谈判的意义，积极参与，正确使用谈判技巧，避免进入谈判误区，从而在后续工作中知己知彼，有的放矢。

一、缔约前调查的意义与内容

缔约前调查相当于结婚之前的相亲过程，充分了解对方的人品修养、家庭背景和过往经历，分析其与自身的匹配度，方能有理有据地预测双方发展前景、婚事是否可能遭到反对，并最终觅得良人。商业合同实践中需重点关注以下内容。

（一）确定适格的合同主体

进入事先约定的相亲见面场所时，需要询问对方是否就是相亲对象本人。同理，缔约前沟通时也需要了解对方是否就是准备与我方进行交易的主体本身，这一过程即为考察合同主体是否适格。例如，甲公司的总经理与乙公司进行洽谈，希望以个人身份与乙公司进行交易，则此时虽然其身份为甲公司的总经理，但若双方对此达成一致，乙公司的交易相对方就是总经理本人，而非甲公司。此后关于交易相对方的背景调查需要围绕总经理本人开展，合同主体和条款也需以此为基础。

与此同时，还需要考虑签约主体是否有权签约。例如，房屋租赁合同的出租方是否能够提供对于房屋的权利证明，并非公司法定代表人的签约主体是否能够提供公司出具的授权文件等。如签约主体既不是合同主体，又未获得授权，则可能产生无权代理的法律后果，直接影响到相对方的权益。

（二）判断拟签约主体的履约能力

相亲时一般需要了解相亲对象的健康状况、工作收入、是否有过往劣迹等，从而判断对方是否品行优良并具备共同经营好婚姻生活的能力。合同缔约前也需要了解交易相对方是否为值得信赖的合作伙伴，是否具有履约能力，从而决定是否缔约，并通过设计交易架构和合同条款来做好全流程的风险控制工作。

譬如，如果交易相对方为组织，需了解其是否是依法设立的主体（如是否真实存在、是否为法律所禁止），是否具有进行该等交易的资质（如部分经营行为需获得公权力机关的特别许可），经营状态是否正常（如是否已经进入破产程序、是否事实上丧失偿债能力），是否有故意违反合同约定等不诚信行为（如是否与其他主体存在法律纠纷并可基本认定为存在明显过错），是否受到相关部门的处罚及具体原因（含行政处罚与刑事责任），是否有不良舆情（如存在与国家大政方针和公序良俗相违背的行为）等；如果交易相对方为个人，需了解其基本身份信息（如姓名、国籍、身份证号码或护照号、住址、联系方式），资产状况（如对外投资信息、所负债务信息），婚姻状况（可能涉及配偶知情权、是否应认定为夫妻共同债务等问题），及前述被处罚、故意违约及不良舆情等情况。掌握基本情况后，即可初步完成对交易相对方的侧写，便于综合考量。

（三）审查交易是否符合法律规定

正如婚姻的缔结需满足双方达到法定婚龄、具备完全民事行为能力、意思表示真实、不具有重婚情形等条件一样，交易行为本身也必须符合法律规定，不得违背法律和行政法规的强制性规定，不应具有影响合同效力的情形，否则即使双方之间毫无争议地履行了合同，合同也可能被认定为无效或予以撤销，不仅双方的真实意图无法完全实现，合同款项还可能被认定为违法所得而予以没收，合同主体甚至包括相关控制人还可能被追究民事责任、行政责任甚至刑事责任。

（四）兼顾交易的商业价值

合同的目标在于达成交易，优秀的法律工作者也需具有商业思维，关注交易基本的商业价值，例如国家从立法层面传达出的对于某类产业的态度（至少对于国家已经表达不予鼓励的产业应慎重），地方法规对于某类产业施加的具体义务及对应的成本（如重污染企业需要支出的环境治理成本），获得收益的周期（关乎资金占用压力等）等，并据此调整具体的合同条款（如付款周期、责任划分），立足于交易目的，并回归于交易目的。

通过缔约前调查来初步了解交易对手的基本信息、履约能力、交易合规情况及商业价值等，做好风险控制，并切实了解交易各方的诉求及痛点，在法律框架内寻求交易结构的最佳搭建方式，提高交易效率，力求实现各方商业利益与法律风险的平衡，是合同制定工作的不二法门。

二、缔约谈判的误区

健康长久的合作关系需建立在互惠互利、互相制约的基础上，缔约谈判则是双方就总体战略及具体细节进行协商的过程。这一过程既存在博弈，也存在融洽；既需要坚持，又需要妥协。谈判者务必首先明确己方的核心诉求及底线，避免因陷入谈判误区而导致合作难以推进，并最终阻碍交易。实践中有以下常见误区。

（一）过于强势，使对方认为不具备合作基础

缔约谈判固然是双方争取自身利益最大化的过程，但交易的达成势必基于双方各有所图、彼此借力的前提，即使一方因为拥有优势地位而有更多话语权，交易相对方也难以放弃自身根本利益，否则对其而言此番交易的意义便不复存在。故谈判者应清楚，正常的交易中各方定然互有让利，而非一方只享有权利，另一方只履行义务。含民法典在内的法律规定也秉承该原则，根据民法典第四百九十七条的规定，提供格式条款一方不合理地免除或者减轻其责任、加重对方责任、限制对方主要权利或排除对方主要权利的，该等内容无效。根据双方实力对比而适当争取利益无可厚非，但不应使交易相对方认为自己并无合作的诚意，从而导致交易"泡汤"。

（二）过于弱势，未坚持基本底线和原则

过于强势无益于交易的开始，过于弱势也不利于交易的圆满完成。处于弱势地位的一方通常可能为达成交易而不断退让，未设置能够约束对方的基本条款。若如此，即使勉强签署了合同，也将处处被动，只能侥幸指望对方能够自觉履行合同义务，这可能因违反基本商业规律而难以为继。弱势方也有需要维护的基本底线和原则，一味妥协可能会过分压缩自身的利益空间，负担过重的合同义务，甚至引起不必要的法律纠纷。

（三）过于笼统，具体条款无法落地

缔约谈判固然要先着眼于合作的大方向，即战略层面的问题，但部分身为高层的谈判者可能忽视合同的具体细节，在战略层面达成一致即认为谈判已经完成，导致谈判结果的可利用率较低，起草和审核合同的人员又难以掌

握尺度，只能反复沟通或根据自身的认知予以判断，便可能产生偏差。任何信息传递都存在失真的可能，细节条款也可能直接影响到合同目的是否能够完全实现以及实现成本，故最终可能导致各方的真实意思未能在合同中完全体现，工作效率也有所降低。

（四）不分主次，纠缠细枝末节

大而化之的谈判风格存在问题，过分纠缠细节也并不提倡。特别是对于复杂的商业项目而言，缔约谈判通常需要花费大量时间和人力成本，同时又因商机稍纵即逝而对效率有较高要求。若谈判者过分追求将合作中任何的内容都放到谈判桌上予以商议，可能会延误整体进度。

（五）不顾现实，过于理想化

谈判各方在商议合作方式时，应从现实条件出发，仔细核实商业设想是否能够实现，否则即使达成一致也难以切实履行。例如，运输合同中，委托方通常会与受托方约定交付货物的时间与地点，那么受托方尤其需要事先考察路况、车辆和人员条件是否能够满足委托方的要求。又如，服务合同中，委托方如对于完成期限、效果等提出硬性要求，服务方此时应充分衡量自身能否完成合同任务再进行谈判。

（六）过于短视，未着眼未来变化

对于期限较长、影响因素较多、不可控性较强的合同，缔约谈判时除了考虑当下情况，还应着眼于未来。例如，合同标的物的价款可能受诸多因素的影响而产生较大波动（如石油的价格可能受到国际局势的影响），如果仅就当前价格进行约定，而未留有灵活调整的余地，一旦客观情况发生变化则交易的基础可能不复存在。

三、缔约谈判的技巧

影视剧中常有出奇制胜、精彩绝伦的谈判剧情，虽有艺术加工成分，但正确运用技巧也的确有助于推动谈判进程，取得事半功倍的效果。

（一）认清现实，正确选择谈判策略

谈判者应全面分析局势，综合考虑自身与交易相对方的实力对比，深挖自身优势及对方痛点，选择最为适合的谈判策略。

如果自己为强势一方，则可以尽量强调自身的核心竞争力、不可替代性以及相对于同业竞争者的独特优势，适当强势，争取在合同对价（如价格高低、义务多少）、交付时间及方式（如先付款还是先提供服务，先开发票还是先付款）、保密条款（保密信息的范畴及保密期限）、履行标准的制定（如在并无明确客观标准的服务合同中如何判断服务是否合格，哪一方拥有最终解释权）、解约条款（视自己是否可能为积极解除合同的一方从而决定解约条件的严苛与否）等方面达成有利于自己的合同条款，从而掌握交易的主动权。

如果自己为弱势一方，则需要在保证不搞砸交易基础的前提下，适当运用技巧，表达自身的诚意和可靠性，尽可能坚守底线并争取权益。对于非原则性问题可以做一定让步，抓大放小，以小博大，尽量为对方合同的签署和履行提供便利条件，提升对方的合作意愿。例如，部分经常处于强势地位的经济主体习惯于使用自己起草并经法律专业人士反复打磨的制式合同，不愿意为个别交易进行修改，否则可能还需要进行内部审批、再寻求法律人士帮助的复杂流程。那么，处于弱势地位的一方对于不涉及根本利益的条款（如合同签署之后三日内付款还是五日内付款），可以不必一定要求修改。

（二）以人为本，将心比心

谈判虽然是严肃的商务行为，但是谈判者是有血有肉的人，谈判过程中应关注到谈判者本身的"人设"，换位思考，诚恳友善。

一是应关注谈判者在单位的角色，是否拥有最终决策权，供职于业务部门还是法务部门。如谈判者与单位利益完全一致、追求成功签约，则可多强调自己促成交易的愿望，对于合同条款的修改也可以大胆提出互利共赢的创新性意见；如谈判者更注重规避自身的责任和风险，则尽量不令对方认为自己的方案过度突破其权限和单位惯例，勿使其感到为难。

二是应关注谈判者的个人风格。对于偏谨慎的谈判者，可以考虑在部分条款的设置上增加其安全感。例如，若其为付款方，收款方可以承诺先开具发票后付款或保留少部分款项待合同履行完毕后支付；若其为委托方，受托方可承诺只有其特定人员出具书面文件认可受托方的工作成果才视为认可，口头方式或其他人的表达不对其产生效力。对于偏果决的谈判者，则可尽量言简意赅，追求效率。

三是应尽量为谈判者个人的工作提供良好条件，例如，选择令其感到方便和舒适的谈判时间及地点（当然，将谈判地点安排在己方办公场所可在一定程度上提升气势）、面签合同不便利时以电子签署等方式替代，最终使其感受到我方的诚信、友好及专业。

（三）落袋为安，及时固定谈判成果

谈判取得阶段性成果后，先不急于庆祝，而应及时以合同、会议纪要、备忘录等方式固定谈判成果。一是对于此前工作的总结和记录，便于各方查询；二是防止对方出尔反尔，一旦以文字形式固定了双方的谈判结果，对方再欲朝令夕改至少需要承担道德压力，其对于无关紧要的问题更可能选择不再反悔；三是利于争取合同的起草权，在后续工作中占据主动。

第二节　合同的起草与审查

谈判成功只是达成交易的第一步，合同的起草与审查工作这一重头戏才拉开帷幕。如何制定一份专业、实用、充分反映交易各方真实意愿且最大程度维护自身利益的合同，是法务工作者的长期课题。

一、掌握合同起草权的意义

部分读者可能对此感到疑惑，真正意义上的合同起草工作势必建立在各方已经就部分或全部问题达成一致的前提下，起草者也无法予以突破和更改，既然如此，掌握合同起草权的重要意义何在？看似无关紧要，实则内有乾坤。合同工作内容见图4-1。

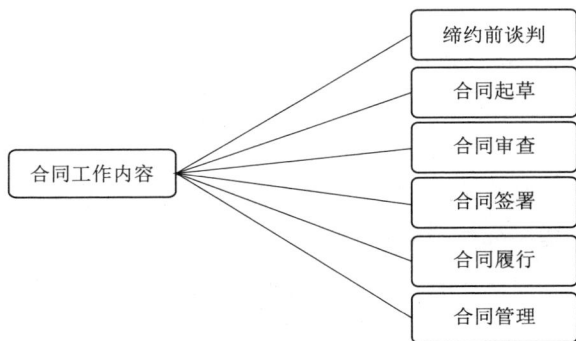

图4-1　合同工作内容划分

首先，掌握合同起草权的一方可以按照自己的逻辑搭建合同体系和框架，将后续谈判带入自己的节奏。即使相对方有意更改合同条款，也通常受限于整体架构，准确发现问题并提出颠覆性修改意见的难度较高，甚至容易陷入逻辑陷阱，难以"破局"。起草方还可以行使"自由裁量权"，在谈判中未明确的细节问题上设计有利于己方的条款，虽是小尺度的进击，也可能会获得长远的主动权。

其次，掌握合同起草权的一方更容易理清思路，发现谈判未涉及的盲区。起草合同的过程就是复盘谈判的过程，也是预演整个交易的过程，优秀的合同起草者能够在此期间发现谈判中被忽视的问题和风险，并因势利导，根据具体情况决定是否再组织后续谈判。

再次，相对方可能出于惰性而容忍合同起草方的非原则性"得寸进尺"。如前所述，谈判者也是有弱点和软肋的凡人，对于多轮谈判的拉锯战也会身心疲惫。合同起草方拟定的"偏心"条款如果无伤大雅，相对方可能无心恋战，此时起草方便可获得更多利益。

最后，合同起草方可避免沟通不畅造成的损失。对于非起草方而言，收到对方起草的版本后可能需要多部门沟通审查，如果某一环节未交代清楚背景，审查方可能并不知道某些条款是起草方的单方表述，还是己方谈判和决策人员已经认可，从而因误会而未能及时提示风险。

二、优秀合同的普遍标准

欲制定一份兼具专业性和实用性并能有效促进交易的合同，首先需要理解该等合同应满足何种条件。通常而言，优秀的合同需要达到以下标准。

（一）合法合规，切实有效

一份合同必须从形式到内容均符合现行法律的规定，否则可能存在效力瑕疵，面临交易不受法律保护、合同主体被追责的风险。合同起草者多一分警惕，交易各方就多一分安全。

根据民法典等相关规定，以下合同条款将被认定为无效。

1.虚假意思表示的条款无效

现实中常见的"阴阳合同"即以虚假意思掩饰真实意思的合同。鉴于虚假意思并非各方的内心真意，系通谋所致，有悖于意思自治的原则，且通常意欲掩饰难以见光的其他行为，故法律对此持根本否定的态度。

2. 违反法律、行政法规的强制性规定及违背公序良俗的条款无效

此处的"法律、行政法规的强制性规定"主要指效力性规定,而非全部规定,即该规定直接明确了合同一旦违反该等规定便归于无效。

根据《全国法院民商事审判工作会议纪要》的精神,下列强制性规定,应当认定为"效力性强制性规定":涉及金融安全、市场秩序、国家宏观政策等公序良俗的;交易标的禁止买卖的,如禁止人体器官、毒品、枪支等买卖;违反特许经营规定的,如场外配资合同;交易方式严重违法的,如违反招投标等竞争性缔约方式订立的合同;交易场所违法的,如在批准的交易场所之外进行期货交易。关于经营范围、交易时间、交易数量等行政管理性质的强制性规定,一般应当认定为"管理性强制性规定"。同时,违反规章虽在一般情况下不影响合同效力,但该规章的内容涉及金融安全、市场秩序、国家宏观政策等公序良俗的,应当认定合同无效。

另有某些强制性规定虽要求不得违反,但违反该等规定的结果并不是合同无效。例如,民法典第三条规定了任何组织或者个人不得侵犯民事主体的财产权利,但出卖人为无权处分人的买卖合同并不因此无效。

公序良俗意为"公共秩序"和"善良风俗"。法律无法事无巨细地规定所有不予认可的行为,故采用这一概括性的定义,可将其理解为有悖于社会中传统美德和普遍价值取向的行为,实践中需由裁判者根据具体案件的情形,并结合立法精神、生活常识等进行判断。常见的情形有违反性道德行为、限制竞争、践踏人权和侮辱人格、限制人身自由或自主择业等。

3. 恶意串通并损害他人合法权益的条款无效

合同虽为各方意思自治的行为,但必须在法律允许的范畴内进行。民法典第一百三十二条也规定了民事主体不得滥用民事权利损害国家利益、社会公共利益或者他人合法权益。该情形与虚假意思表示有所不同,恶意串通的合同主体意在合谋损害第三方的合法权益,其对于合同条款的意思表示真实;而虚假意思表示的合同主体对于合同本身的意思表示不真实,也未必一定存在损害他人合法权益的意图。但二者都是为法律所禁止的。

4. 部分免责条款无效

民法典第五百零六条规定:"合同中的下列免责条款无效:(一)造成对方人身损害的;(二)因故意或者重大过失造成对方财产损失的。"法律允许当事人在一定范畴内约定责任的承担方式(如体育比赛中的自担风险承诺),但对

于可能使合同主体面临极高道德考验、有机会无成本违反诚实信用原则并损害他人重要利益的条款，法律不保护其效力，以防免责条款被滥用。

5. 部分格式条款无效

民法典第四百九十七条规定如前述免责条款及如下格式条款无效：提供格式条款一方不合理地免除或者减轻其责任、加重对方责任、限制对方主要权利；提供格式条款一方排除对方主要权利。

格式条款通常由占有优势地位的一方设计并反复使用，用于维护己方利益，相对方难以通过谈判更改格式条款，只能被动接受。因此对于格式条款，法律要求其应符合起码的公平互利原则，不得将合同义务和风险过分转嫁给他方。

6. 非法垄断技术或者侵害他人技术成果的技术合同无效

非法垄断技术的合同常通过限制他人合理开发新技术、限制他人从其他渠道获取技术、限制他人将技术转化成生产力、限制技术为国家所用等方式阻碍技术正常流入市场，以达到自身占有和垄断技术的目的。该等行为将破坏正当竞争秩序，有损科学发展的良好环境，最终影响国家和社会的进步。

而侵害他人技术成果的合同常包含侵害合同主体或第三方的专利权、专利申请权、专利实施权、技术秘密使用权和转让权或者发明权、发现权以及其他科技成果权条款，例如要求权利人不得申请专利登记、后续开发取得的成果需让渡给自己等。《技术合同认定规则》也规定，申请认定登记的技术合同含有非法垄断技术、妨碍技术进步等不合理限制条款的，不予登记。

7. 买卖人体细胞、人体组织、人体器官、遗体的条款无效

我国鼓励无偿捐献血液、器官和遗体等，用于治病救人和科学研究，但不支持将其作为交易对象。《人体器官移植条例》第三条规定："任何组织或者个人不得以任何形式买卖人体器官，不得从事与买卖人体器官有关的活动。"《中华人民共和国献血法》第十一条规定："无偿献血的血液必须用于临床，不得买卖。血站、医疗机构不得将无偿献血的血液出售给单采血浆站或者血液制品生产单位。"《中华人民共和国刑法》（以下简称刑法）第二百三十四条规定了组织出卖人体器官罪，可见法律对此行为予以坚决打击。

另有欺诈、第三人欺诈、胁迫、重大误解、乘人之危和显失公平等因素可能导致合同被撤销，但这均属于合同条款之外的因素，合同起草者也可以多做了解，整体把控风险。

（二）条款完备，准确划分各方权利义务

涵盖必备条款并准确划分各方权利义务是对一份合同的基本要求。

必备条款如同人体骨骼，务必配置齐全方能支撑起整体架构。常见的合同条款包括鉴于条款、定义条款、交易模式条款、保障与救济条款、保密条款、知识产权条款、合同效力条款等，还需要根据具体合同类型予以适当增减。合同起草者应能提前预计到整个合同履行过程中的关键节点和风险点，以及各方利益的冲突点和争议点，力争事先囊括于合同条款中，并设置定纷止争的规则，避免因遗漏必备条款而导致合同履行陷入僵局，无限推诿扯皮。

合同还应是各方谈判结果的文字体现和固化。合同起草者应将各方达成的一致意见转化成合同条款，力争做到准确、充分且完整，避免使用模棱两可的表述。如约定"活动结束后及时将场地复原"，何谓"及时"并无明确标准。"把话说清楚"看似简单，实则并非易事，特别是对于复杂的交易模式，更需要反复揣摩。

（三）逻辑通顺，无自相矛盾之处

起草合同前应理顺思路，保证合同的逻辑通顺，指导思想一以贯之，上下文无矛盾之处，减少低级错误，尽量避免因文字表述不准确导致歧义和争议。例如，某合同条款约定："甲方同意，及时支付费用是乙方提供服务的本质和明确先决条件，且甲方无权以任何抵销、反诉或类似扣除为由拒绝向乙方支付任何款项，但索赔无可争议或依法确定成立的情况除外。"该条款的后半段貌似在表达只要甲方有正当理由即可以拒绝支付款项，但实则剥夺了甲方的抗辩权。除非乙方同意甲方不支付款项，否则无法构成"索赔无可争议"；除非经过司法程序，否则无法构成"依法确定成立"。即该条款可能会被理解为即使乙方存在违约行为，甲方也同意自己无权不经过司法程序即拒绝支付款项。虽然该等条款本身的效力未必被完全认可，但可能给甲方维权造成困难。

（四）使用法律术语，兼具专业性和实用性

虽然并非硬性标准，但起草者应尽量使用法律术语撰写合同，赋予其较高专业性。合同各方必须在同一语言体系内对话，法律术语就如同该语言体系内的通用货币和计量单位。已经载入成文法的概念其外延和内涵均比较明确，使用法律术语的各方对于基本概念的定义通常不会有较大分歧，对于合同条款的理解也建立在有共同认知的基础上。各方在确定合同条款的过程中可能会有多次沟通和修改，使用法律术语有利于节约时间，不至于为基本定义反复推敲。

即使日后产生纠纷，裁判者也便于准确高效地理解各方的真实意思。

另一方面，合同毕竟是推动交易和裁判是非的工具，具备艺术性和观赏性固然可贵，但更应注重实用性。合同并非越长越好，也并非越艰深晦涩越有技术含量，而是应争取深入浅出、清晰明确、言简意赅，易于理解且便于使用。不必要的定义、索引、修饰均可以剔除，仅保留干货即可。

（五）注重细节，精益求精

合同在某种意义上可谓是起草方的名片，可在一定程度上反映起草方的团队层次及实力，故从形式到内容均应精益求精。合同应符合商务文件的一般要求，表述应准确，杜绝错别字、语病、标点符号误用等低级的文字错误，以免影响对方体验感和自身形象。同时在排版、用纸等方面也应用心，使用商务字体和用纸，力求严肃而不失美观。

三、具体条款注意事项

拟定一份优质合同，需在每个条款的细微之处用心。此处着重介绍撰写和审查合同必备条款的注意事项，具体如下。

（一）合同名称

合同名称应精确反映交易内容和当事人之间所涉的基本法律关系，起到开宗明义的效果。实践中经常出现由于各方对法律关系的定义有误而导致合同名称与合同内容不匹配的情况，一旦各方发生纠纷进入司法程序，可能就合同的定性、双方权利义务的判断及随之而来的确定管辖法院等实体和程序问题产生诸多争议。虽然合同的定性并不完全以名称为准，但拟定合同名称时还是应慎重，力求准确。

合同名称不宜过长，但也应尽量概括合同内容，例如能够确定为咨询合同的，就无须将名称写成"合同"或者"协议"，该等过于笼统的名称无任何实际意义。民法典合同编之第二分编名为"典型合同"，涵盖了十九种常见的合同类型（如买卖合同、赠予合同、借款合同、保证合同等），如待起草的合同属于其中之一，可直接适用；如不属于，则该合同可能属于无名合同，可视具体情况确定名称。

（二）鉴于条款

合同主体在磋商过程中势必有各自选择对方的理由，这实质上是双方的真实意思表达，属于合同的重要组成部分，但实践中常被忽视而未载入合同。

一旦发生争议，则彼此各执一词，难辨真伪。

鉴于条款用于交代交易的背景、前提条件和目的，可表明合同主体在订立合同时的真实意愿和考量，作为发生争议时的快捷裁判依据。例如，投资方投资某家公司的目的在于进军环保市场，看重该公司的主要业务均与环保产业相关，那么该公司保持业务类型不变即为双方一致同意的交易基础。一旦在合同履行期间，该公司单方改变业务类型，可视为该公司违背了约定，投资方可据此主张解约（当然，需要搭配违约条款等共同使用）。又如，签约时系看重政策扶持，后政策发生了订立合同时无法预见的重大变化，则受到明显不利影响的一方可以依据民法典第五百三十三条关于情势变更的规定，主张与对方重新协商变更，在合理期限内协商不成的，当事人可以请求人民法院或者仲裁机构根据公平原则变更或者解除合同。再如，签署服务合同时，寻求服务方是考虑到提供服务方拥有某一优秀团队或具有某种资质、业绩才选择签约，但履行过程中提供服务方并未派该团队提供服务或被证明并无某种资质，寻求服务方可据此主张违约责任。

倘若合同其他条款已经对上述事宜予以明确约定，自然无妨，但若没有，鉴于条款就是受到不利影响的一方维权的救命稻草了，否则其需要承担较重的举证责任。

（三）定义条款

对于合同中重要、内涵复杂或反复出现的概念，可以在定义条款中予以明确。一是可以厘清该等概念的含义，避免各方产生争议（例如"'故意漏项'是指：承包人在工程预算中主观故意漏报施工项目，以低价吸引发包人，开工后采用变更或增项手段提高工程造价的行为。包括但不限于以下几种情况：①项目在设计中包含，但预算中不报；②应做防水或找平层，预算不报防水或找平层价格；③水电项目不分项和明细报价，只报一个总价，开工后随意加价；④不注明材料品种和材质，以低价材料冒充高价材料，以人造材料冒充天然材料；⑤低报项目单位面积或数量，开工后增加单位面积和数量；⑥木门、橱柜等木制品不报五金配件等。承包人在预算书中告知发包人的，不属于故意漏项。"）；二是在后续的表述中可以直接使用简洁表述，避免赘述（例如"'合作文件'指股权购买合同、优先购买合同、股权转让合同、三方监管合同、财务顾问合同和股权质押合同"）。

当然并非合同中所有的概念都需要使用单独的定义条款加以解释，任何条款的设置都应遵循必要和适度原则，否则便是本末倒置、画蛇添足。

（四）交易模式条款

交易模式条款是合同的核心条款，用以说明各方合作内容及交易流程。该等干货条款务必清晰明确、具体翔实，主要注意事项如下。

1. 合同标的

合同标的即为各方进行交易的物品、权益或服务等，合同中应明确约定交付内容及标准。若为物品，合同中应明确标的物的名称、种类、数量、品牌、型号、品质、参数、规格尺寸、产地等，还可以考虑附上标的物的图片等，以便准确定义；若为权益，合同中应明确能够锁定该等权益的标准，例如股权转让合同中应明确标的物为某目标公司中某数量的股权，债权转让合同中应明确标的物为某主体因某种原因而对某主体享有的某价值的债权；若为服务，合同中应明确提供服务的标准，如服务内容、服务团队的人数和资质及需交付的服务成果等。

明确约定合同标的不仅有助于提高合同履行的效率，也有利于在各方产生争议时有据可依，从而分配各方责任。

2. 合同对价

双务合同建立在各方互惠互利的基础上，一方获得利益的同时通常需要支付一定对价。如以金钱方式支付，应明确合同总价和计算方式（以防合同未能全部履行，各方便于计算已完成部分的价款）、币种及交割日（以便确定汇率）、是否含税及税款由何方承担、是否为包干价（以防各方对于合同履行过程中额外发生的费用承担产生争议）、收付款账户（转账时应注明付款用途，表述应尽量详细，而非仅注明无实际意义的"往来款""转账款"等）、先开具发票还是先付款等。如以非金钱方式支付，也应明确约定对价的内容，例如附条件的赠与合同，应明确约定接受赠予的一方应履行何种合同义务、满足何种标准等。

3. 履行流程

合同履行方式包括但不限于各方履行合同的时间、地点、批次、每批次数量、步骤、顺序、标的物转移占有及风险承担的时间点、成本承担方式等。例如，合同价款以何种方式支付，现金、转账还是有价证券；标的物应于何时何地交付给何人；交付标的物与支付款项的先后顺序；标的物毁损灭失的风险何时转移；需要运输的买卖合同其运输费用由谁承担等。

确定履行流程的过程也是理顺整体交易思路、列举合同风险点的过程，可以预想到合同履行过程中会产生何种争议并完善合同条款，避免履行陷入僵局。履行流程条款也可作为合同主体行使先履行抗辩权、不安抗辩权和同时履行抗辩权的依据。

4. 验收确认

合同验收与确认条款事关交易的交付标准，合同标的条款虽也可作此约定，但在履行过程中各方可能根据实际情况临时变更交付标准，若无验收确认条款，极易产生争议。特别是长期和分期履行的合同（如常年法律顾问合同、咨询合同）、评判标准掺杂较多主观因素的合同（如设计合同），如不及时就各阶段的成果进行验收确认，日后若各方对于彼此是否严格履行了合同义务产生争议，需要如同考古一般收集过往烦琐的履行凭证，举证的难度和工作量都大大增加。进入司法程序后，这对于负有交付义务的一方尤为重要。

验收确认条款至少需要明确以下内容：①各方负责验收确认的人员姓名、联系方式；②验收确认的方式，例如以书面方式还是口头方式、是否需要加盖公章、未经验收即使用的是否默认为验收合格；③验收确认的期限，例如交付之后多少日内不明确给出验收意见的即视为验收合格；④验收确认的程度，例如仅为数量和种类等的表面验收还是包含质量问题的全面验收。

5. 售后与质保

所谓"售后与质保"条款可以作广义理解，即由于瑕疵本身并非肉眼可见，难以在验收当时就发现，或接受商品或服务的一方由于不具备与提供方匹敌的专业知识，出于公平考虑，应给予接受方一定时间考察提供方是否完全履行了合同义务，如果未能完全履行，应承担重新提供、返修、退款、扣除保证金及赔偿损失等责任。该等期限的起止日、质保金比例、退款期限等细节也应予以明确。

对于提供方而言，质保期、保修期均不宜过长，质保金比例不宜过高。对于接受方则相反，应争取保留合理的质保金以待确认对方无违约行为后再行支付，但该等约定不应违反法律和行政法规的强制性规定及公序良俗，例如《建设工程质量管理条例》第四十条规定的最低保修期限及《建设工程质量保证金管理办法》规定的缺陷责任期等。

（五）保障与救济条款

合同履行中的争议在所难免，保障与救济条款的设置尤为重要。实践中的常用条款主要如下。

1. 定金条款

定金是一种履约担保，一方向对方给付定金款项作为债权的担保。若双方均依约履行，定金应当抵作价款或者收回，双方互不承担责任；若给付定金的一方不履行或者履行不符合约定，致使不能实现合同目的的，无权请求返还定金；收受定金的一方不履行或者履行不符合约定，致使不能实现合同目的的，应当双倍返还定金。

定金合同为实践合同，自实际交付定金时成立，而非自签署定金合同或含有定金条款的合同之日起成立。定金的数额由当事人约定，但不得超过主合同标的额的20%，超过部分不产生定金的效力。实际交付的定金数额多于或者少于约定数额的，视为变更约定的定金数额。

当事人既约定违约金，又约定定金的，一方违约时，对方可以选择适用违约金或者定金条款，但不可同时适用。定金不足以弥补一方违约造成的损失的，对方可以请求赔偿超过定金数额的损失。

2. 违约责任条款

当事人一方不履行合同义务或者履行合同义务不符合约定的，应当承担继续履行、采取补救措施或者赔偿损失等违约责任。除了法定的违约责任外，各方还可以事先约定违约责任。合同的权利义务终止的，不影响违约条款的效力。

违约金的数额和因违约产生的损失赔偿额的计算方法应明确具体，如合同的履行可拆分的，最好能够对应。如仅约定"应承担违约责任"或"应赔偿损失"并无实际意义，等同于未约定。

违约金的数额应以适度为宜。实践中常有当事人约定天价违约金，但未必均能如愿。根据法律规定，约定的违约金过分高于造成的损失的，法院或者仲裁机构可以根据当事人的请求予以适当减少；当然，约定的违约金低于造成的损失的，也可以根据当事人的请求予以增加。不如根据实际情况作出合理预估，更有利于保护守约方的利益。

还有当事人会在合同中约定各方日后不会对违约金的数额产生争议或违约方不得在司法程序中要求调减，但法院对于该等条款的态度并不一致，并非一定可以获得支持。例如，在（2015）民一终字第 340 号民事判决书中，最高人民法院认为，双方虽有关于不得调整违约金的约定，但是该约定应以不违反公平原则为限，考虑到天力公司的合同履行行为也存在一定瑕疵，从平衡双方当事人利益的角度考虑，原判决对此予以调整并无不当；但在（2019）最高法民申 3344 号民事裁定书中，最高人民法院则认为："双方当事人签订合同时的真实意思表示为，500 万元违约金数额的确定是在保障双方当事人利益的前提下，违约方承担的最大范围且具有惩罚意义的赔偿数额，这是双方当事人基于商业利益角度的决定，应自行承担相应风险。"关于违约金的确定是否以"违约造成实际损害"为条件，可以由当事人约定，在双方对违约金已经有了明确约定的情况下，法院不变动违约金数额，并无不当。

由此可见，看似密不透风、武装到牙齿的合同条款也未必能在争议解决的过程中发挥理想功效。

需要特别指出，基于诚实信用原则，守约方也并非放任自流即可，还应当采取适当措施防止损失的扩大，否则不得就扩大的损失请求赔偿。守约方因防止损失扩大而支出的合理费用，由违约方负担。

3. 争议解决条款

争议解决条款事关当事人能否在诉讼或仲裁中占得先机，并以高效、便利的方式解决纠纷。对此应重点关注以下内容。

（1）关于诉讼和仲裁的选择

诉讼和仲裁是两种常见的争议解决方式，二者存在诸多不同，主要内容如下。

在权力来源方面，仲裁委的管辖权力来源于当事人之间达成的仲裁协议，可以事先于合同条款中约定，也可以在发生争议后达成一致。法院的诉讼管辖权来自法律赋予的公权力，当事人无须事先约定即可提起诉讼。

在管辖方面，仲裁没有级别管辖和地域管辖的限制，即选择任何仲裁委员会均可，但当事人需要约定明确的仲裁委员会，否则仲裁协议无效。诉讼各方可以在事先和事后以书面协议选择被告住所地、合同履行地、合同签订地、原告住所地、标的物所在地等与争议有实际联系的地点的人民法院管辖，但不得违反《中华人民共和国民事诉讼法》（以下简称民事诉讼法）对级别管辖和专属管辖的规定。在拟定争议解决条款时，应尽量争取方便诉讼的法院，且应明确前述有实际联系的地点的具体地址。

在裁判人员和裁判风格方面，仲裁当事人有权选定仲裁员，诉讼当事人无法选择审判人员。且仲裁员未必均为法律界人士，也可能为其他行业的专家，对于所涉争议中的专业问题得以提出指导意见。而诉讼中的审判人员是法官或人民陪审员。

在审理方式方面，仲裁以不公开审理为原则，以公开审理为例外，仲裁裁决不对外公布，更有利于保护当事人隐私和秘密。而诉讼以公开审理为原则，以不公开审理为例外，但均公开宣告判决，且多数判决会于中国裁判文书网对外公布。

在审级和救济途径方面，仲裁为一裁终局，对于仲裁裁决不服的，可向仲裁委所在地的中级人民法院申请撤销裁决；诉讼为两审终审制，对于一审判决不服的，可以向上一级人民法院提起上诉或寻求其他监督程序。

在费用方面，仲裁委收取的仲裁费用通常高于法院的诉讼费用，但也有部分仲裁委可提供优惠政策，某些情况下的仲裁费用甚至可能低于诉讼费用。

在代理人人数方面，仲裁通常不限制代理人人数（但不排除部分仲裁委的仲裁规则有特殊规定），诉讼中每个当事人、法定代理人可以委托 1~2 名诉讼代理人。

签署合同时，可以综合考虑以上因素及实际情况，选择有利于自身的争议解决方式。需要指出的是，约定争议既可以向仲裁机构申请仲裁也可以向人民法院起诉的，仲裁协议无效。若双方虽达成仲裁协议，但一方向法院起诉，另一方在首次开庭前未对人民法院受理该案提出异议的，视为放弃仲裁协议，人民法院应当继续审理。仲裁与诉讼的主要区别见表 4-1。

表4-1　仲裁与诉讼的主要区别

项　　目	仲　　裁	诉　　讼
管辖权力来源	当事人约定	法律规定
管辖	无级别管辖和地域管辖的限制	有相关限制
裁判人员及风格	当事人有权选定仲裁员，专家裁判为主	无法选择审判人员
审理方式	以不公开审理为原则，公开审理为例外，仲裁裁决不对外公布	以公开审理为原则，以不公开审理为例外，但均公开宣告判决

项　　目	仲　　裁	诉　　讼
审级和救济途径	一裁终局	两审终审
费用	通常高于法院的诉讼费用，优惠时可能低于诉讼费用	以法律明确规定为准
代理人人数	不限制	每个当事人、法定代理人可以委托1~2名诉讼代理人

（2）关于法律的适用

涉外合同尤其需要关注法律适用条款。《中华人民共和国涉外民事关系法律适用法》第三条规定："当事人依照法律规定可以明示选择涉外民事关系适用的法律。"即各方可以在合同中约定适用何种法律，但中华人民共和国法律对涉外民事关系有强制性规定的，直接适用该强制性规定，如：（一）涉及劳动者权益保护的；（二）涉及食品或公共卫生安全的；（三）涉及环境安全的；（四）涉及外汇管制等金融安全的；（五）涉及反垄断、反倾销的；（六）应当认定为强制性规定的其他情形。

（3）关于不同语言版本的优先效力

若合同以两种及以上语言书就，可能因翻译等原因导致不同版本之间存在矛盾之处，应在合同中约定以何种版本为准。

（六）其他条款

除前述条款外，另应关注以下常被忽视但却不容忽视的重要条款。

1. 效力条款

各方可约定合同一经签署即生效，除根据其性质不得附条件或附期限的之外，也可约定合同附条件或附期限生效。附生效条件的合同，自条件成就时生效。附解除条件的合同，自条件成就时失效。附生效期限的合同，自期限届至时生效。附终止期限的合同，自期限届满时失效。同时可约定合同一式几份，具有同等法律效力。

需要特别关注合同解除条款，即约定一方或各方在何种条件下有权解除合同。该等解除可以是无条件解除，也可以是有条件解除，可以是无代价解除，也可以是有代价解除。但该等约定应建立在基本公平的基础上，不得以此排除一方主要权利，免除另一方主要义务，否则进入司法程序时，纵使有约定也可能不被支持。

2. 通知条款

通知条款中应明确各方之间送达信息的方式及地址、合同的联络人及其联系方式（电话、电子邮箱、微信等），并可以约定除此之外的通知和送达均不视为有效送达，一方的前述信息发生变化应提前通知对方，以防各方对于信息是否已经有效送达产生争议。实践中，在提前解除合同的通知、不可抗力情况的告知、律师函的妥投、立案时确定通信地址等情境中均可能涉及通知条款的内容，应予以重视。

3. 保密条款

当事人在订立合同过程中知悉的商业秘密或者其他应当保密的信息，无论合同是否成立，都不得泄露或者不正当地使用；泄露、不正当地使用该商业秘密或者信息，造成对方损失的，应当承担赔偿责任。

保密条款中首先应对保密信息作出定义，并非在签署和履行合同的过程中接触到的全部信息都一定是法律认为应予以保密的信息，需得是具有保密价值且未进入公共渠道的信息方可。其次应约定具有可行性和有效性的保密措施，例如负有保密义务的一方应保证因履行协议而接触到保密信息的人员履行同等保密义务、以何种方式销毁或交还保密信息的载体、保密期限、保密条款的独立性（不因合同终止、无效或被撤销而归于无效）等。

4. 不可抗力条款

不可抗力是不能预见、不能避免且不能克服的客观情况。常见的情形有疫情、战争、政府行为、政策变化、严重火灾、水灾、台风和地震或其他由双方认可的事件。不可抗力条款并非可有可无，合同各方应根据具体情况详细约定双方认可的不可抗力情形，以便日后划分责任。

鉴于不可抗力无法归咎于任何一方，故因此而不能履行合同义务的，不承担违约责任，因此导致合同目的不能实现的，构成行使法定解除权的条件。在诉讼时效期间的最后六个月内，因不可杭力而无法行使请求权的，诉讼时效中止。

但需注意，因不可抗力不能履行合同的，应当及时通知对方，以减轻可能给对方造成的损失，并应当在合理期限内提供证明，否则无法就扩大的损失免除责任。

【案例】

上海市第一中级人民法院作出的（2006）沪一中民一（民）终字第 609 号

民事判决书中即体现出不可抗力出现时法律对当事人尽量避免损失扩大的要求。

该判决书中载明，阿卜杜勒及其家属购买了由中国东方航空股份有限公司（以下简称"东方航空公司"）实际承运的上海至香港的机票，该航班因天气原因延误，但东方航空公司并未告知其即使到达香港，也只能错过接下来的转机航班。阿卜杜勒认为东方航空公司的处理方式不当，故要求赔偿损失。法院认为，航班由于天气原因发生延误，对这种不可抗力造成的延误，东方航空公司不可能采取措施来避免发生，故其对延误本身无须承担责任。但其应当知道转机航班三天才有一次，更明知阿卜杜勒一行携带着婴儿，不便在中转机场长时间等候，有义务向阿卜杜勒一行提醒中转时可能发生的不利情形，却让阿卜杜勒填写续航情况登记表，并告知会帮助解决，使阿卜杜勒对该公司产生合理信赖，从而放心登机飞赴香港。东方航空公司却没有采取必要的措施来避免因航班延误给旅客造成的损失发生，不应免责。

由此可见，即使不可抗力的发生不能归咎于当事人，但法律依然要求当事人秉承基本的善意，采取合理措施避免损失扩大，否则也只能为自身的过错买单，所以务必要当心。

5. 合同附件

合同附件可用于约定篇幅较长、不便于载入正文的内容，例如服务合同中的服务团队资料、买卖合同中的分期交付货品清单、装修合同中的设计方案或合同正文中提及的文件等，既可以作为对关键条款的补充，又不影响美观。

第三节 企业合同管理

合同签署后不等于万事大吉了，合同管理工作依然是毋庸置疑的重点和难点。遗憾的是很多单位并未认识到其重要意义，或未采取正确高效的管理方式，以至于未能创造更多价值，甚至遭受损失。

一、合同管理的意义

合同管理工作对于企业具有重要意义，可谓进可攻城略地、退可筑墙自保，主要内容如下。

（一）避免违约风险，维护自身权益

合同签署完成后即交由项目人员执行，但若合同签署人员与项目人员之间未充分沟通，项目人员未必能够清楚地了解每项合同权利义务的履行节点，可能因疏忽而违反合同约定，或未及时察觉对方的违约行为。如有人全程跟踪管理合同履行工作，既有助于督促项目人员依约履行合同、避免违约风险，又可提示相关人员对方的不当行为，维护自身合法权益。

（二）做好诉讼准备，以防不时之需

合同只有在产生争议时方才发挥其价值，如果各方均能信守承诺、友好协商，合同便是一纸空文。而合同文本是体现双方权利义务的最主要凭证，当合同主体之间产生争议时，便是各方最有力的武器和最直接的依据，各方的不同意见实质均为对于合同条款的不同解读。倘若连妥善保管合同文本都无法做到，在提起诉讼和仲裁的立案工作中便可能遇到障碍，在举证和质证过程中也可能由于无法出示原件而无法达到证明目的。

做好合同管理对于内部追责工作也同样具有价值。当企业建立起包含合同谈判、决策、起草与审核、履行及监督流程的合同管理体系并将具体工作落实到人之后，一旦出现问题，便可追根溯源，启动问责机制。当然，前提是该等规定应合法合规，载于用人制度，并已经通知给劳动者。

（三）助推知识管理，赋能商业决策

合同文本固然是用于个案的项目，但也具备知识管理的价值。合同从磋商至起草、修改及签署的过程，无论是否历尽复杂艰难，都凝结了经办人员的智慧和经验，值得认真复盘、反复推敲，总结每个步骤与节点的得与失，并细细打磨出适用于本单位的制式合同，在日后工作中便可以此作为底稿使用，提高效率，争取谈判主动权。相比于其他渠道的理论课程，各单位自己的合同文本既是实战成果，又反映自身情况，更适宜作为内部学习的案例使用，也可节约对新参与项目的员工进行工作内容介绍和上岗培训的时间。

合同管理工作除对改进法务的工作有益之外，也可供商业决策者参考，以合同管理为抓手，从中发掘风险点和商机，以商业视角全面审视和把控交易流

程的风险事项,完善风控体系,反思业务和资源布局的合理性,为商业决策赋能。

（四）促进合规管理,避免法律责任

做好合同管理不仅是为工作锦上添花,也是合规工作的要求。合同不仅是交易凭证之一,也是重要财务资料,需妥善保管以应对税务稽查、企业审计、国资监管、上市公司信息披露等。若合同随意遗失,则企业和相关负责人均可能因此承担民事、行政甚至刑事责任。例如,股东与公司之间的往来款项无合同匹配,则该股东可能被认定为与公司构成人格混同,应对公司的债务承担连带责任;法律规定一人有限责任公司应当在每一会计年度终了时编制财务会计报告,并经会计师事务所审计,如合同管理混乱,可能无法得到无保留意见的审计报告。又如,国有企业资产变动却无合同依据,可能被认定为国有资产流失,相关人员可能被追责。合同不仅是保障交易的工具,也是自我保护、自证清白的证据。

二、合同管理的误区

虽知合同管理的重要意义,但实践中部分从业者在进行合同管理时常存在误区,以致效果不尽如人意。下述常见误区需小心避开。

（一）仅关注未履行完毕的合同,忽视已经履行完毕的合同

实践中常有合同管理者认为:未履行完毕的合同还"有用";项目尚在进行中,可能予以补充和变更,也可能产生争议,故应予以关注;一旦合同履行完毕,项目也告完结,合同便归于"无用",可以不再费力保管。实则无论合同是否履行完毕,均可能产生争议,也均可能有用到之日,都应谨慎保管。且无论是否履行完毕,合同对于本单位仍有除争议解决之外的其他意义。合同即使终止,也不等于作废,更不等于从未出现,不可视为废纸,无论是为防微杜渐还是为充分利用,都有做好合同管理工作的意义。

（二）仅简单归置文本,无实际意义

合同管理是一项系统工程,与合规、风控及公司治理等工作息息相关,不仅包含整个交易流程,甚至还包含交易达成前和交易结束后的事宜,并非仅是收好文件、防止丢失即可。合同需要时常调取使用,便于查找自然是合同管理的首要目标。

（三）仅保留合同文本,未保留相关文件

部分合同管理者将合同管理的概念作了过分狭义的理解,认为所需保管的仅为最终签署版合同文本，甚至仅为合同原件，其他材料均不属于需要保管的范畴，遑论辅以其他应用方式的综合性管理。实则不然，合同管理的首要目标自然是将合同文本（特别是原件）予以妥当保存，但须知现实情况复杂，很多合同在谈判、签署、履行和终止过程中会产生其他材料，该等材料的价值丝毫不亚于合同文本，在产生纠纷时或可作为证据呈现，在平日查阅时可搭配合同文本一并使用以便全面理解，故也应一并收集管理。

（四）仅保留纸质合同，无其他形式的备份

部分企业的合同管理手段较为落后，仅限于保留纸质版的合同文件，并无其他载体作为备份，一旦发生意外事件导致纸质版合同文件毁损灭失、无法复原，则只能无奈接受，再无他法。何况即使无意外事件发生，纸质版合同也可能发生纸张泛黄变脆、字迹消退等现象，影响阅读效果。

三、合同管理的方式

合同管理的方式应视具体情况而定，毕竟适合自身的才是最好的，以下常见措施可供参考。

（一）涵盖前世今生，保留周边文件

合同管理工作不仅应在合同签署后至履行完毕期间进行，更应该在开始进行合同磋商并产生书面文件时就启动，即使合同已经履行完毕也不应停止，而应给予"终身编制"。除合同原件之外，谈判文件和履行凭证等周边文件也应妥善保管，例如洽谈过程中的会议纪要、备忘录，起草与审查过程中的合同草稿及内部汇报、决议和批示文件，签署后的变更和解除文件，履行过程中的发票留底联、交付验收凭证、工作成果文件、通知函、往来邮件、微信聊天记录、录音录像，维权所用的律师函及妥投证明等。一份合同的"一生"，也是甄别交易主体之间是非曲直的放大镜，只有勤勉收集、妥善保存，方可在需要时有迹可循。

（二）落实责任，流程完善

既然合同管理实为综合性管理工作，自然需要各方协同完成，完善规范合同管理工作的制度便尤为重要。一则应将工作落实到具体负责人，分工清晰，权责明确，不仅有利于提高工作效率、防止互相推脱，也有利于事后倒查责任人，提高相关人员的责任心。二则应使多方联动，令与项目相关的专业人士有机会参与合同的审核过程，得以充分发表意见，对于重大合同更应建立

汇报、决策与纠错机制，理顺流程，尽量控制风险。当然该等流水线也无须冗长，需要在效率和安全之间获得平衡。

（三）分门别类，便于查找

合同管理的工作之一就是建立方便快捷的合同检索机制，可将合同编号，登记关键信息（如签署时间、相对方名称、合同类型、主要交易内容、标的物、标的额、付款方式、履行进度），再按照时间、项目、相对方等条件予以分门别类地整理保存，日后若需要，即可迅速查找到。

（四）善用工具，全面备份

选择适宜的统计和搜索工具有利于提升效率和准确度，企业可考虑以现代科技助力，视具体情况采用定制化办公系统、成品软件等电子工具，并由需要的人员共享，便于个人查询合同情况和协同工作，降低沟通成本。与此同时，应采取多种手段对合同原件及其相关材料予以备份，例如将合同原件扫描成电子版，将项目人员私人手机、电脑中的沟通记录同步至办公电脑并予以保存。这不仅使得在职工作人员得以不受时空限制地查阅合同，还可减少频繁取用合同原件可能造成的意外，即使工作人员离职也不会使得某些履行凭证无处可寻。

一纸合同虽轻薄，却是核心利益的外化，商业王国的"宪法"，于各方主体而言并非小事，亦非易事。

第五章

企业劳动关系实务

　　劳动法律关系是企业运行中最核心的管理要素之一，良性运转的人事管理机制能够让企业充满活力，但劳动关系中也存在法律风险，处理不好可能会形成错误的示范效应，从而影响企业的健康发展。本章将从劳动关系的建立初期、劳动关系建立后、劳动关系解除以及其他劳动法律问题等方面展开介绍。

第一节 劳动关系建立初期的法律风险

劳动关系建立初期的法律风险，主要存在于招聘和入职两个阶段中，本节选取其中的几个关键节点进行阐述（见图5-1）。

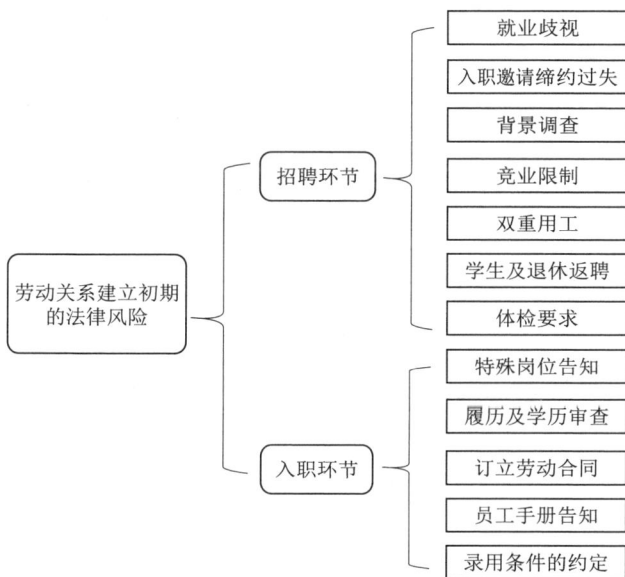

图 5-1　劳动关系建立初期的法律风险一览

一、招聘环节的法律风险问题

招聘是企业管理中的第一个环节，也是企业极易忽视和最早面临用工法律风险的环节。其中可能出现的问题，不仅为企业之后的正常运营和用工管理埋下隐患，而且也带来了不必要的法律风险。

（一）就业歧视的法律问题

《中华人民共和国就业促进法》（以下简称就业促进法）和《中华人民共和国劳动法》（以下简称劳动法）中均有禁止就业歧视的规定，但我们经常见到一些企业在发布招聘信息时，使用了不当的歧视性条件，不但对企业造成较大的负面影响，还可能导致企业承担被起诉或被行政监管处罚的法律风险。因此，建议企业在公开的招聘信息中不应将应聘者的"民族、种族、性别、宗教信仰"等作为录用限定条件，也应当避免在人员籍贯、区域上进行限制。

（二）入职邀请的缔约过失法律责任

入职邀请通常是用人单位与劳动者达成用工意思表示一致的象征，其中包括了劳动者比较关心的职级待遇等重要内容，是未来签订劳动合同的重要组成部分。用人单位发出入职邀请以后又拒绝录用劳动者，如果给劳动者造成损失的，劳动者可以"缔约过失责任纠纷"为案由，对用人单位提起诉讼并主张赔偿损失。

（三）背景调查

劳动者的过往经历和职场素质，是用人单位衡量劳动者是否符合岗位要求的重要因素。招聘过程中，用人单位经常要对劳动者进行背景调查，有的甚至委托专门的背调服务公司去完成。但背景调查可能会涉及劳动者的个人隐私，因此在收集信息前，用人单位或背调服务公司应当取得劳动者本人的明确同意，并且要求劳动者提供清晰的接受调查人，以降低因不当调查带来的法律风险。

（四）避免竞业限制

如果劳动者的工作经历中包括相同行业，甚至来自竞争对手公司，那么用人单位应当就劳动者是否与前一公司存在竞业限制协议进行审查，面试、往来函件、入职申请表、劳动合同中均应当包含劳动者对是否存在其他公司的竞业限制协议进行确认的内容。另外还应当注意的是，同业竞争中的跳槽人员往往掌握了竞争对手的商业秘密，用人单位在注意甄别劳动者是否存在履行中的竞业限制协议的同时，还应当注重对竞争对手商业秘密的尊重和隔离，避免承担侵权责任。

（五）避免双重用工

在劳动者正式入职前，用人单位须要求劳动者提交其个人在前一家用人单位的离职证明，以及劳动者一定期限内的工资流水、社保明细等材料，也可参考劳动者的个人所得税缴纳申报记录，以帮助用人单位综合判断劳动者是否存在双重劳动关系。此外，用人单位依法依规为劳动者成功缴纳社会保险，也可以从一定程度上规避自身双重用工的法律风险。

（六）学生及退休返聘身份的确认

劳动部《关于贯彻执行〈中华人民共和国劳动法〉若干问题的意见》第十二条规定："在校生利用业余时间勤工助学，不视为就业，未建立劳动关系，可以不订立劳动合同。"但如果用人单位为在校生缴纳了保险并按照普通员工进行管理，则有被认定为劳动关系的可能。因此建议用人单位在招用在校生作为实习人员时，应当订立实习相关协议并单独设立实习人员管理的规章制度。

对于退休人员，目前主流观点是用人单位与退休人员只能建立劳务关系，而不能建立劳动关系。在此，用人单位应当注意两种情况：一是本单位员工已临近退休年龄的，应当将劳动合同期限约定至劳动者退休时间截止，如确需留用的，与劳动者另行签订劳务合同；二是聘用已退休人员的，应当直接签订劳务合同，并且如果具备条件的，用人单位应当为退休人员购买工伤保险或商业意外保险以保障双方的权益。

（七）劳动者体检要求

就业促进法第三条规定："劳动者依法享有平等就业和自主择业的权利。劳动者就业，不因民族、种族、性别、宗教信仰等不同而受歧视。"第三十条规定："用人单位招用人员，不得以是传染病病原携带者为由拒绝录用。但是，经医学鉴定传染病病原携带者在治愈前或者排除传染嫌疑前，不得从事法律、行政法规和国务院卫生行政部门规定禁止从事的易使传染病扩散的工作。"

可见，入职体检问题实际关系到用人单位是否存在就业歧视的问题。很多用人单位在录用劳动者之前，甚至在向劳动者发出录用通知书之后要求其进行入职体检，再根据体检结果决定是否正式聘用劳动者，用人单位的该行为可能构成就业歧视。除特殊行业对岗位存在职业特殊要求外，用人单位不应以体检不合格为由拒绝录用劳动者。

同时，根据劳动和社会保障部、卫生部联合下发《关于维护乙肝表面抗原携带者就业权利的意见》，人力资源和社会保障部、教育部、卫生部三部门于2010年2月10日联合下发的《关于进一步规范入学和就业体检项目维护乙肝表面抗原携带者入学和就业权利的通知》还要求：用人单位在招、用工过程中，除国家法律、行政法规和卫生部规定禁止从事的工作外，不得强行将乙肝病毒血清学指标作为体检标准；就业体检中，不得要求开展乙肝项目检测，不得要求提供乙肝项目检测报告，也不得询问是否为乙肝表面抗原携带者。除卫生部核准并予以公布的特殊职业外，健康体检非因受检者要求不得检测乙肝项目，用人单位不得以劳动者携带乙肝表面抗原为由予以拒绝招（聘）用或辞退、解聘。有关检测乙肝项目的检测体检报告应密封，由受检者自行拆阅；任何单位和个人不得擅自拆阅他人的体检报告。此外，用人单位在入职体检过程中还应注意劳动者体检项目，不应出现政策法规禁止检测项目，避免产生合规风险。

二、入职环节的法律风险问题

劳动者入职是用人单位人力资源管理的首要环节，是用人风险防范的第一关，也是最容易被企业忽视、最早埋下用工风险的环节。为了能在用人管理前端降低用工法律风险，劳动者入职风险管控显得尤为重要。

（一）特殊岗位的告知

此处的特殊岗位是指从事有毒、有害等工作内容的岗位。用人单位对于特殊岗位，应当按照《中华人民共和国职业病防治法》的规定设立监护档案、评价和报告制度、提供职业病防治条件和设备。此处建议用人单位在录用环节签订劳动合同时，对于应聘特殊岗位的劳动者，将岗位可能导致的有毒有害问题进行清晰明确的告知，并要求劳动者确认知晓岗位可能带来的危害，并要求劳动者签订事项告知回执。

（二）劳动者履历及学历的审查

在用人单位与劳动者因劳动者履历、学历造假等因欺诈导致的劳动争议纠纷中，多为用人单位单方解除劳动合同引发，虽用人单位多方取证，但仍然承担了支付违法解除劳动合同赔偿金的法律责任。在用人单位的主张获得支持的判例中，我们可以看到劳动者"明知"学历、履历不能造假已开始成为用人单位胜诉的关键因素之一，这就要求用人单位在劳动合同、用工制度中明确约定和规定劳动者应当如实提供履历、学历情况以及隐瞒、伪造的法律责任，以及用人单位可以此为由解除劳动合同，特别是这种履历和学历与劳动者的岗位要求有明显的关联性的情况下更应当约定、规定清晰。另外，在司法实践中有法院认为，用人单位具有一定的审查义务，如用人单位未做审查或怠于审查，也会导致劳动者学历造假不构成欺诈的后果。发生纠纷时劳动者已在用人单位的工作时长和能力考察、劳动者岗位与履历学历的关联性、劳动者隐瞒和伪造的恶意程度等，也会成为法院审理案件综合考虑的因素。

（三）订立劳动合同

劳动合同订立是指劳动者和用人单位经过相互选择和平等协商，就劳动合同条款达成协议，从而确立劳动关系和明确相互权利义务的法律行为。本部分将介绍劳动合同的类型、内容和无效情形。

1. 劳动合同的类型

以劳动合同期限为分类标准，可分为以下三类劳动合同。

①固定期限劳动合同，指用人单位与劳动者约定合同终止时间的劳动合同。

②无固定期限劳动合同，是指用人单位与劳动者约定无确定终止时间的劳动合同。应当签订无固定期限劳动合同的情形有：

A. 劳动者在该用人单位连续工作满十年的。

要点：第一点是一般情形下为同一用人单位，特殊情形为非因劳动者本人意愿产生的在具有关联关系的用人单位之间调动；第二点需注意"连续"，意味着不间断，而非"累计"。

B. 用人单位初次实行劳动合同制度或者国有企业改制重新订立劳动合同时，劳动者在该用人单位连续工作满十年且距法定退休年龄不足十年的。

C. 连续订立二次固定期限劳动合同，且劳动者不存在《中华人民共和国劳动合同法》（以下简称劳动合同法）第三十九条和第四十条第一项、第二项规定的情形，续订劳动合同的。

要点："第一次"劳动合同的起始时间需为 2008 年 1 月 1 日劳动合同法实施起算；通过变更劳动合同期限，使原劳动合同期限延长的，视为签订第二次劳动合同；第二次劳动合同到期时，劳动者有权提出签订固定期限劳动合同或无固定期限劳动合同或要求终止劳动合同，而企业无权单方决定；如劳动者在符合签订无固定期限劳动合同的情形下，主动与用人单位签订固定期限劳动合同的，该劳动合同有效，待该份劳动合同到期时，劳动者仍享有主张签订无固定期限劳动合同的权利。

③以完成一定任务为期限的劳动合同，用人单位与劳动者双方将完成某项工作的时间作为确定劳动合同终止的时间。

要点：因签订以完成一定任务为期限的劳动合同不存在次数计算的问题以及需签订无固定期限劳动合同的问题，易被滥用，因此凡工作性质可以签署固定期限劳动合同的，不得以完成一定任务为期限的劳动合同替代。

2.劳动合同的内容

劳动合同的内容,按照是否为必要内容,划分为"必备内容"和"可备内容"。

①劳动合同的必备内容

劳动合同法规定,劳动合同应当具备以下内容:(一)用人单位的名称、住所和法定代表人或者主要负责人;(二)劳动者的姓名、住址和居民身份证或者其他有效身份证件号码;(三)劳动合同期限;(四)工作内容和工作地点;(五)工作时间和休息休假;(六)劳动报酬;(七)社会保险;(八)劳动保护、劳动条件和职业危害防护;(九)法律、法规规定应当纳入劳动合同的其他事项。

②劳动合同的可备内容

对于某些事项,法律不做强制性规定,由当事人根据意愿选择是否在合同中约定,劳动合同缺乏这种条款不影响其效力。

可将这种条款称为可备条款,即除了试用期、服务期、保守商业秘密、补充保险和福利待遇等劳动合同法定必备条款外,用人单位与劳动者可以额外约定培训、保守秘密、补充保险和福利待遇(如补充医疗、年金、年假等)等其他事项。

3.劳动合同无效或者部分无效的情形

从无效的范围来看,分为劳动合同全部无效和劳动合同部分无效。无效的情形主要包括以下类别:

①以欺诈、胁迫的手段或者乘人之危,使对方在违背真实意思的情况下订立或者变更劳动合同的。

欺诈:是指一方当事人为使对方当事人发生错误认识行为,故意虚构事实或隐瞒真相的行为。

胁迫:是指以现实和将来的危害威胁对方。

乘人之危:是指一方利用对方处于危难之中急需订立劳动合同的弱势地位。

②用人单位免除自己的法定责任、排除劳动者权利的。

是指根据有关法律、法规规定,该责任应当由用人单位承担,而用人单位通过劳动合同中的约定免除自己的责任,或约定否定劳动者应当享有的权利,明示劳动者不享有。如"工伤概不负责"的条款。

③违反法律、行政法规强制性规定的。

主要指国家制定的关于劳动者最基本劳动条件的法律法规,包括最低工资法规、工作时间法规、劳动安全与卫生法等法律、法规。

对劳动合同的无效或者部分无效有争议的，由劳动争议仲裁机构或者人民法院确认。劳动合同部分无效，不影响其他部分效力的，其他部分仍然有效。劳动合同被确认无效，劳动者已付出劳动的，用人单位应当向劳动者支付劳动报酬。劳动报酬的数额，参照本单位相同或者相近岗位劳动者的劳动报酬确定。

（四）员工手册告知

用人单位的规章制度是日常用工的管理依据，通常以员工手册的形式体现。用人单位为实现对劳动者的有效管理，应在劳动者入职时将规章制度或员工手册的内容告知劳动者。告知的方式包括将文本分发给劳动者，由劳动者签收；通过集中培训等方式，将内容告知劳动者，并需保留签到记录、培训材料等培训内容；通过用人单位的工作场所或在线方式将内容公示，并保留相应的公示证据。

（五）录用条件的约定

用人单位的录用条件一方面为明确用人单位的招聘需求，另一方面在劳动者入职后的试用期内，可以作为衡量劳动者是否可以转正继续工作的条件和依据。

录用条件可在用人单位的招聘简章中列明，也可在与劳动者签订的劳动合同中具体约定，同时也应将一些共性的条件规定在员工手册中。

录用条件的主要内容可包括：对劳动者学习、工作经历的要求，工作能力的要求，资格证书的要求，诚信品德的要求，入职手续和材料，以及特殊行业及岗位的身体条件等要求。

第二节　劳动合同建立后用工法律风险

在劳动合同建立后，用人单位与劳动者即进入了正式的用工阶段，在这个阶段中双方行使权利和履行义务，存在多个法律风险。下面选取其中的几个法律风险点进行分别阐述（见图5-2）。

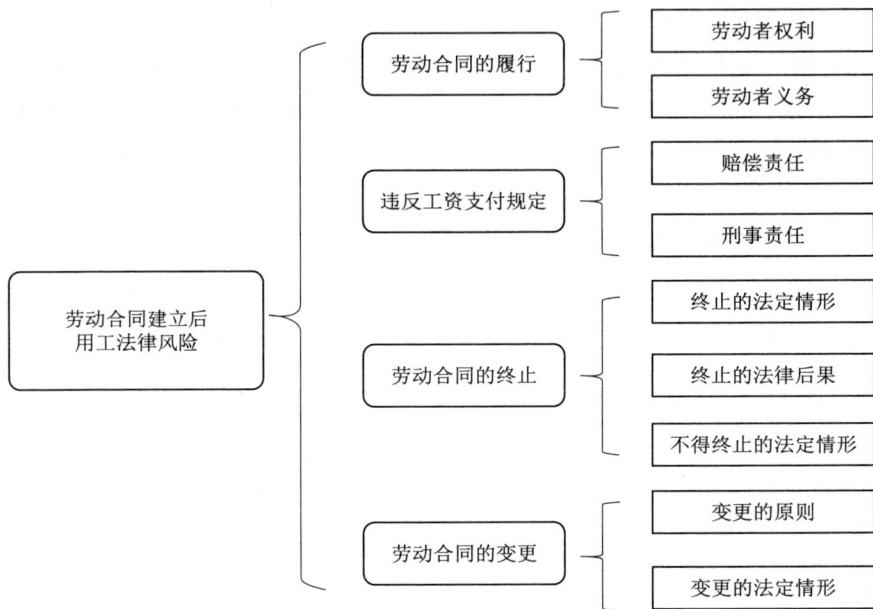

图5-2 劳动合同建立后用工法律风险一览

一、劳动合同的关键要素及风险梳理

劳动合同关系中应当包含的双方权利义务中的核心要素包括以下内容。

（一）劳动合同的履行

劳动合同的履行是指劳动合同当事人依照生效后的劳动合同的约定，履行各自的义务，共同实现劳动过程和各自合法权益的法律行为。

1. 劳动合同履行中的用人单位义务

（1）依法支付劳动报酬的义务

依据劳动合同法第三十条规定，用人单位应当按照劳动合同约定和国家规定，向劳动者及时足额支付劳动报酬。

劳动报酬权是劳动者在劳动关系中享有的最基本的、最核心的权利。

（2）依法保障劳动者休息休假的义务

为了保障劳动者的健康和生命以及充分的休息休假时间，相关劳动法律、法规规章对劳动者的工作时间，以及限制用人单位加班加点作出了强制性规定。

（3）依法保护劳动者的生命安全和身体健康的义务。

2.劳动合同履行中劳动者的权利

（1）拒绝用人单位管理人员违章指挥、强令冒险作业。

（2）对危害生命安全和身体健康的劳动条件，有权对用人单位提出批评、检举和控告。

3.劳动合同履行中劳动者的义务

（1）遵守劳动法律、单位规章制度的义务。

（2）勤勉敬业的义务。劳动者在提供劳动过程中，应当对工作任务尽合理的勤勉义务。如果从事兼职，也应以不影响本单位的工作任务为限度。

（二）违反工资支付规定的责任

用人单位制定的劳动规章制度违反法律、法规规定的，由劳动行政部门给予警告，责令改正；对劳动者造成损害的，应当承担赔偿责任，情节严重的还可能涉及刑事责任。

1.赔偿责任

根据劳动合同法第三十八条第（二）项和第四十六条第（一）项的规定，用人单位未及时足额支付劳动报酬的，职工可以随时提出解除劳动合同，且用人单位必须支付经济补偿金。根据劳动合同法第八十五条规定，由劳动行政部门责令限期依法、依约定支付，逾期不支付的，责令用人单位按应付金额50%以上、100%以下的标准加付赔偿金。

2.刑事责任

刑法修正案（八）第四十一条规定："以转移财产、逃匿等方法逃避支付劳动者的劳动报酬或者有能力支付而不支付劳动者的劳动报酬，数额较大，经政府有关部门责令支付仍不支付的，处三年以下有期徒刑或者拘役，并处或者单处罚金；造成严重后果的，处三年以上七年以下有期徒刑，并处罚金"。"单位犯前款罪的，对单位判处罚金，并对其直接负责的主管人员和其他直接责任人员，依照前款的规定处罚。""有前两款行为，尚未造成严重后果，在提起公诉前支付劳动者的劳动报酬，并依法承担相应赔偿责任的，可以减轻或者免除处罚。"

具有下列情形之一的，应当认定为刑法第二百七十六条之一第一款规定的"数额较大"：

①拒不支付一名劳动者三个月以上的劳动报酬且数额在五千元至二万元以上的；

②拒不支付十名以上劳动者的劳动报酬且数额累计在三万元至十万元以上的。

各省、自治区、直辖市高级人民法院可以根据本地区经济社会发展状况，在前款规定的数额幅度内，研究确定本地区执行的具体数额标准，报最高人民法院备案。

拒不支付劳动者的劳动报酬，并具有下列情形之一的，应当认定为刑法第二百七十六条之一第一款规定的"造成严重后果"：

①造成劳动者或者其被赡养人、被扶养人、被抚养人的基本生活受到严重影响、重大疾病无法及时医治或者失学的；

②对要求支付劳动报酬的劳动者使用暴力或者进行暴力威胁的；

③造成其他严重后果的。

二、劳动合同的终止

劳动合同终止，劳动关系即归于消灭。

（一）劳动合同终止的法定情形

按照劳动法和劳动合同法的规定，劳动合同终止的情形包括：

1. 劳动合同期满未续订的；

2. 劳动者开始依法享受基本养老保险待遇的或达到法定退休年龄；

3. 劳动者死亡，或者被人民法院宣告死亡或者宣告失踪的；

4. 用人单位被依法宣告破产的；

5. 用人单位被吊销营业执照、责令关闭、撤销或者用人单位决定提前解散的。

（二）劳动合同终止的法律后果

劳动合同终止时，用人单位的主要义务：除用人单位维持或者提高劳动合同约定条件续订劳动合同，劳动者不同意续订的情形外，劳动合同终止的，用人单位应支付经济补偿金。

另外，用人单位还应当履行其他义务，包括为劳动者出具终止劳动合同证明；办理劳动合同的终止手续、档案和社会保险的转移手续，以及对于终止的劳动合同原件，至少保存两年备查。

（三）不得终止的法定情形

下列情形之一的，劳动合同到期自动续延至相应情形消失时终止：

1. 从事接触职业病危害作业的劳动者未进行离岗前职业健康检查，或者疑似职业病病人在诊断或者医学观察期间的，劳动合同续延至进行离岗前健康检查或者疑似职业病病人得到确诊或医学观察期满终止。

2. 患病或者非因工负伤，在规定的医疗期内的，劳动合同应续延至规定的医疗期满终止。

3. 女职工在孕期、产期、哺乳期的，劳动合同顺延至孕期、产期、哺乳期结束。

4. 在本单位连续工作满十五年，且距法定退休年龄不足五年的，劳动合同到期的不能终止，续延至符合法定退休年龄，办理退休手续。

5. 法律、行政法规规定的其他情形。

在此，笔者需要说明的是，在劳动合同到期前，如果未发生终止情形的，用人单位与劳动者应当续订劳动合同。

三、劳动合同的变更

在劳动合同履行过程中，可能发生劳动条件、岗位职责、待遇等具体权利义务的变化，这就需要进行劳动合同的变更。

（一）劳动合同变更的原则

依据劳动法第十七条规定，劳动合同变更的原则包括：订立和变更劳动合同，应当遵循平等自愿、协商一致的原则，不得违反法律、行政法规的规定。

（二）劳动合同变更的法定情形

劳动合同的变更，是指劳动合同依法订立后，在合同尚未履行或者尚未履行完毕之前，用人单位和劳动者在平等自愿、协商一致的基础上，就已订立的劳动合同条款进行修改、补充或废止部分内容的法律行为。有下列情形之一的，合同双方可以变更。

1. 劳动者因病或非因工负伤，在规定的医疗期满后不能从事原工作，用人单位应当与劳动者协商后，另行安排适当工作，进行劳动合同的变更。

2. 劳动者不能胜任工作，用人单位应当对其进行培训或调整其工作岗位，使劳动者适应工作要求，进行劳动合同的变更。

《关于〈劳动法〉若干条文的说明》中第二十六条对"不能胜任工作"做了明确规定，是指不能按要求完成劳动合同中约定的任务或者同工种、同岗位人员的工作量。用人单位不得故意提高定额标准，使劳动者无法完成。

3. 劳动合同订立时所依据的客观情况发生重大变化，致使劳动合同无法履行，进行劳动合同的协商变更。

上述第二十六条规定，"客观情况"是指发生不可抗力或出现致使劳动合同全部或部分条款无法履行的其他情况，如企业迁移、被兼并、企业资产转移等，并且排除本法第二十七条所列的客观情况。

4.企业转产、重大技术革新或重大经营方式调整等企业内部经济情况发生变化的，进行劳动合同协商的变更。

5.因劳动者违反用人单位的规章制度，用人单位可根据规章制度的相关规定，对劳动者做出调岗、调薪的处理。

第三节　劳动关系解除中的法律风险问题

企业在生产经营过程中，往往会面临多种员工关系的变化和自身因业务转型所带来的劳动关系的解除。如何有效规避企业的用工法律风险，减少因违规解约而产生的经济成本和时间成本，成为企业在发展过程中的一门"必修课"。

一、合法解除劳动合同

劳动合同解除是指劳动合同订立后，尚未全部履行之前，由于某种原因导致劳动合同一方或双方当事人提前消灭劳动关系的法律行为。在解除劳动合同方面，分为用人单位单方解除、劳动者单方解除、协商一致解除等情形。

（一）用人单位单方解除

用人单位单方面解除劳动合同主要包括三种场景：过失性解除、非过失性解除和企业裁员。

1.过失性解除

通常是指在劳动者存在一定过错的情况下，用人单位无须事先通知即可以单方解除劳动合同的法律行为，其法定情形包括：

（1）试用期间被证明不符合录用条件的，解除的条件包括：

①要有明确的录用条件和转正考核标准；

②应该有对劳动者在试用期的工作按照标准的考核，确认是否符合用人

单位的录用条件；

③在试用期满之前向劳动者作出解除的决定；

④应当向劳动者说明理由。

（2）严重违反用人单位的规章制度的。其成立的条件包括：

①规章制度经民主程序制定并已向劳动者公示或告知；

②有证据证明劳动者发生了违反了用人单位的规章制度的行为；

③依据用人单位的规章制度，劳动者的行为属于严重违纪；

④用人单位依据规章制度，作出解除决定并送达劳动者。

（3）严重失职，营私舞弊，给用人单位造成重大损害的。

（4）劳动者同时与其他用人单位建立劳动关系，对完成本单位的工作任务造成严重影响，或者经用人单位提出，拒不改正的。该项解除适用条件包括：

①证明劳动者因为同时与其他用人单位建立劳动关系，并严重影响了本单位工作任务的完成；

②或向劳动者提出，如果拒不改正可以解除劳动合同。

（5）因劳动合同法第二十六条第一款第一项规定的情形致使劳动合同无效的。

（6）被依法追究刑事责任的。

劳动者被依法追究刑事责任的，用人单位可依据劳动法第二十五条解除劳动合同。原劳动部关于印发《关于贯彻执行〈中华人民共和国劳动法〉若干问题的意见》的通知第二十九条规定，"被依法追究刑事责任"是指：被人民检察院免予起诉的、被人民法院判处处罚的、被人民法院依据刑法第三十二条免予刑事处分的。劳动者被人民法院判处拘役、三年以下有期徒刑缓刑的，用人单位可以解除劳动合同。

2. 非过失性解除

（1）非过失性解除劳动合同的法定情形

①劳动者患病或者非因工负伤，在规定的医疗期满后不能从事原工作，也不能从事由用人单位另行安排的工作的。具体包括：

A. 劳动者患病或非因工作原因受到伤害的；

B. 劳动者依法享有的医疗期届满；

C. 经劳动能力鉴定委员会鉴定丧失或部分丧失劳动能力或劳动者提出不

能从事另行安排的工作的。

②劳动者不能胜任工作，经过培训或者调整工作岗位，仍不能胜任工作的；

③劳动合同订立时所依据的客观情况发生重大变化，致使劳动合同无法履行，经用人单位与劳动者协商，未能就变更劳动合同内容达成协议的。

（2）非过失性解除的法定程序

①通知、征询工会意见；

②用人单位提前三十日以书面形式通知劳动者本人；

③或者额外支付劳动者一个月工资（工资应当按照该劳动者上一个月的工资标准确定）。

3. 企业裁员

依据 1994 年劳动部发布的《企业经济裁员规定》、劳动法第二十七条和劳动合同法第四十一条的规定，经济性裁员是指企业一次性裁减员工 20 人以上，或者人数不足 20 人，但占企业职工总人数 10% 以上。

（1）经济性裁员的条件

①依照企业破产法规定进行重整的：2007 年 6 月 1 日实施的企业破产法第七十条第一款规定："债务人或者债权人可以依照本法规定，直接向人民法院申请对债务人进行重整。"企业依法进行重整的，可以裁减人员；

②生产经营发生严重困难的：发生严重困难，是指用人单位的生产经营难以为继，不得不进行裁员。生产经营发生严重困难，是指达到当地政府规定的严重困难企业标准；

③企业转产、重大技术革新或者经营方式调整，经变更劳动合同后，仍需裁减人员的；

④其他因劳动合同订立时所依据的客观经济情况发生重大变化，致使劳动合同无法履行的。

其中最后一种情形是劳动合同法新增的规定，扩大了企业裁员中用人单位的用人自主权。但是，劳动合同订立时所依据的客观经济情况的规定过于宽泛，有待相关部门配套的解释和规定。

（2）经济性裁员的限制

为了约束企业承担社会责任，防止企业以生产经营出现困难为借口，侵犯劳动者的合法权益，劳动合同法规定，用人单位在裁减人员时应当优先留用下列人员：

①本单位订立较长期限的固定期限劳动合同的；

②与本单位订立无固定期限劳动合同的；

③家庭无其他就业人员，有需要扶养的老人或者未成年人的。

（3）经济性裁员的程序

用人单位确需裁减人员，应按下列程序进行：

①提前30日向工会或者全体职工说明情况，并提供有关生产经营状况的资料；

②提出裁减人员方案，内容包括：被裁减人员名单，裁减时间及实施步骤，符合法律、法规规定和集体合同约定的被裁减人员经济补偿办法；

③将裁减人员方案征求工会或者全体职工的意见，并对方案进行修改和完善；

④向当地劳动行政部门报告裁减人员方案以及工会或者全体职工的意见，并听取劳动行政部门的意见；

⑤由用人单位正式公布裁减人员方案，与被裁减人员办理解除劳动合同手续，按照有关规定向被裁减人员本人支付经济补偿金，出具裁减人员证明书。

（二）劳动者单方解除

劳动者单方解除劳动合同也包含两种情形，预告解除与实时解除。

1. 预告解除（个人原因）

（1）劳动者预告解除劳动合同的程序和条件

①劳动者应当提前30日，试用期内应当提前3日通知用人单位；

②劳动者应当书面形式通知用人单位（试用期除外）；

③劳动者预告解除劳动合同无须向用人单位说明任何理由，无须用人单位同意。

（2）劳动者预告解除劳动合同的法律责任

①劳动者违反服务期约定的，应当按照约定支付违约金；

②劳动者未提前30日书面通知用人单位解除劳动合同的，给用人单位造成损失的，应当承担赔偿责任。

2. 实时解除（用人单位原因）

（1）有下列情形之一的，劳动者可以随时通知用人单位解除劳动合同

①未按照劳动合同约定提供劳动保护或者劳动条件的；

②未及时足额支付劳动报酬的；

③未依法为劳动者缴纳社会保险费的；

④用人单位的规章制度违反法律、法规的规定，损害劳动者权益的；

⑤因劳动合同法第二十六条第一款规定的情形致使劳动合同无效的；

⑥法律、行政法规规定劳动者可以解除劳动合同的其他情形；

⑦用人单位以暴力、威胁或者非法限制人身自由的手段强迫劳动者劳动的，或者用人单位违章指挥、强令冒险作业危及劳动者人身安全的，劳动者可以立即解除劳动合同，不需事先告知用人单位。

（2）劳动者随时解除劳动合同的法律后果

①劳动者行使实时解除劳动合同成立的，因用人单位存在过错，不需要承担合同约定的违约责任和赔偿责任；

②劳动合同解除之后，用人单位未支付劳动者的劳动报酬应当支付；未缴纳社会保险的应办理补缴；

③用人单位应当按照劳动者的工作年限向劳动者支付劳动合同解除的经济补偿金。

（三）协商一致解除

协商一致解除是劳动合同双方当事人在协商一致基础上解除劳动合同的行为。劳动合同协商解除的法律后果如下。

1.用人单位提出协商要求

用人单位提出解除劳动合同并与劳动者协商一致解除劳动合同的，用人单位应当向劳动者支付经济补偿金。

2.劳动者提出协商要求

劳动合同期满前，劳动者提出解除并与用人单位协商一致解除劳动合同的，用人单位可以不向劳动者支付经济补偿金。

操作建议：用人单位与劳动者协商解除劳动合同应当签订书面协议，明确约定解除时间，是否需要支付经济补偿，工作交接要求，离职手续的办理，双方费用均已结算完毕不存在其他争议纠纷等内容。

（四）经济补偿

经济补偿是指符合法定条件时，用人单位向劳动者按照一定标准支付的金钱补偿金。

1.支付情形

用人单位需要支付经济补偿的情形有两种。

解除情形下需要支付补偿金的有：（1）用人单位提出的协商一致解除劳动合同；（2）劳动者被迫辞职；（3）用人单位单方作出的非过失性解除劳动合同；（4）经济性裁员。

终止情形下需要支付补偿金的有：（1）劳动合同期满终止；（2）用人单位主体资格消灭。

2. 经济补偿金的计算标准

劳动合同法第四十七条规定：经济补偿按劳动者在本单位工作的年限，每满一年支付一个月工资的标准向劳动者支付。六个月以上不满一年的，按一年计算；不满六个月的向劳动者支付半个月工资的经济补偿。

劳动者月工资高于用人单位所在直辖市、设区的市级人民政府公布的本地区上年度职工月平均工资三倍的，向其支付经济补偿的标准按职工月平均工资三倍的数额支付，向其支付经济补偿的年限最高不超过 12 年。

本条所称月工资是指劳动者在劳动合同解除或者终止前十二个月的平均工资。

二、违法解除劳动合同的法律风险

用人单位如发生违法解除劳动合同的情形，除应当向劳动者支付经济补偿之外，还要支付赔偿金。

（一）违法解除劳动合同的认定标准

实践中存在大量的用人单位违法解除劳动合同的情况，通过对大量案例的总结归纳，大致可分为以下 4 类：

1. 解除劳动合同所依据的事实不充分、证据不充分，例如用人单位认为的可以解除劳动合同的情形并不严重，或未就员工违反劳动纪律的事实进行充分举证；

2. 解除劳动合同所依据的规章制度依据不充分，如未明确严重违纪的具体情形等；

3. 解除程序不合法，如未履行通知程序，或未履行向工会征求意见程序等；

4. 解除情形不属于法定情形。

（二）法律责任

用人单位违法解除劳动合同，可能承担以下法律责任：

1. 继续履行，用人单位违反法律规定解除或者终止劳动合同，劳动者要求继续履行劳动合同的，用人单位应当继续履行；

2.赔偿金，用人单位违反法律规定解除或者终止劳动合同的，应当依照劳动合同法规定的经济补偿标准的 2 倍向劳动者支付赔偿金。

第四节　企业用工的其他法律问题

前文是对劳动法律关系从建立到终止进行的法律风险梳理，在劳动关系中还存在几个需要特别指出的法律风险点，笔者在此逐一单独说明。

一、社会保险的法律问题

职工社会保险及住房公积金等问题，目前国家层面有《中华人民共和国社会保险法》《社会保险费征缴暂行条例》《住房公积金管理条例》等法律法规进行规范调整，社会保险包括职工社会保险及城乡居民社会保险两大部分，其中涉及用人单位与劳动者建立劳动关系后应当缴纳的职工社会保险，主要分养老、医疗、生育、失业、工伤五项。社会保险及住房公积金均由用人单位和劳动者共同缴费，征收主体为政府。因此，职工社会保险和住房公积金不属于普通民事关系或劳动关系中的可约定内容，属于国家法律法规强制性征收、缴纳的。

职工社会保险中，工伤保险和失业保险有国家层面的统一法规，为工伤保险条例及失业保险条例，其余三险具体的征收及待遇享受的具体标准均由各省市自行规范。不缴纳社会保险及住房公积金的法律责任包括如下内容。

（一）补缴责任

用人单位未依法为劳动者缴纳五项社会保险住房公积金的，应当依法承担补缴责任。所谓未依法缴纳，包括：自始未为劳动者缴纳，断缴、漏缴和基数缴纳不实。

在补缴职工社会保险时，用人单位承担用人单位负担部分，劳动者承担劳动者负担部分。此外，用人单位还应承担滞纳金，滞纳金标准为自欠缴之日起，按日加收万分之五。

（二）待遇损失的赔偿

用人单位未依法为劳动者缴纳职工社会保险的，可能会导致员工社会保险待遇损失。如医药费无法进行报销、不能申领生育津贴、不能享受工伤保险待遇、失业保险金及退休待遇损失等，用人单位需依法承担损失赔偿责任。

（三）行政处罚

未依法缴纳职工社会保险及住房公积金的，需在行政机关责令的限期内予以整改，否则将承担相应的罚款等行政处罚。

二、工作时长与特殊工资的法律问题

关于劳动者的工作时长和工资计付方式一直是比较关键的风险点，特别是商铺类用人单位，其经营需要有劳动者在店铺进行长期值守。

（一）工资的内涵及工资的分类

工资的构成也即工资总额，是指各单位在一定时期内直接支付给本单位全部职工的劳动报酬总额。

1. 工资的分类

根据国家统计局 1 号令《关于工资总额组成的规定》的规定，工资总额由下列六个部分组成：计时工资、计件工资、奖金、津贴和补贴、加班加点工资、特殊情况下支付的工资。

（1）计时工资

计时工资是指按计时工资标准（包括地区生活费补贴）和工作时间支付给个人的劳动报酬。包括：

①对已做工作按计时工资标准支付的工资；

②实行结构工资制的单位支付给职工的基础工资和职务（岗位）工资；

③新参加工作职工的见习工资（学徒的生活费）；

④运动员体育津贴。

（2）计件工资

计件工资是指对已做工作按计件单价支付的劳动报酬。如：按工作任务包干方法支付给个人的工资、按营业额提成或利润提成办法支付给个人的工资等。

（3）奖金

奖金是指支付给职工的超额劳动报酬和增收节支的劳动报酬。

（4）津贴和补贴

津贴主要是指为了补偿职工特殊或额外的劳动消耗和因其他特殊原因支付给职工的津贴，如高空津贴、井下津贴、夜班津贴、外勤工作补贴、工龄津贴、司龄津贴等。补贴主要是指为了保证职工工资水平不受物价影响支付给职工的物价补贴，如物业费补贴、住房补贴等。

（5）加班加点工资

用人单位安排劳动者加班的，应当按照国家有关规定向劳动者支付加班费。

（6）特殊情况下的工资

如病假、事假、产假、婚假、年假等特殊情况。

2. 不列入工资总额的范围

系劳动者的收入或福利，但不计入工资总额范围内的，包括以下 14 类。

（1）根据国务院发布的有关规定颁发的发明创造奖、自然科学奖、科学技术进步奖、合理化建议和技术改进奖，以及支付给运动员、教练员的奖金等；

（2）有关劳动保险和职工福利方面的各项费用，如职工死亡丧葬费及抚恤费、医疗卫生或公费医疗费用、职工生活困难补助费、集体福利事业补贴、工会文教费、集体福利费、探亲路费、冬季取暖补贴、上下班交通补贴及洗理费等；

（3）有关离休、退休、退职人员待遇的各项支出；

（4）劳动保护类支出，如工作服、手套等劳保用品，解毒剂、清凉饮料等；

（5）稿费、讲课费及其他专门工作报酬；

（6）出差伙食补助费、误餐补助、调动工作的旅费和安家费；

（7）对自带工具、牲畜、来企业工作职工所支付的工具、牲畜等的补偿费用；

（8）实行租赁经营单位的承租人的风险性补偿收入；

（9）对购买本企业股票和债券的职工所支付的股息，包括股金分红和利息；

（10）劳动合同制职工解除劳动合同时，由企业支付的医疗补助费、生活补助费等；

（11）因录用临时工而在工资以外向提供劳动力的单位支付的手续费或管理费；

（12）支付给家庭工人的加工费和按加工订货办法支付给承包单位的发包费用；

（13）支付给参加企业劳动的在校学生的补贴；

（14）计划生育独生子女补贴。

工资法定支付形式：工资只能以货币形式支付，而且一般情况下，只能以人民币形式支付。

（二）工作时长与特殊工资

按照用工时长的标准，用工制度共可分为标准工时制度、综合计算工时制度、不定时工时制度三种。

1. 标准工时制度

劳动法第四十四条规定：有下列情形之一的，用人单位应当按照下列标准支付高于劳动者正常工作时间工资的工资报酬：

（1）安排劳动者延长工作时间的，支付不低于工资的百分之一百五十的工资报酬；

（2）休息日安排劳动者工作又不能安排补休的，支付不低于工资的百分之二百的工资报酬；

（3）法定休息日安排劳动者工作的，支付不低于工资的百分之三百的工资报酬。

举例：某员工在入职时候的劳动合同中约定工资标准为 5 000 元，工时制度为标准工时制，针对平时加班、休息日加班、法定节假日加班的计算问题，有如下规定：

平时加班：5 000 元 ÷21.75÷8× 加班小时数 ×150%

休息日加班：5 000 元 ÷21.75÷8× 加班小时数 ×200%

法定节假日加班：5 000 元 ÷21.75× 加班天数 ×300%

用人单位与劳动者在劳动合同中约定了加班费计算基数的，以该约定为准；双方同时又约定以本市规定的最低工资标准或低于劳动合同约定的工资标准作为加班费计算基数，劳动者主张以劳动合同约定的工资标准作为加班费计算基数的，应予支持。

现实履行中，可能会出现以下几种情况。

（1）劳动者正常提供劳动的情况下，双方实际发放的工资标准高于原约定工资标准的，可以视为双方变更了合同约定的工资标准，以实际发放的工资标准作为加班费计算基数。实际发放的工资标准低于合同约定的工资标准，能够认定为双方变更了合同约定的工资标准的，以实际发放的工资标准作为计算加班费的计算基数。

（2）如果劳动合同没有明确约定工资数额，或者合同约定不明确时，应当以实际发放的工资作为计算基数。凡是用人单位按月直接支付给职工的工资、奖金、津贴、补贴等都属于实际发放的工资，具体包括国家统计局《关于工资总额组成的规定若干具体范围的解释》中规定"工资总额"的几个组成部分。加班费计算基数应包括"基本工资""岗位津贴"等所有工资项目。不能以"基本工资""岗位工资"或"职务工资"单独一项作为计算基数。但是应当注意一点，在以实际发放的工资作为加班费计算基数时，加班费（前月）、伙食补助和劳动保护补贴等应当扣除，不能列入计算基数范围。国家相关部门对工资组成规定有调整的，按调整的规定执行。

（3）在确定职工日平均工资和小时平均工资时，应当按照原劳动和社会保障部发布的《关于职工全年月平均工作时间和工资折算问题的通知》的规定，以每月工作时间为 21.75 天和 174 小时进行折算。

（4）实行计件工资的，应当以法定时间内的计件单价为加班费的计算基数。

（5）加班费的计算基数低于当地当年的最低工资标准的，应当以日、时最低工资标准为基数。

2. 综合计算工时制度

《关于企业实行不定时工作制和综合计算工作制的审批办法》第五条规定，企业对符合下列条件之一的职工，可实行综合计算工时工作制，即分别以周、月、季、年等为周期，综合计算工作时间，但其平均日工作时间和平均周工作时间应与法定标准工作时间基本相同：（一）交通、铁路、邮电、水运、航空、渔业等行业中因工作性质特殊，需连续作业的职工；（二）地质及资源勘探、建筑、制盐、制糖、旅游等受季节和自然条件限制的行业的部分职工；（三）其他适合实行综合计算工时工作制的职工。

综合计算工时工作制是针对因工作性质特殊，需连续作业或受季节及自然条件限制的企业部分职工，采用的以周、月、季、年等为周期的综合计算工作时间的一种工时制度。在综合计算工作时间的周期内，具体某一天、某一周的工作时间可以超过 8 小时或 40 小时。

其中，法定标准工作时间为每月 20.83 天，每日 8 小时，月合计 166.64 小时，法定计薪时间为每月 21.75 天，计算平均日工资时，用法定计薪时间 21.75 天计算。

举例：某员工在劳动合同中约定工资标准为 6 000 元，执行的工时制度为综合计算工时制，已经过劳动行政部门审批。

法定节假日工资：6 000÷21.75× 加班天数 ×300%

实行综合计算工时工作制的用人单位，当综合计算周期为季度或年度时，应将综合周期内的月平均工资作为加班费计算基数。

3. 不定时工时制度

《关于企业实行不定时工作制和综合计算工作制的审批办法》第三条、第四条规定，企业因生产特点不能实行劳动法第三十六条、第三十八条规定的，可以实行不定时工作制或综合计算工时工作制等其他工作和休息办法，具体包括以下三类员工：

（1）企业中的高级管理人员、外勤人员、推销人员、部分值班人员和其他因工作无法按标准工作时间衡量的职工；

（2）企业中的长途运输人员、出租车司机和铁路、港口、仓库的部分装卸人员及因工作性质特殊，需机动作业的职工；

（3）其他因生产特点、工作特殊需要或职责范围的关系，适合实行不定时工作制的职工。

不定时工时制，意味着劳动者没有固定的上下班时间限制。经批准实行不定时工作制的劳动者，不受日延长工作时间标准和月延长工作时间标准的限制，但用人单位应采用弹性工作时间等适当的工作和休息方式，确保职工的休息休假权利和生产、工作任务的完成。

关于不定时工时制是否存在需支付加班工资的情形，各省市规定不尽相同。如北京市规定对于不定时工作制的职工不支付加班工资；也有部分省市规定需支付法定节假日加班工资，例如：

《上海市企业工资支付办法》第十三条规定："经劳动保障行政部门批准实行不定时工时制的用人单位，在法定休假节日安排劳动者工作的，按本条第(三)项(安排劳动者在法定休假节日工作的，按照不低于劳动者本人日或小时工资标准的 300% 支付工资)的规定支付工资。"也就是说，实行不定时工作制的职工在法定节假日被安排工作，也是有加班费的。

《广东省工资支付条例》第二十三条规定："经劳动保障部门批准实行不定时工作制的，不适用本条例第二十条的规定。"即在法定休假日工作的，可不按照不低于日或者小时工资基数的 300% 支付加班工资。

三、竞业限制手段对企业保护的法律问题

对劳动者进行竞业限制的目的，不仅在于劳动者的工作经验和能力可能会为竞争对手带来利益，往往还与劳动者所掌握的用人单位商业秘密具有强关联性，因此竞业限制是企业保护自身和核心利益的重要手段。

（一）基本规定

用人单位与劳动者可以在劳动合同中约定保守用人单位的商业秘密和与知识产权相关的保密事项。

对负有保密义务的劳动者，用人单位可以在劳动合同或者保密协议中与劳动者约定竞业限制条款，并约定在解除或者终止劳动合同后，在竞业限制期限内按月给予劳动者经济补偿。劳动者违反竞业限制约定的，应当按照约定向用人单位支付违约金。

所谓违反竞业限制约定，主要表现为在解除或者终止劳动合同后，承担竞业限制义务的劳动者到与原用人单位生产或者经营同类产品、从事同类业务的有竞争关系的其他用人单位，或者存在自己开业生产或者经营同类产品、从事同类业务行为的。竞业限制期限，最长不得超过二年。竞业限制的人员限于用人单位的高级管理人员、高级技术人员和其他负有保密义务的人员。竞业限制的范围、地域、期限由用人单位与劳动者约定，竞业限制的约定不得违反法律、法规的规定。

（二）竞业限制协议的效力和解除

1. 竞业限制协议中必备的条款主要为竞业限制的范围、竞业限制的期限和违约责任。同时竞业限制的补偿金条款也是重要的条款，即用人单位对劳动者提出竞业限制要求，需要向劳动者支付经济补偿。但如在竞业限制协议中未约定解除或者终止劳动合同后用人单位给予劳动者经济补偿，并不直接导致该协议无效，如果劳动者履行了竞业限制义务，有权要求用人单位按照劳动者在劳动合同解除或者终止前十二个月平均工资的30%按月支付经济补偿。如果月平均工资的30%低于劳动合同履行地最低工资标准的，应按照劳动合同履行当地最低工资标准支付。

2. 用人单位与劳动者约定竞业限制后，在劳动合同解除、终止前，用人单位有权随时解除劳动者的竞业限制义务且无须支付补偿；如在劳动合同解除或终止后，用人单位提出解除竞业限制协议的，用人单位需额外支付劳动

者三个月的竞业限制经济补偿。

3. 用人单位与劳动者约定了竞业限制和经济补偿，劳动合同解除或者终止后，因用人单位的原因导致三个月未支付经济补偿，劳动者有权提出解除竞业限制的约定。

四、员工培训相关法律问题

用人单位为劳动者提供专项培训费用，对其进行专业技术培训的，可以与该劳动者订立协议，约定服务期。

（一）用人单位与劳动者约定服务期的两个必要条件

如用人单位与劳动者约定服务期的，应当具备用人单位支付了专项培训费用及进行了专业技术培训两个条件，否则服务期的约定对劳动者没有约束力。

1. 用人单位为劳动者提供了专项培训费用

（1）用人单位为了对劳动者进行专业技术培训而支付的有凭证的培训费用；

（2）培训期间的差旅费用；

（3）因培训产生的用于该劳动者的其他直接费用。

2. 对劳动者进行了专业技术培训

此处的专业技术培训，是指劳动者的岗位或拟任岗位具有专业性质，须进行专门的培训来提升劳动者技能，且这种提升和技能的获得与该岗位存在一定的适用性，故此处的专业技术培训是完全区别于普通的上岗或岗前培训、不胜任培训等的。

（二）违反服务期约定的法律后果

违反服务期约定，是指劳动者在约定的服务期满之前，单方提出解除劳动合同，不再履行劳动合同义务的行为。

劳动者违反服务期约定的，应当按照约定向用人单位支付违约金。违约金的数额不得超过用人单位提供的培训费用。用人单位要求劳动者支付的违约金不得超过服务期尚未履行部分所应分摊的培训费用。

五、劳动派遣和"外包"用工的法律问题

劳务派遣为劳动关系和用工关系分离的用工模式。劳务派遣关系中存在三方关系，其中劳务派遣公司为劳动合同法规定的用人单位，需承担与劳动者签订劳动合同、支付工资、缴纳五险一金等用人单位的法定责任；实际用人方为

用工单位，与劳动者之间为实际的用工关系，承担用工过程中与岗位相关的劳动报酬（工资）及福利待遇的支付义务；劳务派遣公司（用人单位）与实际用人方（用工单位）为劳务派遣民事法律关系，双方之间签订的劳务派遣协议属于民事协议，受民法典及合同相关法律关系调整。

（一）劳务派遣的限制

用人单位采用劳务派遣的方式用工，要同时满足岗位"三性"的要求，同时不超出法定的用工比例及其他法律限制。

1. 劳务派遣"三性"要素

用工单位只能在临时性、辅助性或者替代性的工作岗位上使用被派遣劳动者。

（1）临时性工作岗位是指存续时间不超过 6 个月的岗位；

（2）辅助性工作岗位是指为主营业务岗位提供服务的非主营业务岗位；

（3）替代性工作岗位是指用工单位的劳动者因脱产学习、休假等原因无法工作的一定期间内，可以由其他劳动者替代工作的岗位。

用工单位决定使用被派遣劳动者的辅助性岗位，应当经职工代表大会或者全体职工讨论，提出方案和意见，与工会或者职工代表平等协商确定，并在用工单位内公示。

2. 用工比例

用工单位应当严格控制劳务派遣用工数量，使用的被派遣劳动者数量不得超过其用工总量的 10%。其中用工总量是指用工单位订立劳动合同人数与使用的被派遣劳动者人数之和。

计算劳务派遣用工比例的用工单位是指依照劳动合同法和劳动合同法实施条例可以与劳动者订立劳动合同的用人单位。因为总、分公司，母、子公司均为可与劳动者订立劳动合同的用人单位，所以用工总量不应在总、分公司之间，分、子公司之间综合计算。

3. 不得自设派遣

用人单位不得设立劳务派遣单位向本单位或者所属单位派遣劳动者，同时用人单位或者其所属单位出资或者合伙设立的劳务派遣单位，也不得向本单位或者所属单位派遣劳动者。

4. 不得改派遣

用工单位不得将被派遣劳动者再派遣到其他用人单位。如集团公司内使用劳务派遣劳动者的，集团内各主体应同时与劳务派遣公司签订劳务派遣协议，未经劳务派遣公司同意的，不得在集团内各主体之间调动。

5. 不得使用非全日制用工

劳务派遣单位不得以非全日制用工形式招用被派遣劳动者。

6. "假外包真派遣"

用人单位以承揽、外包等名义，按劳务派遣用工形式使用劳动者的，将被认定为"假外包真派遣"，依法按劳务派遣的相关规定处理。

7. 劳动合同期限

劳务派遣单位应当与被派遣劳动者订立两年以上的固定期限劳动合同，符合签订无固定期限劳动合同条件的，应当签订无固定期限劳动合同。因此，用人单位与劳务派遣劳动者签订的劳动合同不得低于两年，也不得签订以完成一定工作任务为期限的合同。

（二）劳动派遣关系中的用工责任划分

在劳动派遣关系中，用工单位与派遣单位在针对劳动者的用人、用工责任划分上，可以按照法定的划分和约定的划分两个维度进行辨析。

1. 法定责任

劳动合同法、劳动合同法实施条例和《劳务派遣暂行规定》均规定劳务派遣单位为用人单位，应当履行用人单位对劳动者的义务。

用工单位应当履行下列义务：

（1）执行国家劳动标准，提供相应的劳动条件和劳动保护；

（2）告知被派遣劳动者的工作要求和劳动报酬；

（3）支付加班费、绩效奖金，提供与工作岗位相关的福利待遇；

（4）对在岗被派遣劳动者进行工作岗位所必需的培训；

（5）连续用工的，实行正常的工资调整机制。

用工单位给被派遣劳动者造成损害的，劳务派遣单位与用工单位承担连带赔偿责任。

2. 约定责任

劳务派遣单位派遣劳动者应当与接受以劳务派遣形式用工的单位订立劳务派遣协议。劳务派遣协议应当约定派遣岗位、人员数量、派遣期限、劳动报酬和社会保险费的数额与支付方式，以及违反协议的责任。

被派遣劳动者在用工单位因工作遭受事故伤害的，劳务派遣单位应当依法申请工伤认定，用工单位应当协助工伤认定的调查核实工作。劳务派遣单位承担工伤保险责任，但可以与用工单位约定补偿办法。

因此在劳动法律法规层面规定的用人单位的法律责任及用工单位的法律责任，仅限于在处理劳动争议、劳动纠纷方面，在相对于劳动者时，双方的责任要进行划分与承担。而劳务派遣单位与以劳务派遣形式用工的单位之间，则受民事法律关系调整，双方签订的劳务派遣协议可就双方的权利、义务、责任进行自愿、平等协商。双方在约定过程中，应充分考虑风险与收益的平衡。

（三）外包关系的法律问题辨析

外包不是法律概念，也不属于严格意义上的用工形式，仅因"假外包真派遣"的存在而进入了用工形式的视野。二者用工角度的主要区别在于人员的招聘、劳动用工管理由发包方负责还是由承包方负责，以及承包方与发包方之间的费用结算，以人工费用加服务费的方式结算还是按外包工作的完成情况进行结算等因素进行综合判断。

如被认定为假外包真派遣，则三方之间需按劳务派遣关系进行调整。反之，则仅由承包方作为用人单位承担与劳动者之间的用工责任。

第六章

企业知识产权

    近年来，我国知识产权法规制度体系得到逐步完善，知识产权事业发展取得了显著成效。在新时代知识产权强国的背景下，企业应强化知识产权保护意识，完善知识产权管理制度，充分利用自主知识产权赢得市场，提升竞争力。

第一节　知识产权的基本概念

随着我国企业知识产权保护意识的不断提升，知识产权类的诉讼案件也呈逐年递增的趋势。很多企业已认识到，知识产权是企业创新发展的重要支撑，保护知识产权就是保护创新。而想要制定完善的知识产权管理体系、有效发挥知识产权价值，首先应了解知识产权是什么。年度知识产权诉讼案件量逐年递增，其变化趋势见图6-1。

单位：件

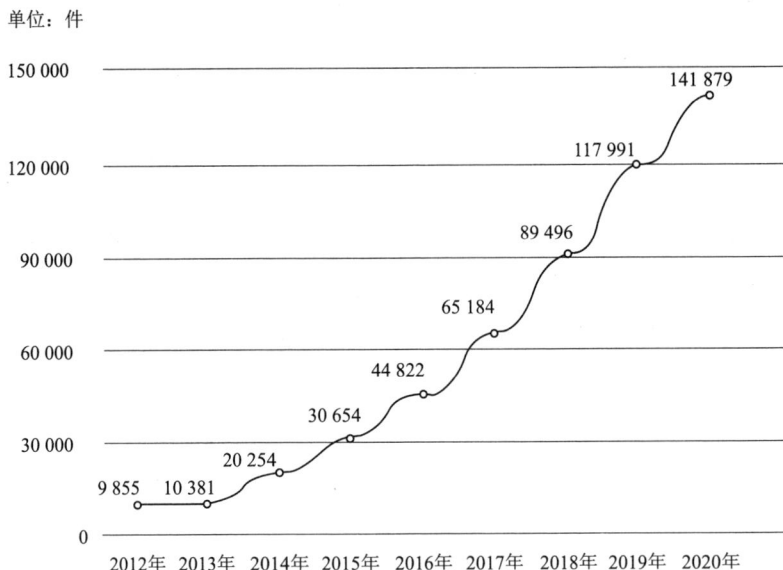

图 6-1　年度知识产权诉讼案件量变化趋势

一、知识产权是什么

知识产权是民事主体对其通过脑力劳动创造出来的智力成果、商业标志及其他具有商业价值的信息而依法所享有的专有权利。"知识产权"一词最早出现于17世纪中叶的法国学者卡普佐夫的观点中，后被比利时著名法学家皮卡第所发展，其英文为"intellectual property"，简称"IP"。

在我国，"知识产权"曾长期被称为智力成果权。1973 年，中国国际贸易促进会代表团首次出席世界知识产权组织的领导机构会议，回国后给国家领导人所写的报告中首次将其译为"知识产权"，并一直沿用至今。"知识产权"在我国作为正式的法律用语，最早出现在 1986 年颁布的民法通则中。自 2001 年我国正式加入 WTO 以后，为了适应世界贸易组织的规则和加快社会主义市场经济建设的需要，我国不断对与知识产权保护相关的法律法规进行了全面修订。

二、企业知识产权及作用

企业在发展运营过程中涉及的知识产权主要包括专利权、商标权、著作权、域名权、商业秘密等。此外，随着科技发展和社会进步，集成电路布图设计、植物新品种等越来越多的智力成果也将逐渐被纳入知识产权法律保护的范畴内。

企业知识产权具有产业化、商品化和资本化的特点。产业化是指将知识产权直接运用到产品的生产过程中，加快新产品的开发而为企业带来经济效益；商品化是指将知识产权作为商品在不同的商业主体间进行权利流转或许可，以达到获取利益的目的；资本化是指知识产权可作为非货币财产进行出资设立公司，同时，可以转让的注册商标专用权、专利权、著作权等知识产权还可以设立质权。

通常情况下，企业的竞争优势主要表现在产品的市场占有率上，但随着世界经济全球化进程的加快和科学技术的迅猛发展，知识产权已成为企业取得市场竞争优势的重要手段，企业在发展过程中积累的难以替代的竞争力才是企业最重要的利润源泉。

第二节　专利权

专利权不仅是企业保护自有产品的重要手段之一，专利权还可以辅助企业判断其在行业内所处的地位，以及企业未来的发展方向。自申请到授予专利权，再到授予专利权后的日常维护，每个环节都需要企业制定有效的知识产权管理制度，并指定专门的人员进行管理和落实。

一、专利权及专利权的种类

专利权是专利权人或其权利受让人对其发明创造在一定期限内依法享有的独占实施的专有权。我国专利分为三种类型：发明专利、实用新型专利和外观设计专利。

发明专利，是指对产品、方法或者其改进所提出的新的技术方案。通常是自然科学领域的智力成果，而自然规律本身及科学发现不属于发明创造。其中，产品是指生产制造出来的物品，如机器设备、零部件、材料等；产品技术方案是对产品、零部件或材料的结构、形状、成分等进行的创造或改进；方法是指物品的制造方法、产品的使用方法、通信方法等，如排列顺序、计算、测量等；方法技术方案是对工艺、步骤、过程及方法中所采用的原料、设备、工具等进行的创造或改进。

实用新型专利，是指对产品的形状、构造或者其结合所提出的适于工业应用的新的技术方案，该技术方案只限于对产品的形状、构造进行的创造和改进，排除了方法。产品的形状是指产品所具有的、可以从外部观察到的确定的空间形状。无确定形状的产品，例如气态、液态、粉末状、颗粒状的物质或材料，是不能申请获得实用新型专利的。产品的构造是指产品的各个组成部分及它们之间的位置和连接关系，例如机械构造、线路构造等。

如果一项发明创造既包括对产品形状、构造的改进，也包括对生产该产品而使用的专用方法、工艺等方面的改进。那么，这项发明创造是可以同时申请获得发明专利和实用新型专利的。

外观设计专利，是指对产品的形状、图案或色彩与形状、图案的结合所做出的富有美感并适于工业应用的设计。这种设计必须是对用于工业应用的产品外观做出的设计方案。一般情况下，可以构成外观设计的组合包括产品的形状、产品的图案、产品的形状和图案、产品的形状和色彩、产品的图案和色彩或者产品的形状、图案和色彩。

发明专利权的保护期限为20年，实用新型专利权的保护期限为10年，外观设计专利权的保护期限为15年，均自申请日起开始计算。

二、专利权的申请与授予

专利权依申请而获得，国家知识产权局专利局及设在地方的代办处负责受理全国的专利申请和专利审查工作，并依法授予专利权。

申请发明或者实用新型专利的，应当提交请求书、说明书及其摘要和权利要求书等文件。申请外观设计专利的，应当提交请求书、该外观设计的图片或者照片及对该外观设计的简要说明等文件。

三、专利申请的审查流程

发明专利申请的审批程序包括受理、初审、公布、实质审查和授权五个阶段。

（一）专利申请的受理

专利申请人应当向国家知识产权局专利局提出专利申请。申请发明专利的，应当提交发明专利请求书、说明书、说明书摘要及权利要求书，必要时还应当提交说明书附图和摘要附图。申请实用新型专利的，应当提交实用新型专利请求书、说明书、说明书摘要及权利要求书，必要时还应当提交说明书附图和摘要附图。申请外观设计专利的，应当提交外观设计专利请求书、该外观设计的图片或者照片及对该外观设计的简要说明。国家知识产权局收到专利申请文件后对符合受理条件的申请确定专利申请口，给了专利申请号，并向申请人发出受理通知书。

（二）专利申请的初步审查

国家知识产权局专利局收到专利申请人提交的申请文件后进行形式审查，即审查专利申请是否包括《中华人民共和国专利法》（以下简称专利法）规定的各种申请文件，这些文件是否符合规定的格式要求。初步审查过程中，如申请人提交的申请文件存在可以通过补正克服的缺陷，审查员会向申请人发出补正通知书或审查意见通知书要求申请人对缺陷进行补正或者陈述意见。如申请文件经补正或修改，缺陷仍然没有消除的，审查员可以对该专利申请做出驳回的决定。

（三）专利申请的公布

专利申请的公布是指专利申请通过初步审查合格后，国家知识产权局专利局将说明书、说明书摘要和权利要求书刊登在专利公报上，以让公众知悉该发明创造的内容。发明专利申请从发出初审合格通知书起进入公布阶段，如果申请人没有提出提前公开的请求，需等到申请日起满 18 个月才进入公开准备程序。如果申请人请求提前公开的，则申请立即进入公开准备程序。经过格式复核、编辑校对、计算机处理、排版印刷，大约 3 个月后在专利公报上公布其说明书摘要并出版说明书单行本。实用新型和外观设计专利自授权公告时予以公布。

申请提前公布发明专利申请的意义主要有以下几个方面。首先，公布发明专利可以加快发明专利授权的审查进程。按照专利申请审查的正常程序来看，发明专利申请要获得授权，必须先经过实质审查程序，但是实质审查程序是在专利公布后才启动的，如果不办理提前公布，就要等 18 个月自动公布后才能启动实质审查程序，使得专利审查的时间较长。其次，发明专利公布后，申请人即获得了临时保护的权利，申请人可以要求实施其发明专利的单位或者个人支付适当的费用。最后，发明专利公布后，还可以避免竞争对手就相同或类似的申请在国内外获得专利权。

发明专利提前公布虽然具有一定的积极作用，但同时也存在一定的消极作用，如果过早公布申请的内容，很容易被竞争对手利用或实施该申请，进而损害申请人的利益。因此，申请人需要审慎考虑是否提前公布发明专利。

（四）发明专利申请的实质审查

实质审查是国家知识产权局专利局对发明专利所申请保护的技术方案进行现有技术检索，并对其是否具备新颖性、创造性和实用性进行审查。发明专利通过初步审查后，申请人可自申请日起三年内向国家知识产权局提出实质审查请求，如果三年期满未请求，该发明专利申请将被视为撤回。

（五）专利权的授予

发明专利申请经实质审查没有发现申请文件存在相关规定缺陷的，国家知识产权局专利局做出授予发明专利权的决定并向申请人发出授予专利权的通知。

实用新型和外观设计专利申请不同于发明专利申请，其申请不需要经过实质审查程序，经初步审查没有发现申请文件存在相关规定缺陷的，国家知识产权局专利局做出授予实用新型专利权或外观设计专利权的决定并向申请人发出授予专利权的通知。

国家知识产权局专利局发出授予专利权的通知后，申请人应自收到通知之日起 2 个月内办理登记手续。申请人按期办理登记手续的，国家知识产权局专利局授予专利权，颁发专利证书，并予以公告。如通知期满申请人未办理登记手续的，则视为放弃取得专利权的权利。

四、专利权的终止和无效

专利权授予后，企业应对专利权进行日常维护。日常维护包括年费缴纳、定期评估、著录信息及时变更及对收到的无效宣告请求文件，及时转相关技术人员审议，并在期限内做出回复等。企业如果不对授予的专利权进行有效维护，会导致专利权终止或无效的后果。

（一）专利权的终止

专利权的终止有两种情况：一种情况是专利权的保护期限届满，专利权自动终止；另一种情况是专利权在保护期限届满前因某种情形导致提前终止。导致专利权提前终止的情形之一是专利权人没有按照规定足额缴纳年费，另一种是专利权人书面声明放弃专利权。

（二）专利权的无效

专利被授予专利权后，任何单位或个人发现其具有不符合专利法有关授权规定的，可以向国家知识产权局专利局复审和无效审理部请求宣告该专利权无效。专利权被宣告无效后视为自始即不存在。专利权人或请求专利权无效的当事人对国家知识产权局专利局复审和无效审理部做出的无效宣告审查决定不服的，可以自收到通知之日起三个月内向北京知识产权法院起诉。

五、职务发明创造及职务发明创造的奖励和报酬

国家为了保护职务发明人和单位的合法权益，充分调动职务发明人与单位的创新积极性，提高创新能力，推动职务发明及其知识产权的运用实施，制定了相关的法律法规和实施细则。

（一）职务发明创造

根据专利法规定，职务发明创造是指执行本单位的任务或者主要是利用本单位的物质技术条件所完成的发明创造。职务发明创造申请专利的权利属于该单位，申请被批准后，该单位为专利权人。同时专利法规定，被授予专利权的单位应当对职务发明创造的发明人或者设计人给予奖励；发明专利创造实施后，根据其推广应用的范围和取得的经济效益，对发明人或者设计人

给予合理的报酬。这里要注意的是所谓发明人或者设计人，是指对发明创造的实质性特点做出创造性贡献的人，不包括在发明创造的过程中负责组织工作为物质条件利用提供便利或从事其他辅助工作的人。

（二）职务发明创造的奖励和报酬

根据专利法实施细则规定："被授予专利权的单位可以与发明人、设计人约定或者在其依法制定的规章制度中规定奖励、报酬的方式和数额。"如被授予专利权的单位未与发明人、设计人约定奖励的方式和数额，也未在其依法制定的规章制度中规定奖励的方式和数额，单位应当自专利权公告之日起3个月内给予发明人或者设计人奖金。给予一项发明专利的发明人的奖金最低不得少于 3 000 元，给予一项实用新型专利或者外观设计专利的发明人或者设计人的奖金最低不得少于 1 000 元。

发明创造专利实施后，根据其推广应用的范围和取得的经济效益，对发明人或者设计人给予合理的报酬。如被授予专利权的单位未与发明人、设计人约定，也未在其依法制定的规章制度中规定报酬的方式和数额，被授予专利权的单位实施专利后，每年应从实施专利的营业利润中提取一定比例作为报酬给予发明人或者设计人。对于发明专利或者实用新型而言，每年应从实施该项发明或者实用新型专利的营业额中提取不低于 2%、实施外观设计专利的营业额中提取不低于 0.2%，作为报酬给予发明人或者设计人，单位也可以参照上述比例一次性将报酬给予发明人或者设计人。被授予专利权的单位许可其他单位或个人实施其专利的，应当从收取的使用费中提取不低于 10%，作为报酬给予发明人或者设计人。

六、专利权的实施许可和转让

企业不仅可以通过获得专利权来保护企业的专利技术成果，企业还可以通过已获得的专利权实现价值转化。其中，专利权的实施许可和专利权的转让是专利权价值转化的主要方式。

（一）专利权的实施许可

专利实施是指专利权人自己或许可他人为了生产经营的目的，制造、使用或销售该专利产品或使用该专利方法。专利实施许可合同是合同当事人之间签订的为有偿使用发明、实用新型、外观设计专利，确立民事权利义务关系的协议。专利法第十二条规定："任何单位或者个人实施他人专利的，应当与专利权人订立实施许可合同，向专利权人支付专利使用费。被许可人无权允许合同规定以外的任何单位或者个人实施该专利。"

专利实施许可方式主要分为以下四种。

1. 独占实施许可，是指被许可方在约定许可实施的范围内实施该专利，在合同有效期内，被许可方是该专利技术唯一有权实施者，其有权拒绝任何人（包括许可方）在约定的范围内实施该专利。

2. 排他实施许可，是指被许可方在约定许可实施的范围内实施该专利，但被许可方并非约定范围内该专利技术唯一的有权实施者，许可方在此期间和范围内也有权实施该专利技术。

3. 普通实施许可，是指许可方可以授权允许不同的被许可方在约定许可实施的范围内同时实施该专利。

4. 强制实施许可，是指在未经专利权人同意的情况下，政府依法授权他人实施其专利的制度。专利技术只有实施才能体现其价值，强制实施许可制度可以防止一些专利权人滥用权力、垄断市场，或无正当理由不实施或不充分实施其专利。

（二）专利权及专利申请权的转让

我国专利法规定了专利申请权和专利权可以转让，转让专利申请权或者专利权的，当事人应当订立书面合同，并向国家知识产权局专利局登记，由国家知识产权局专利局予以公告。专利申请权或者专利权的转让自登记之日起生效。向外国人、外国企业或者外国其他组织转让专利申请权或者专利权的，应当依照有关法律、行政法规的规定办理手续。

七、侵犯他人专利权及侵权后应承担的法律责任

一般情况下，民事侵权的诉讼标的都是有形财产，在诉讼过程中当事人比较容易判断权利的范围界限。而专利权是无形财产权，其不具有有形财产的物理形态，当事人不容易判断权利的范围界限。企业掌握哪些行为是侵犯专利权的行为是企业知识产权管理的必要功课。

（一）侵犯他人专利权的行为

对于发明和实用新型专利而言，任何单位或者个人在未经专利权人许可的情况下，都不得实施其专利，即不得为生产经营目的制造、使用、许诺销售、销售、进口其专利产品、使用其专利方法，以及使用、许诺销售、销售、进

口依照该专利方法直接获得的产品。对于外观设计专利而言，任何单位或者个人未经专利权人的许可，都不得实施其专利，即不得为生产经营目的制造、许诺销售、销售、进口其外观设计专利产品。

（二）侵犯他人专利权应承担的法律责任

侵犯专利权行为是一种民事侵权行为，行为人应当承担相关的民事责任。行为人被法院或者管理专利工作的部门审理或者处理认定侵犯专利权后，会被判令立即停止侵权行为并赔偿专利权人损失。

关于损失赔偿数额，我国专利法对此做出详细规定。

根据专利法第七十一条规定，侵犯专利权的赔偿数额按照权利人因被侵权所受到的实际损失或者侵权人因侵权所获得的利益确定；权利人的损失或者侵权人获得的利益难以确定的，参照该专利许可使用费的倍数合理确定。对故意侵犯专利权，情节严重的，可以在按照上述方法确定数额的一倍以上五倍以下确定赔偿数额。权利人的损失、侵权人获得的利益和专利许可使用费均难以确定的，人民法院可以根据专利权的类型、侵权行为的性质和情节等因素，确定给予三万元以上五百万元以下的赔偿。赔偿数额还应当包括权利人为制止侵权行为所支付的合理开支。人民法院为确定赔偿数额，在权利人已经尽力举证，而与侵权行为相关的账簿、资料主要由侵权人掌握的情况下，可以责令侵权人提供与侵权行为相关的账簿、资料；侵权人不提供或者提供虚假的账簿、资料的，人民法院可以参考权利人的主张和提供的证据判定赔偿数额。

【案例】

格力公司是专利号为 ZL200820047012.X，专利名称为"一种空调机的室内机"实用新型专利的专利权人。2017 年，格力公司发现奥克斯公司销售的八个型号的空调与其拥有的实用新型专利的结构相同，遂将奥克斯公司诉至法院，请求法院判令奥克斯公司立即停止制造、销售、许诺销售侵害格力公司涉案专利权的空调机，并销毁侵权产品库存及生产侵权产品的专用模具；同时请求奥克斯公司赔偿格力公司经济损失及维权合理费用共人民币 4 000 万元。法院审理后判令奥克斯公司侵权成立，其制造、销售、许诺销售被诉产品的行为侵害了格力公司涉案专利权，应承担相应民事责任。但在赔偿数额方面，格力公司并未就其实际损失提供证据，而是明确了以被告奥克斯公司的侵权获利作为计算赔偿的依据。由于被诉产品获利的账簿、资料主要由被告奥克斯公司掌握，法院遂责令奥克斯公司限期提交。但奥克斯公司在无正当理由的情况下拒不提供其侵权获利的账簿、资料，致使法院无法查明其侵权获利。在格力公司已尽力举证且奥克斯公司无正当理由拒不提供其侵权获利证据的前提下，法院最后综合参考了格力公司提供的证据及奥克斯公司侵权的主观恶意，判令奥克斯公司全额赔偿格力公司 4 000 万元。

由案例可知，人民法院在专利侵权赔偿数额方面会根据专利法第七十一条规定的顺序进行计算和确定，企业在应对专利侵权诉讼时应尽量充分举证，证据越充分越有利于法官准确判定侵权赔偿数额。

第三节　商标权

商标在企业发展中发挥着重要的作用，一个好的商标对企业的影响是深远的。可口可乐的创始人曾经说过，只要有可口可乐这个商标在手，即使可口可乐的有形资产一夜间化为乌有，可口可乐公司也可以马上靠该商标获得新的资金，进行新的生产。可见商标对于企业的价值所在。

一、商标及商标的种类

商标是经营者为了区分自己提供的商品或服务与其他经营者提供的类似商品或服务不同，而在自己商品或服务上使用的一种标志，包括文字、图形、字母、数字、三维标志、颜色组合和声音等，以及上述要素的组合。

商标根据是否经商标局注册核准为标准，分为注册商标和未注册商标。注册商标受法定专用权的保护，未经商标注册人许可不得在相同或类似的商品上使用与其相同或近似的商标，否则将承担侵权责任。未经注册核准的商标也是商标，但未注册的商标除非达到一定的知名度，否则随时有可能因他人相同或近似商标的核准注册而被禁止使用。

商标根据使用对象和作用的不同可以分为商品商标、服务商标、集体商标和证明商标。商品商标是生产者或销售者用于区分商品生产来源而使用在商品上的标志。而服务商标是指服务提供者用于区分服务提供来源而使用在服务上的标志。所谓集体商标，是指以团体、协会或者其他组织名义注册，供该组织成员在商事活动中使用，以表明使用者在该组织中的成员资格的标志。所谓证明商标，是指由对某种商品或者服务具有监督能力的组织所控制，而由该组织以外的单位或者个人使用在其商品或者服务上，用以证明该商品或者服务的原产地、原料、制造方法、质量或者其他特定品质的标志。

商标根据构成要素不同，还可以分为文字商标、图形商标、三维立体商标、声音商标、组合商标等。

二、注册商标的申请

自然人、法人或者其他组织在生产经营活动中，对其商品或者服务需要取得商标专用权的，应当向商标局申请商标注册。申请注册的商标，应当具有显著特征，便于识别，并不得与他人在先取得的合法权利相冲突。这里的合法权利包括商标权、著作权、企业名称权、肖像权、知名商品特有包装或者装潢使用权等。

国内法人或者其他组织申请注册商标应当按照规定提交商标注册申请书、商标图样、身份证明文件复印件。国内自然人以个人名义申请注册商标的，除应按照规定提交商标注册申请书、商标图样、身份证明文件复印件外，还需提供个体工商户营业执照、农村承包经营合同复印件或其他任何以个人名义从事生产经营活动的登记文件复印件。

外国人或者外国企业在中国申请商标注册和办理其他商标事宜的，应当委托依法设立的商标代理机构办理，但在中国没有经常居所或者营业场所的外国人除外。在内地没有营业场所的香港、澳门和台湾地区企业办理商标申请事务,应当委托依法设立的商标代理机构办理。在内地设有营业场所的香港、澳门和台湾地区企业可以自行办理商标申请事务。

三、商标注册的审查与核准

商标注册的审查程序包括初步审查、实质审查、初步审定公告、注册核准并公告四个阶段。注册商标的有效期为十年，商标予以核准注册后，企业应关注注册商标的续展时间。

（一）商标注册申请的初步审查

申请人提出商标注册申请后，商标局对其申请材料进行形式审查，对符合形式审查要求并交纳申请费用的，做出受理的决定并向申请人发出书面通知。在审查过程中，商标局认为商标注册申请内容需要说明或者修正的，可以要求申请人做出说明或者修正。

（二）商标注册申请的实质审查

商标局受理注册商标申请后，对商标是否违背禁用条款，是否同他人在同一种商品或类似商品上已经注册的在先申请相同或相近似进行实质审查，对不符合规定的申请予以驳回。商标注册申请人不服驳回决定的，可以自收到驳回通知之日起十五日内向商标评审委员会申请复审。商标评审委员会自收到申请之日起九个月内会做出决定，并书面通知申请人。当事人对商标评审委员会的决定不服的，可以自收到通知之日起三十日内向人民法院起诉。

（三）商标注册申请的初步审定并公告

商标局对符合规定的注册申请自收到商标注册申请文件之日起九个月内审查完毕，并予以初步审定公告。自公告之日起三个月内，符合条件的在先权利人、利害关系人可以向商标局提出异议。

（四）注册商标的核准注册并公告

如初步申请公告期满无人提出异议，或异议经审查被认定不成立的，商标局予以核准注册，发给商标注册证，并予公告。

（五）注册商标的有效期及续展

注册商标的有效期为十年，自商标核准注册之日起计算。注册商标有效期满后需要继续使用的，应当在期满前的十二个月内申请续展注册，每次续展注册的有效期为十年。申请人未能在期满前的十二个月内提出申请的，可以给予六个月的宽限期，宽限期内仍未提出申请的，注销其注册商标。

四、驰名商标的认定

驰名商标，是指在中国境内为相关公众所熟知的商标。驰名商标不能通过申请注册而获得，而是当商标持有人认为其权利受到侵害时，可以向商标局或商标评审委员会提出驰名商标保护的请求，商标局或商标评审委员会可以依照《中华人民共和国商标法》（以下简称商标法）的规定，根据审查、处理案件的需要及当事人提交的证据材料，对其商标驰名情况做出认定。同时，在一些侵犯商标权等纠纷案件中，当事人以商标驰名作为事实根据，人民法院根据案件具体情况，认为确有必要的，也可以对所涉商标是否驰名做出认定。

认定驰名商标应当考虑下列因素：①相关公众对该商标的知晓程度；②该商标使用的持续时间；③该商标的任何宣传工作的持续时间、程度和地理范围；④该商标作为驰名商标受保护的记录；⑤该商标驰名的其他因素。

当事人主张商标驰名的，应当根据案件具体情况，提供下列证据，证明被诉侵犯商标权或者不正当竞争行为发生时，其商标已属驰名：①使用该商标的商品的市场份额、销售区域、利税等；②该商标的持续使用时间；③该商标的宣传或者促销活动的方式、持续时间、程度、资金投入和地域范围；④该商标曾被作为驰名商标受保护的记录；⑤该商标享有的市场声誉；⑥证明该商标已属驰名的其他事实。

前述所涉及的商标使用的时间、范围、方式等，包括其核准注册前持续使用的情形。对于商标使用时间长短、行业排名、市场调查报告、市场价值评估报告、是否曾被认定为著名商标等证据，人民法院会结合认定商标驰名的其他证据，客观、全面地进行审查。

【案例】

《新华字典》是新中国第一部现代汉语字典，也是新中国第一部以白话释义和举例的普及性小型汉语工具书。《新华字典》最初由人民教育出版社于1953年、1954年出版了两版。随后，由于全国出版社分工调整，根据国家安排，《新华字典》转由商务印书馆有限公司负责出版和经营。1957年6月，商务印书馆出版了其第1版《新华字典》（"商务新1版"）。自此，《新华字典》开始由商务印书馆连续出版至今。2016年，商务印书馆发现华语教学出版社有限责任公司擅自生产和销售打着"新华字典"名义的辞书，而且，华语教学出版社的部分字典与商务印书馆在先出版的《新华字典》（第11版）特有的包装高度近似。结合相关证据显示，华语教学出版社的行为事实上已经使相关公众误认为此类字典系商务印书馆所出版，造成了严重的市场混淆。从而，商务印书馆认为华语教学出版社的行为侵害了其"新华字典"未注册驰名商标，遂将华语教学出版社诉至法院。法院审理后认为，商务印书馆在近60年出版《新华字典》辞书过程中有将"新华字典"当作商标使用的主观意思和客观使用行为，事实上已经将"新华字典"与商务印书馆建立了稳定的对应关系。从相关公众对"新华字典"的知晓程度来看，"新华字典"已经在全国范围内被相关公众广为知晓。从商务印书馆使用"新华字典"持续的时间和销售数量来看，"新华字典"近60年间已经在全国范围内销售数亿册，销售量巨大，销售范围非常广泛。从商务印书馆对"新华字典"进行宣传所持续的时间、程度和地理范围来看，"新华字典"已经获得较大的影响力和较高的知名度。从"新华字典"受保护的记录来看，"新华字典"已经多次受到保护。综合以上因素，法院认定"新华字典"构成未注册驰名商标。华语教学出版社实施的被诉行为构成侵权。

此处还需要注意的一点是，驰名商标是作为处理涉及商标案件需要认定的事实而进行的认定。生产、经营者是不允许将"驰名商标"字样用于商品、商品包装或者容器上，或者用于广告宣传、展览及其他商业活动中的。

五、商标的使用许可与转让

同专利权可以通过实施许可和转让实现价值转化一样，已获得注册商标专用权的企业也可以通过商标权使用许可或转让的方式实现商标权的价值转化。

（一）商标使用许可

商标注册人可以通过签订商标使用许可合同，许可他人使用其注册商标。许可人应当监督被许可人使用其注册商标的商品质量。被许可人应当保证使用该注册商标的商品质量。经许可使用他人注册商标的，必须在使用该注册商标的商品上标明被许可人的名称和商品产地。

商标使用许可分为三种类型：独占使用许可、排他使用许可、普通使用许可。

1. 独占使用许可

指商标注册人在约定的期间、地域和以约定的方式，将该注册商标仅许可一个被许可人使用，商标注册人依约定不得使用该注册商标。在该使用许可方式下，被许可人可以基于独占使用许可的法律地位，在发生注册商标专用权被侵害时，以自己的名义向人民法院提起诉讼。

2.排他使用许可

指商标注册人在约定的期间、地域和以约定的方式，将该注册商标仅许可一个被许可人使用，商标注册人依约定可以使用该注册商标但不得另行许可他人使用该注册商标。在该使用许可方式下，被许可人可以基于排他使用许可的法律地位，在发生注册商标专用权被侵害时，和商标注册人共同向人民法院提起诉讼；也可以在商标注册人不起诉的情况下，自行提起诉讼。

3.普通使用许可

指商标注册人在约定的期间、地域和以约定的方式，许可他人使用其注册商标，并可自行使用该注册商标和许可他人使用其注册商标。在该使用许可方式下，被许可人可以基于普通使用许可的法律地位，在发生注册商标专用权被侵害时，经商标人明确授权后向人民法院提起诉讼。

许可他人使用其注册商标的，许可人应当在许可合同有效期内向商标局备案并报送备案材料，由商标局公告。备案材料应当说明注册商标使用许可人、被许可人、许可期限、许可使用的商品或者服务范围等事项。商标使用许可合同未经备案的，虽不影响该许可合同的效力，但未经备案不得对抗善意第三人。

（二）商标转让

转让注册商标的，转让人和受让人应当签订转让协议，并共同向商标局提出申请。为了避免相同或近似商标在使用过程中造成市场混淆或消费者误认，商标注册人对其在同一种商品上注册的近似的商标，或者在类似商品上注册的相同或者近似的商标，应当一并转让。商标局核准转让注册商标申请的，发给受让人相应证明，并予以公告。受让人自公告之日起享有商标专用权。与商标许可不同，转让商标申请未经商标局核准并公告，商标转让合同不产生商标专用权转移的法律后果。

六、侵犯商标权行为及侵权应承担的法律责任

相比专利权侵权而言，在侵犯商标权诉讼过程中当事人相对容易判断权利的范围界限。但为了最大限度保护企业已核准注册的商标权不受他人侵犯，并保证企业在生产经营过程中不侵犯他人商标权，企业应掌握哪些行为是侵

犯商标权的行为及侵权应承担的法律责任。

（一）侵犯商标权的行为

根据商标法和商标法实施条例的规定，侵犯注册商标专用权的行为可归纳为以下几种类型：

1. 未经商标注册人的许可，在同一种商品上使用与其注册商标相同商标的。

2. 未经商标注册人的许可，在同一种商品上使用与其注册商标近似的商标，或者在类似商品上使用与其注册商标相同或者近似的商标，容易导致混淆的；在同一种商品或者类似商品上将与他人注册商标相同或者近似的标志作为商品名称或者商品装潢使用，误导公众的。

3. 销售侵犯注册商标专用权的商品的。

4. 伪造、擅自制造他人注册商标标识或者销售伪造、擅自制造的注册商标标识的。

5. 未经商标注册人同意，更换其注册商标并将该更换商标的商品又投入市场的。

6. 故意为侵犯他人商标专用权行为提供便利条件，帮助他人实施侵犯商标专用权行为的；此处所述的便利条件包括：为侵犯他人商标专用权提供仓储、运输、邮寄、印制、隐匿、经营场所、网络商品交易平台等。

给他人注册商标专用权造成其他损害的行为包括下列三类行为：

第一类，将与他人注册商标相同或者相近似的文字作为企业的字号在相同或者类似商品上突出使用，容易使公众产生误认的；

第二类，复制、摹仿、翻译他人注册的驰名商标或其主要部分在不相同或者不相类似商品上作为商标使用，误导公众，致使该驰名商标注册人的利益可能受到损害的；

第三类，将与他人注册商标相同或者相近似的文字注册为域名，并且通过该域名进行相关商品交易的电子商务，容易使公众产生误认的。

（二）侵犯商标权应承担的法律责任

根据商标法和《商标法实施条例》的规定，侵犯注册商标专用权应承担以下法律责任。

1. 行政责任

对侵犯注册商标专用权的行为，工商行政管理部门有权依法查处。工商行政管理部门处理时，认定侵权行为成立的，责令立即停止侵权行为，没收、销毁侵权商品和主要用于制造侵权商品、伪造注册商标标识的工具。违法经营额五万元以上的，可以处违法经营额五倍以下的罚款，没有违法经营额或者违法经营额不足五万元的，可以处二十五万元以下的罚款。对五年内实施两次以上商标侵权行为或者有其他严重情节的，应当从重处罚。销售不知道是侵犯注册商标专用权的商品，能证明该商品是自己合法取得并说明提供者的，由工商行政管理部门责令停止销售。

2. 民事责任

因侵犯注册商标专用权行为引起纠纷的，当事人可以协商解决；不愿协商或者协商不成的，商标注册人或者利害关系人可以向人民法院起诉，也可以请求工商行政管理部门处理。

侵犯商标专用权的赔偿数额，按照权利人因被侵权所受到的实际损失确定；实际损失难以确定的，可以按照侵权人因侵权所获得的利益确定；权利人的损失或者侵权人获得的利益难以确定的，参照该商标许可使用费的倍数合理确定。对恶意侵犯商标专用权，情节严重的，可以在按照上述方法确定数额的一倍以上、五倍以下确定赔偿数额。赔偿数额应当包括权利人为制止侵权行为所支付的合理开支。

人民法院为确定赔偿数额，在权利人已经尽力举证，而与侵权行为相关的账簿、资料主要由侵权人掌握的情况下，可以责令侵权人提供与侵权行为相关的账簿、资料；侵权人不提供或者提供虚假的账簿、资料的，人民法院可以参考权利人的主张和提供的证据判定赔偿数额。权利人因被侵权所受到的实际损失、侵权人因侵权所获得的利益、注册商标许可使用费难以确定的，由人民法院根据侵权行为的情节判决给予五百万元以下的赔偿。

3. 刑事责任

对未经商标注册人许可，在同一种商品上使用与其注册商标相同的商标；未经商标注册人许可，伪造、擅自制造他人注册商标标识或者销售伪造、擅自制造的注册商标标识，以及销售明知是假冒注册商标商品的行为涉嫌犯罪的，由司法机关依法处理。构成犯罪的，除赔偿被侵权人的损失外，依法追究刑事责任。

第四节　著作权

版权产业是文化产业的重要组成部分，著作权对于生产经营具有版权属性作品的企业来说，发挥着重要作用。

一、著作权及作品的种类

著作权，即版权，是指作者或其他享有著作权的自然人、法人或者非法人组织对其文学、艺术和科学作品所享有的专有权利。作品，是指文学、艺术和科学领域内具有独创性并能以一定形式表现的智力成果。《中华人民共和国著作权法》（以下简称著作权法）和著作权法实施条例对作品进行了分类和定义。

（1）文字作品，指小说、诗词、散文、论文等以文字形式表现的作品。

（2）口述作品，指即兴的演说、授课、法庭辩论等以口头语言形式表现的作品。

（3）音乐、戏剧、曲艺、舞蹈、杂技艺术作品。音乐作品是指歌曲、交响乐等能够演唱或者演奏的带词或者不带词的作品；戏剧作品是指话剧、歌剧、地方戏等供舞台演出的作品；曲艺作品是指相声、快书、大鼓、评书等以说唱为主要形式表演的作品；舞蹈作品是指通过连续的动作、姿势、表情等表现思想情感的作品；杂技艺术作品是指杂技、魔术、马戏等通过形体动作和技巧表现的作品。

（4）美术、建筑作品。美术作品指绘画、书法、雕塑等以线条、色彩或者其他方式构成的有审美意义的平面或者立体的造型艺术作品；建筑作品是指以建筑物或者构筑物形式表现的有审美意义的作品。

（5）摄影作品，即借助器械在感光材料或者其他介质上记录客观物体形象的艺术作品。

（6）视听作品，即电影作品和以类似摄制电影的方法创作的作品，是指摄制在一定介质上，由一系列有伴音或者无伴音的画面组成，并且借助适当装置放映或者以其他方式传播的作品。

（7）工程设计图、产品设计图、地图、示意图等图形作品和模型作品。图形作品是指为施工、生产绘制的工程设计图、产品设计图，以及反映地理现象、说明事物原理或者结构的地图、示意图等作品；模型作品是指为展示、试验或者观测等用途，根据物体的形状和结构，按照一定比例制成的立体作品。

（8）计算机软件，指计算机程序及其有关文档。其中，计算机程序，是指为了得到某种结果而可以由计算机等具有信息处理能力的装置执行的代码化指令序列，或者可以被自动转换成代码化指令序列的符号化指令序列或者符号化语句序列。文档，是指用来描述程序的内容、组成、设计、功能规格、开发情况、测试结果及使用方法的文字资料和图表等，如程序设计说明书、流程图、用户手册等。

（9）符合作品特征的其他智力成果。因科学不断发展，为了适应不断出现的新作品类型而规定的兜底性条款。

著作权法保护的是思想的表达而非表达的思想，表达的独创性是著作权法保护的核心，因而作品的独创性要求作品的表达形式应当是作者独立完成的且不同于公有领域存在的和他人在先作品相同的表达形式。

【案例】

腾讯公司的QQ企鹅系列形象深受大众喜爱，享有很高的知名度。2016年，腾讯公司发现上海老庙黄金有限公司生产的带有"QQ企鹅"系列形象的吊坠，侵犯了腾讯公司的著作权。案件经腾讯公司诉至法院后，上海老庙黄金有限公司被判未经著作权人许可生产、销售使用原告美术作品的商品，侵犯了腾讯公司美术作品复制权和发行权，应承担停止侵权、赔偿损失的法律责任。

【分析】

通过该案例我们发现一个问题，即如何判断作品的独创性。说起作品的独创性，不同种类作品对独创性的要求不尽相同，就美术作品而言，其独创性要求体现作者在美学领域的独特创造力和观念。但这里需要说明的是，对于取材自公有领域现实形象的美术作品而言，创作空间本就有限，不能因为其利用了公共素材就一概否定其独创性。腾讯公司主张保护的"QQ企鹅"美术形象虽然来自自然界的企鹅形象，但其整体上为一系列拟人化的浑圆的企鹅形象，与公有领域较为狭长的企鹅形象及上海老庙黄金有限公司提供的在先设计相比,在表现形式上存在明显差异,包含了作者独特的美学观念和构思,满足著作权法对美术作品独创性的要求。故腾讯公司主张保护的"QQ 企鹅"美术形象构成受著作权法保护的美术作品。

二、著作权人及其权利

著作权人又称"著作权主体",是指依法对文学、艺术和科学作品享有著作权的自然人、法人或者非法人组织。著作权分为人身权和财产权,我国著作权法对其定义均做出明确规定:

(1)发表权,即决定作品是否公之于众的权利;

(2)署名权,即表明作者身份,在作品上署名的权利;

(3)修改权,即修改或者授权他人修改作品的权利;

(4)保护作品完整权,即保护作品不受歪曲、篡改的权利;

(5)复制权,即以印刷、复印、拓印、录音、录像、翻录、翻拍、数字化等方式将作品制作一份或者多份的权利;

(6)发行权,即以出售或者赠予的方式向公众提供作品的原件或者复制件的权利;

(7)出租权,即有偿许可他人临时使用视听作品、计算机软件的原件或者复制件的权利,计算机软件不是出租的主要标的的除外;

(8)展览权,即公开陈列美术作品、摄影作品的原件或者复制件的权利;

(9)表演权,即公开表演作品和用各种手段公开播送作品的表演的权利;

(10)放映权,即通过放映机、幻灯机等技术设备公开再现美术、摄影、视听作品等的权利;

(11)广播权,即以有线或者无线方式公开传播或者转播作品,以及通过扩音器或者其他传送符号、声音、图像的类似工具向公众传播广播的作品的权利,但不包括本款第十二项规定的权利;

(12)信息网络传播权,即以有线或者无线方式向公众提供,使公众可以在其选定的时间和地点获得作品的权利;

(13)摄制权,即以摄制视听作品的方法将作品固定在载体上的权利;

(14)改编权,即改变作品,创作出具有独创性的新作品的权利;

(15)翻译权,即将作品从一种语言文字转换成另一种语言文字的权利;

（16）汇编权，即将作品或者作品的片段通过选择或者编排，汇集成新作品的权利；

（17）应当由著作权人享有的其他权利。

三、著作权的产生及作品登记

我国公民、法人或者非法人组织创作的作品，不论其是否发表，均自作品创作完成之日起自动产生，不需要经过任何机构和部门的审查批准，也不以履行登记手续为必要产生条件。

我国著作权登记实行作品自愿登记制度，著作权人可以到中国版权保护中心或地方著作权管理部门进行著作权登记。登记不是取得著作权的必要条件，但对作品进行登记主要是为了维护著作权人和作品使用者的合法权益。当发生著作权纠纷时，著作权登记证书可以作为证明作品作者及享有著作权的初步证据。

四、著作权的保护期限

作者的署名权、修改权、保护作品完整权的保护期不受限制。自然人的作品的发表权、著作财产权的保护期为作者终生及其死亡后五十年，截至作者死亡后第五十年的 12 月 31 日；如果是合作作品，截至最后死亡的作者死亡后第五十年的 12 月 31 日。

法人或者非法人组织的作品、著作权（署名权除外）由法人或者非法人组织享有的职务作品，其发表权的保护期为五十年，截至作品创作完成后第五十年的 12 月 31 日；其著作财产权的保护期为五十年，截至作品首次发表后第五十年的 12 月 31 日，但作品自创作完成后五十年内未发表的，不再保护。

视听作品，其发表权的保护期为五十年，截至作品创作完成后第五十年的 12 月 31 日；著作财产权的保护期为五十年，截至作品首次发表后第五十年的 12 月 31 日，但作品自创作完成后五十年内未发表的，不再保护。

五、著作权的许可使用、转让和出质

著作权人可以将著作权中的财产权许可给他人使用或将财产权中的一项或多项转让给他人以获得一定的报酬。著作权人还可以将著作权作为融资的

一种有效途径，将著作权中的财产权进行出质。

（一）著作权的许可使用

使用他人作品应当同著作权人订立许可使用合同，许可使用合同包括下列主要内容：①许可使用的权利种类；②许可使用的权利是专有使用权或者非专有使用权；③许可使用的地域范围、期间；④付酬标准和办法；⑤违约责任；⑥双方认为需要约定的其他内容。

对于不可分割使用的合作作品，其著作权由各合作作者共同享有，其作品的转让问题，各合作作者应通过协商一致行使；不能协商一致，又无正当理由的，任何一方不得阻止他方行使除转让以外的其他权利，但是所得收益应当合理分配给所有合作作者。

（二）著作权的转让

著作权的财产权可以进行转让，但著作权的发表权、署名权、修改权及保护作品完整权等人身权利因人身依附性而不能进行转让。转让著作权应当订立书面转让合同，双方可以选择向著作权行政管理部门进行转让合同备案，但不备案也不影响转让合同的效力。转让合同应当包括下列主要内容：①作品的名称；②转让的权利种类、地域范围；③转让价金；④交付转让价金的日期和方式；⑤违约责任；⑥双方认为需要约定的其他内容。

（三）著作权的出质

著作权及与著作权有关的权利中的财产权可以出质。以著作权出质的，出质人和质权人应当订立书面质权合同，并由双方共同向登记机构办理著作权质权登记。著作权质权的设立、变更、转让和消灭，自记载于著作权质权登记簿时发生效力。著作权出质期间，未经质权人同意，出质人不得转让或者许可他人使用已经出质的著作权。出质人转让或者许可他人使用出质的权利所得的价款，应当向质权人提前清偿债务或者提存。著作权质权合同一般包括以下内容：①出质人和质权人的基本信息；②被担保债权的种类和数额；③债务人履行债务的期限；④出质著作权的内容和保护期；⑤质权担保的范围和期限；⑥当事人约定的其他事项。

（四）合作作品及合作作品的行使

两人以上合作创作的作品，著作权由合作作者共同享有。没有参加创作的人，不能成为合作作者。合作作品可以分割使用的，作者对各自创作的部分可以单独享有著作权，作者可以对各自创作的部分单独进行许可使用、转让和出质，但行使著作权时不得侵犯合作作品整体的著作权。

对于不可分割使用的合作作品，其著作权由各合作作者共同享有，其作品的许可使用、转让和出质问题，各合作作者应通过协商一致行使；不能协商一致，又无正当理由的，任何一方不得阻止他方行使除转让、许可他人专有使用、出质以外的其他权利，但是所得收益应当合理分配给所有合作作者。

六、著作权侵权行为及侵权应承担的法律责任

近年来，为了有效阻遏知识产权侵权行为，营造良好的法治化营商环境，国家加大了对知识产权侵权行为的惩治力度。就著作权而言，企业应全面掌握哪些行为是侵权行为及侵权应承担的法律责任。

（一）侵犯著作权的侵权行为

根据著作权法规定，侵犯著作权的行为主要包括：①未经著作权人许可，发表其作品的；②未经合作作者许可，将与他人合作创作的作品当作自己单独创作的作品发表的；③没有参加创作，为谋取个人名利，在他人作品上署名的；④歪曲、篡改他人作品的；⑤剽窃他人作品的；⑥未经著作权人许可，以展览、摄制视听作品的方法使用作品，或者以改编、翻译、注释等方式使用作品的，著作权法另有规定的除外；⑦使用他人作品，应当支付报酬而未支付的；⑧未经视听作品、计算机软件、录音录像制品的著作权人、表演者或者录音录像制作者许可，出租其作品或者录音录像制品的原件或者复制件的，著作权法另有规定的除外；⑨未经出版者许可，使用其出版的图书、期刊的版式设计的；⑩未经表演者许可，从现场直播或者公开传送其现场表演，或者录制其表演的；⑪未经著作权人许可，复制、发行、表演、放映、广播、汇编、通过信息网络向公众传播其作品的，著作权法另有规定的除外；⑫出版他人享有专有出版权的图书的；⑬未经表演者许可，复制、发行录有其表演的录音录像制品，或者通过信息网络向公众传播其表演的，著作权法另有规定的除外；⑭未经录音录像制作者许可，复制、发行、通过信息网络向公众传播其制作的录音录像制品的，著作权法另有规定的除外；⑮未经许可，播放、复制或者通过信息网络向公众传播广播、电视的，著作权法另有规定的除外；⑯未经著作权人或者与著作权有关的权利人许可，故意避开或者破坏技术措施的，故意制造、进口或者向他人提供主要用于避开、破坏技术措施的装置或者部件的，或者故意为他人避开或者破坏技术措施提供技术服务的，法律、

行政法规另有规定的除外；⑰未经著作权人或者与著作权有关的权利人许可，故意删除或者改变作品、版式设计、表演、录音录像制品或者广播、电视上的权利管理信息的，知道或者应当知道作品、版式设计、表演、录音录像制品或者广播、电视上的权利管理信息未经许可被删除或者改变，仍然向公众提供的，法律、行政法规另有规定的除外；⑱制作、出售假冒他人署名的作品的。

（二）侵犯著作权应承担的法律责任

实施著作权侵权行为的，应当根据情况，承担停止侵害、消除影响、赔礼道歉、赔偿损失等民事责任；侵权行为同时损害公共利益的，可以由主管著作权的部门责令停止侵权行为，予以警告，没收违法所得，没收、无害化销毁处理侵权复制品及主要用于制作侵权复制品的材料、工具、设备等，违法经营额五万元以上的，可以并处违法经营额一倍以上、五倍以下的罚款；没有违法经营额、违法经营额难以计算或者不足五万元的，可以并处二十五万元以下的罚款；构成犯罪的，依法追究刑事责任。

（三）侵犯著作权民事赔偿数额的确定

侵犯著作权或者与著作权有关的权利的，侵权人应当按照权利人因此受到的实际损失或者侵权人的违法所得给予赔偿；权利人的实际损失或者侵权人的违法所得难以计算的，可以参照该权利使用费给予赔偿。对故意侵犯著作权或者与著作权有关的权利，情节严重的，可以按照上述方法确定数额的一倍以上五倍以下给予赔偿。权利人的实际损失、侵权人的违法所得、权利使用费难以计算的，由人民法院根据侵权行为的情节，判决给予五百元以上、五百万元以下的赔偿。赔偿数额还应当包括权利人为制止侵权行为所支付的合理开支。

第五节　商业秘密

商业秘密类型的诉讼案件一直呈逐年递增的趋势，即使在 2020 年其他类型诉讼案件量已明显下降的情况下，商业秘密类案件依然呈上升趋势，见

图 6-2。由此可见，在竞争日益激烈的市场经济条件下，商业秘密关系到企业的生存和发展，越来越多的企业已认识到商业秘密的重要性。

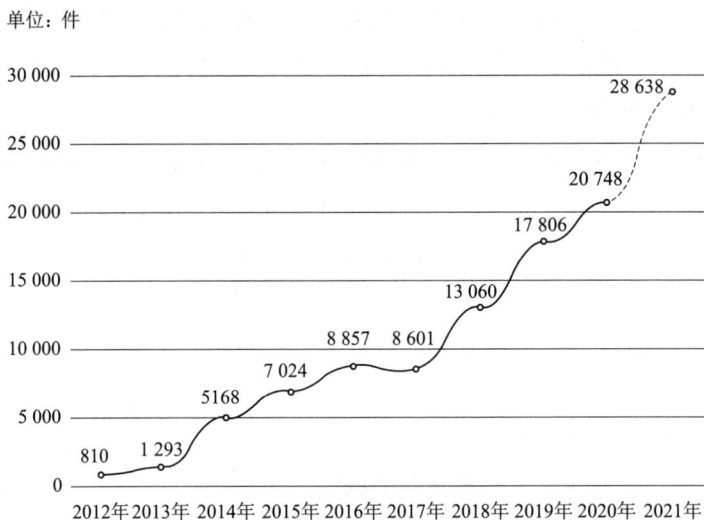

图 6-2 年度商业秘密诉讼案件量变化趋势

一、商业秘密及商业秘密的特性

商业秘密，是指不为公众所知悉、具有商业价值并经权利人采取相应保密措施的技术信息、经营信息等商业信息。技术信息一般指生产工艺方面的技术秘密，通常包括产品配方、设计图纸、实验数据、计算机源程序、技术诀窍、制作工艺、制作方法等。经营信息一般指企业经营管理方面的经营秘密，通常包括战略规划、管理方法、商业模式、客户信息、财务信息、供求信息、经营决策、人事情报等。

商业秘密具有秘密性、保密性和商业价值性。秘密性，指商业秘密是完全不曾公开过，公众不可能从公开渠道直接获取的秘密信息。保密性，指商业秘密的权利人采取合理的保密措施对秘密信息进行保护，保密措施包括订立保密协议，建立保密制度及采取其他合理的保密措施。商业价值性，是指商业秘密能够给权利人的生产经营活动带来直接或间接的帮助，并能够给权利人带来经济利益的信息。

二、侵犯商业秘密的行为

商业秘密凭借其自身的价值在企业的生产和发展中占据了不可替代的地位。商业秘密侵权案件有别于一般的财产侵权案件，其侵权的主体多元化、复杂化，侵权行为具有隐蔽性且难以发现的特点。

我国反不正当竞争法对商业秘密的侵权行为做出以下规定：①以盗窃、贿赂、欺诈、胁迫、电子侵入或者其他不正当手段获取权利人的商业秘密；②披露、使用或者允许他人使用以前项手段获取的权利人的商业秘密；③违反保密义务或者违反权利人有关保守商业秘密的要求，披露、使用或者允许他人使用其所掌握的商业秘密；④教唆、引诱、帮助他人违反保密义务或者违反权利人有关保守商业秘密的要求，获取、披露、使用或者允许他人使用权利人的商业秘密。

经营者以外的其他自然人、法人和非法人组织实施前述所列违法行为的，视为侵犯商业秘密。第三人明知或者应知商业秘密权利人的员工、前员工或者其他单位、个人实施前述所列四类违法行为，仍获取、披露、使用或者允许他人使用该商业秘密的，视为侵犯商业秘密。

三、企业商业秘密的保密措施

商业秘密是企业持续发展的重要资源之一，因商业秘密引发的纠纷不断呈现，企业的商业秘密一旦泄露或被窃取，将会直接给企业带来不可挽回的损失。为了有效避免商业秘密的泄露或被窃取，企业应至少采取以下合理措施对商业秘密进行保护：①建立保密制度；②签订保密协议；③签订竞业禁止协议；④限定涉密信息的知悉范围，只对必须知悉的相关人员告知其内容；⑤对于涉密信息载体采取加锁等防范措施；⑥在涉密信息的载体上标有保密标志；⑦对于涉密信息采用密码或者代码等；⑧对于涉密的机器、厂房、车间等场所限制来访者或者提出保密要求；⑨其他企业可以想到的合理措施。

【案例】

最典型的利用商业秘密实现商业价值案例当属可口可乐的"神奇配方"。在2009年度"全球最具价值品牌100强"榜单上，可口可乐以687亿美元的品牌价值位居榜首。近年来排名虽有所下滑,但也未改变其品牌的市场占有率。

全世界有 155 个国家的人每天要喝下几亿瓶可乐。这种倍受人们喜欢的饮料，虽从未申请专利，但却名扬全世界。可口可乐之所以能如此持续发展的动力就在于其商业秘密"配方"。可口可乐的配方自 1886 年在美国亚特兰大诞生以来，已保密达到 130 多年之久。它的配方对世人来说一直是个谜，百余年来，虽然时有破译传闻，但至今无一证实。其实可口可乐99%以上的配料是公开的，它基本上是几种物质的混合物，包括糖、碳酸水、焦糖、磷酸、咖啡因和失去效能的古柯叶及椰子果。神秘的配料"7X 商品"在可口可乐中所占的比例还不到 1%，但正是这 1% 让化学家和竞争者一直研究未果。

可口可乐公司成功的因素之一在于其创立之初便对配方制定了非常严密的保密措施。首先，由三种成分组成的"7X 商品"分别由公司总部的 3 个身份被保密的高级职员掌握，这三个人，除了自己知道的那部分，都不知道另外两种成分是什么。其次，三个分管关键成分的高级职员皆与可口可乐公司签署了"决不泄密"的协议。最后，如果有人提出查询其中一个秘方，必须先提出书面申请，经公司董事会正式投票同意后，才能在有官员陪同的情况下在指定时间内打开。可口可乐公司对配方制定的保密措施，最大程度保证了商业秘密不被泄密，进而使其品牌百年不倒，基业长青。

四、侵犯商业秘密应承担的法律责任

商业秘密是企业重要的财产权利，关乎企业的核心竞争力，对企业发展起着至关重要的作用。实施侵犯商业秘密的行为必将承担相对的法律责任，企业在保护自有商业秘密不被他人侵犯的同时应避免侵犯他人商业秘密。

（一）民事责任

实施侵犯商业秘密行为给他人造成损害的应承担民事赔偿责任，侵权人应按照被侵权人所受到的实际损失确定赔偿数额；实际损失难以计算的，按照侵权人因侵权所获得的利益确定。侵权人恶意实施侵犯商业秘密行为情节严重的，可以在按照上述方法确定数额的一倍以上五倍以下确定赔偿数额。赔偿数额还应当包括经营者为制止侵权行为所支付的合理开支。权利人因被侵权所受到的实际损失、侵权人因侵权所获得的利益难以确定的，由人民法院根据侵权行为的情节判决给予权利人五百万元以下的赔偿。

（二）刑事责任

我国刑法设立了侵犯商业秘密罪，规定对有下列侵犯商业秘密行为之一，处三年以下有期徒刑，并处或者单处罚金；情节特别严重的，处三年以上十年以下有期徒刑，并处罚金。

1. 以盗窃、贿赂、欺诈、胁迫、电子侵入或者其他不正当手段获取权利人的商业秘密的；

2. 披露、使用或者允许他人使用以前述手段获取的商业秘密的；

3. 违反保密义务或者违反权利人有关保守商业秘密的要求，披露、使用或者允许他人使用其所掌握的商业秘密的；

4. 明知前述所列行为，获取、披露、使用或者允许他人使用该商业秘密行为情节严重的。

第七章
企业融资与投资并购法律实务

　　融资与投资是一个企业成长的必经之路，融资提供了企业扩张所需的资金，投资并购则是企业快速扩张的"捷径"。本章内容以实务经验为基础，总结出企业融资与投资并购活动中需要重点关注的法律问题，并提供相应的解决方案。

第一节　融资法律实务指引

企业融资的方式多种多样，随着金融的不断创新，融资的方式越来越多，有股权融资、债务融资、民间借贷、融资租赁、贸易融资、信托融资等，本节介绍几类比较常见的融资方式。

一、股权融资

股权融资通常指在公司控制权不发生变更的情况下，以公司股权作为对价换取资金的融资方式。有限责任公司的股权融资通常称为"增资扩股"，股份有限公司的股权融资通常称为"增发股票"。

股权融资涉及三方主体的利益博弈：一是融资方，即公司，其以获取经营发展所需资金为目的；二是投资方，其以获取投资收益或变现收益为目的；三是公司的老股东，其以股权稀释为代价让公司获取资金，以期实现更大的投资收益。鉴于上市公司、国有企业的股权融资有专门的制度，普适性不强，这里我们主要站在普通中小企业公司的角度看股权融资中应重点关注的法律问题及应对方案。

（一）股权融资的特点

一般而言，股权融资因无须偿还、高溢价的特点受到企业创始人的欢迎，但从财务角度看其融资成本要比债权融资高，这就是为什么利润可观的企业会尽量选择债权融资而非股权融资，但多数初创企业缺乏债权融资所需的增信措施，股权融资就成为其重要的融资途径。

（二）股权融资的方式

严格来说只有增资，即通过增加公司的注册资本或股本的方式融资属于股权融资，其他的股权质押、股权转让等方式因主体、资金流向、法律关系的不同均不属于严格意义上的股权融资。

（三）股权融资应重点关注的法律问题

我们从股权融资的过程来梳理一下融资方和老股东应重点关注的法律问题及其对策。

1. 尽职调查阶段

（1）筛选意向投资方

投资方投资前通常会提出尽职调查的要求，了解标的企业各方面的详细状况，并在此基础上作出投资与否的决策。对融资方和老股东来说，接受尽职调查意味着对外披露企业的详细信息，但不一定能成功融资，是有一定的沉没成本的，因此，为了控制成本，需要对意向投资方进行筛选，符合条件的进入尽职调查阶段。

一般而言，企业需要关注投资方的背景、资金实力、业内评价等情况。本章所谓股权融资主要以解决企业资金需求为目的，即投资方主要以财务投资为目的，不包括以战略投资为目的的股权投资合作，如果是后者，则企业在筛选意向投资方时关注的要点会有所差异。

（2）注意保密

尽职调查会涉及大量企业非公开信息的披露，甚至包括企业的商业秘密，一旦泄露会给企业造成不利影响，因此，无论能否成功融资，保密工作一定要做好，企业的保密工作主要包括以下几个方面：

① 要求意向投资方签署保密承诺书，或双方签订保密协议；

② 企业在向意向投资方提供尽职调查材料前，提前把控提供材料的范围和尺度，对于不宜披露的但意向投资方索要的，双方妥善沟通；

③ 做好尽职调查材料的交接工作，特别是需要保密的材料，最好注明保密性质。

（3）投资意向书、框架协议的法律约束力

意向书、框架协议是常见的尽职调查阶段签署的法律文件，它到底有没有法律约束力？有多大程度的约束力？这可能是很多人疑惑的问题，其实遵循法律的逻辑并不难判断。

首先，一份合同叫什么名字并不重要，合同有无法律约束力与合同名称关系不大，主要看合同的具体内容，即当事人是怎么约定的，约定的内容是否符合合同成立的要件，特定情况下还要探究当事人的真实意思。

例如，笔者经办的一宗案件中，某上市地产公司拟收购某项目公司 100%

的股权，签订了一份框架协议，约定了拟收购股权的比例、交易价格、尽职调查的内容、签订进一步股权转让协议的前提条件等，并约定收购方向转让方支付一亿元交易保证金。后来转让方反悔，想退保证金了事，双方就此发生纠纷，诉至法院，对方主张框架协议不是具体股权转让协议，不具有法律约束力，我方主张框架协议虽然不是股权转让协议，但符合预约合同的要件，也具有法律约束力，一方违约也应承担违约责任。最终本案以调解方式结案。

其次，可以在意向书、框架协议里设置专门的约束力条款。

如果不想产生合同约束力，可以约定"本意向书不是正式合同，对当事人没有法律约束力"或类似条款，这种方式适用于当事人只是表达合作意向的情况。

如果想产生"预约合同"的约束力，可以按照通常条款设置合同成立与生效条件，并就将来签订"本约合同"的前置条件约定清楚，这种方式适用于当事人已经就合作的基本条件达成一致，但尚需通过尽职调查等手段查明是否满足合作条件的情况，预约合同具有法律约束力，违反预约合同需要按照预约合同的约定承担违约责任，这种合同通常会涉及排他期、保证金等条款。（"预约合同"也是一种合同，是指当事人约定在将来一定期限内订立合同的认购书、订购书、预订书等，详见民法典第四百九十五条。"本约合同"即将来要订立的合同。）

最后，如果想达到"预约合同"的约束力，即当事人约定将来签订"本约合同"，特别需要注意"本约合同"的具体内容，如果当事人未来不能就"本约合同"的具体内容达成一致，那么"预约合同"也就失去了意义。因此，建议在签订"预约合同"时就协商确定"本约合同"的具体内容或重要条款，特别是设置了定金罚则或违约金的"预约合同"，以免将来无法确定违约责任。

（4）排他期与保证金

在意向书或框架协议中，排他期与保证金条款常常相生相伴，投资方如果提出排他期要求，即要求融资方在一定期间内不再与其他投资方磋商，作为对等条款，融资方也可以提出缴纳保证金的要求，用来保证投资方遵守相关义务，比如签订"本约合同"的义务，如果违反约定则融资方没收保证金。

保证金条款、定金条款、违约金条款都可以作为违约责任的承担方式，可以根据实际情况选择一种使用。

2. 谈判磋商阶段

尽职调查结束后，如果调查结果没有大问题，双方可能会进入谈判磋商阶段。对于融资方来说，可能认为如何要到一个好的对价是首要问题，但在笔者看来，对融资方来说，如何在"安全边界"内要到一个好的对价更为重要，一个好的交易方案应该是既能获得较多的资金，又避免重大交易风险，不能顾此失彼。

拿一个常见案例来说，张某因上市对赌失败丧失了她一手创办的餐饮企业的控制权。根据媒体披露的信息，很多因素导致了这一结果。从交易方案上来看，较高的回购利率、投资方的领售权是关键原因，较高的回报率让资金本就不充裕的张某拿不出钱回购投资方的股权，投资方行使领售权，小股带大股转让给第三方，让张某出局。有些商业风险无法预估，但是如果一项交易条件一旦触发就会产生不可接受的结果，那么就要慎重考虑。

3. 合同签订阶段

交易方案一旦达成，合同起草、修改就提上议程。如果是简单的交易，这两步会合成一步，直接起草合同。与比较宏观简要的交易方案相比，合同起草是非常细致的工作，交易方案涉及的商务内容较多，合同在交易方案的基础上，除了将交易方案落实为具体的条款，还会增加违约责任、解除与变更、通知与送达、争议解决等内容。

不要小瞧这些内容，一旦发生纠纷，很可能成为关键点，比如合同解除条款，笔者经办的一笔增资扩股交易中，将投资方资金未按时到位的逾期天数作为约定解除条件，并约定合同变更应以书面的方式进行，后来投资方资金发生困难，未能按时到位，跟融资方请求宽限一段时间，融资方口头上答应了，但后来又有新的投资方愿意投资，且实力不错，资金能马上到位，但口头答应原来投资方的宽限期还没到，问律师能行使约定解除权吗？答案是可以。

4. 合同履行阶段

合同落地实施当中需要注意以下两个问题。

（1）把合同内容落实在公司新的章程中。如果不能落实怎么办？合同与章程内容不一致以哪个为准？这时要注意了，要重视章程的制定，因为公司章程在后，合同在前，如果就同一事项约定不一致，以在后的为准。不过也不是没有办法打破这个规则，可以在合同中添加冲突解决条款，如果章程和合同就同一事项发生冲突，以合同约定为准。

（2）按约定履行通知、披露等义务。合同可能约定了临时召开股东会、董事会的事项，或定期披露财务报告等融资方的义务，例如，融资方签订重大合同需要董事会审议通过，如果有此类非常规的条款，融资方要注意履约。

二、债务融资

债务融资，是指以举债的方式筹措资金。广义上，除了股权融资方式外，其他融资方式都带有债务融资的性质。债务融资的类别繁多，除了传统的银行贷款外，还有信托贷款、发行债券、发行票据、供应链融资、融资租赁、民间借贷等。

不同的企业可以根据自己的情况选择不同的债务融资方式，但总体来说，能够提供的增信措施越多，能够使用的债务融资方式越多。一家中小企业可能因为没有担保物无法获得银行贷款，但如果它是一家优质企业的供应商，有稳定的订单和现金流，说不定可以进行供应链融资。一家优质的上市公司无须担保物就能获得银行的短期信用贷款，还能以很低的利率发行可转换债券，它对于债务融资的方式就有了选择权。

下面谈几个传统债务融资中的小问题。

（一）银行贷款中的小问题

对于融资方来说，银行贷款的法律问题不是那么重要，因为谈判地位的悬殊，以及银行业的强规范性，融资方确实也不需要花费很大的精力审核银行贷款类的合同文件。但实际操作中有时候也会遇到例外的情况，比如在正规合同之外签订融资服务协议之类的合同，如果并没有发生真实的融资服务交易，这类合同的效力可能存在问题，当然，这个问题所产生的风险主要在对方身上。

（二）注意了！担保相关法律有变化

银行贷款常常涉及担保措施，担保措施也叫增信措施，包括抵押、质押、保证等。民法典实施后，担保相关法律发生了很多变化。下面介绍几个比较要点。

1.抵押物可以转让

民法典第四百零六条规定,抵押期间,抵押人可以转让抵押财产。当事人另有约定的,按照其约定。抵押财产转让的,抵押权不受影响。

这颠覆了以往抵押财产转让的逻辑，原来是未经抵押权人同意不得转让，现在是可以转让，除非合同另有约定。对于融资方来说，可以注意合同内容是否有约定。

2. 保证合同的规则发生了很多重要变化

例如，当事人未约定保证方式或约定不明，不再推定为连带保证责任，而是一般保证；当事人就保证期间未作约定或约定不明，不再分别认定为6个月、2年，而是统一认定为6个月；主债权与保证债权不再默认同时转让，未通知保证人，对保证人不发生效力。

（三）金融机构贷款利率是否有上限

民间借贷利率有上限，但金融机构的贷款利率上限没有明确的规定，银行还比较规范，一些非银行金融机构有时会突破民间借贷利率的上限，或通过收取其他费用的方式变相突破利率上限。没有规定不意味着没有上限，在最高院2017年发布的（法发〔2017〕22号）文件中提到，金融借款合同的借款人以贷款人同时主张的利息、复利、罚息、违约金和其他费用过高，显著背离实际损失为由，请求对总计超过年利率24%的部分予以调减的，应予支持。司法实践中一般认为应按照民间借贷的利率上限规制金融机构的利率上限。

下面介绍几种比较特殊的债务融资方式。

三、民间借贷

民间借贷因手续简便，是融资方较为快捷的融资渠道。我国司法对于民间借贷一直是审慎对待，历史上曾认定为无效，后来认定为有效，但一直防止民间借贷扰乱金融秩序。2020年8月20日，最高人民法院发布了新修订的《关于审理民间借贷案件适用法律若干问题的规定》，对2015年的规定进行了很多重要的修改，2020年底又做了第二次修正。目前关于民间借贷需要注意以下四个方面。

（一）民间贷款的利率上限不是固定的，以LPR利率为基础调整

LPR为"贷款市场报价利率"，由报价行名单上的各大商业银行每月向全国银行间同业拆借中心提交本行向最优质的客户执行的贷款利率，全国银行间同业拆借中心去掉最高报价和最低报价后取算数平均值得出LPR，并于每

月 20 日发布。LPR 分为一年期和五年期两个品种，民间借贷利率上限为签订借款合同时一年期 LPR 利率的 4 倍。

（二）"职业放贷人"签订的民间借贷合同无效

"未依法取得放贷资格的出借人，以营利为目的向社会不特定对象提供借款的"属于"职业放贷人"。在具体的实施过程中，各地法院陆续出台了职业放贷人的认定规则。

（三）以套取金融机构贷款等方式取得的资金转贷的民间借贷合同无效

"套取金融机构贷款转贷的"，合同即无效，标准放低了很多。实践中怎么认定是个问题。是否有银行贷款余额的都不能有出借资金的行为？关联企业之间的资金拆借算转贷吗？还要具体问题具体分析。另外提醒融资方，如果贷款给下属子公司或关联公司使用，最好在贷款合同中明确约定，以免未来发生股权变更产生纠纷。

（四）跨新旧规定的民间借贷如何处理

2020 年 8 月 20 日之后新受理的一审民间借贷案件，借贷合同成立于 2020 年 8 月 20 日之前，当事人请求适用当时的司法解释计算自合同成立到 2020 年 8 月 19 日的利息部分的，人民法院应予支持；对于自 2020 年 8 月 20 日到借款返还之日的利息部分，适用起诉时本规定的利率保护标准计算。

四、融资租赁

按照通常的定义，融资租赁是指出租人根据承租人对租赁物的选择，向厂商购买租赁物，并租给承租人使用，承租人分期向出租人支付租金，在租赁期内租赁物的所有权归出租人所有，租期届满，租赁物的所有权归出租人所有。融资租赁适合重资产的公司，特别是中小企业，融资租赁既融资又融物，出现问题时融资租赁公司可以收回租赁物，因而对企业资信要求不高。

融资租赁合同属于有名合同，民法典中编有专门的融资租赁合同一章，最高人民法院有专门针对融资租赁合同纠纷的司法解释。下面介绍几个对于融资方比较重要的法律问题。

（一）融资租赁关系还是民间借贷关系

司法实践中融资租赁关系容易与民间借贷关系混淆。笔者办理并购项目尽职调查时曾经看过一份这样的融资租赁合同，以某栋楼房内现有的管道设施作为融资租赁物，由融资租赁公司购买后租赁给房屋产权人使用，收取租金，租赁期满管道设施归房屋产权人所有。显然，这是一份"挂羊头卖狗肉"的合同，所谓的租赁物并不能转移所有权，这实质上是一份民间借贷的合同，缺少了融物的特征，仅具有融资的特征。

名为融资租赁实为借贷的合同，并不会被当作无效合同处理，根据《最高人民法院关于审理融资租赁合同纠纷案件适用法律问题的解释》第一条的规定，人民法院应当根据民法典第七百三十五条的规定，结合标的物的性质、价值、租金的构成及当事人的合同权利和义务，对是否构成融资租赁法律关系作出认定。对名为融资租赁合同，但实际不构成融资租赁法律关系的，人民法院应按照其实际构成的法律关系处理。

（二）融资租赁的利率有没有上限

2020 年 12 月 29 日发布的最高人民法院关于新民间借贷司法解释适用范围问题的批复中明确：由地方金融监管部门监管的小额贷款公司、融资担保公司、区域性股权市场、典当行、融资租赁公司、商业保理公司、地方资产管理公司等七类地方金融组织，属于经金融监管部门批准设立的金融机构，其因从事相关金融业务引发的纠纷，不适用新民间借贷司法解释。

融资租赁公司不适用民间借贷司法解释，是否意味着可以突破民间借贷的利率上限呢？之前我们探讨了金融机构能否突破民间借贷利率上限的问题，融资租赁公司也属于金融机构，应该也适用同样的规则。

（三）消耗品能否作为融资租赁的租赁物

无法返还原物的消耗品，比如用于销售的货物、用于消耗的建筑材料等，是不能作为融资租赁的租赁物的。

2014 年上海法院发布的金融商事审判典型案例中，有这样一个案例：甲租赁公司与乙餐饮管理公司，案外人丙、丁、戊公司分别签订了三份买卖合同，约定甲租赁公司向丙、丁、戊公司购买装修材料出租给乙餐饮管理公司，同日，甲租赁公司与乙餐饮管理公司签订租赁合同，约定甲租赁公司向乙餐饮管理公司出租装修材料一批。后因乙餐饮管理公司未按约定支付租金，甲租赁公司遂起诉要求解除租赁合同，乙餐饮管理公司支付欠付租金和违约金。法院经审理认为，融资租赁法律关系，系以融资为目的之租赁，其法律属性仍系租赁法律关系之一。在租赁法律关系中，承租人合同主要义务之一为依约返还租赁物，故依融资租赁合同的法律性质，其标的物应具备适于租赁的特性，即合同期限届满时，具有返还原物的可能性。若按标的物的特性，正常使用情况下，其在期限届满时已经无返还可能性的，则此种消耗品不能作为融资租赁交易之标的物。甲租赁公司与乙餐饮管理公司之间构成名为融资租赁，实为借款的法律关系。鉴于甲租赁公司并非有权从事经营性贷款业务的金融机构，其与乙餐饮管理公司之间的借款关系应认定为无效。

五、信托融资

信托融资是指以信托公司为通道进行的融资，常见的信托融资有信托贷款、股权信托两种。信托公司号称"非标之王"，业务模式种类繁多，信托融资具有较强的灵活性，审核标准相对宽松，对融资方来说是个备选的融资方式。

（一）信托贷款

与银行贷款类似，融资方在信托贷款关系中处于弱势的一方，不过与银行贷款不同的一点是，信托贷款属于非标金融产品，可以针对融资方的需求进行个性化的定制。

关于信托贷款的利率，虽然也被称为贷款，却不受商业银行贷款规则的制约，信托行业的法律法规也没有关于信托贷款利率的明确规定，因此，信托贷款的利率比较灵活。但是如前所述，没有明确规定不意味着没有潜在的规制，信托公司作为金融机构同样受潜在的规定制约。如果融资方遇到变相收取高利息的情况，可以向法院申请调整，如果不主动申请，法院不会主动调整利息。

（二）股权信托

作为融资方式的股权信托是指信托公司用信托资金以增资入股、股权转让等方式向企业投资，并在信托计划到期时以股权转让等方式回收信托资金和收益。

提到股权信托就不得不提"明股实债"四个字。股权信托为刚性兑付，即信托公司有明确的固定的收益率要求，并不分享融资方的利润，也不分担融资方的损失，信托计划到期即将投资全部退出，其收益特征符合债权投资的特征，与其外部股权形式不符。

利用股权信托融资的典型行业是房地产行业，"明股实债"是房地产行业金融监管规则下的产物，以入股的方式向开发商提供资金，一方面可以降低开发商的负债率，另一方面也是出于规避房地产行业贷款限制的目的。一般来说，"明股实债"并不会导致信托合同无效，如果发生纠纷，法院会按照当事人的真实意思表示认定法律关系。

第二节　投资并购法律实务指引

投资并购并不是一个法律术语，而是商业用语，用于描述企业扩张过程中的兼并收购活动，多以获取标的公司的控制权、合并财务报表为目的，采取的法律形式多种多样，包括收购股权、增资入股、发行股份、购买资产、企业合并等。不像买资产，投资并购的标的是一个有经营历史的公司，而公司是各种资源的集合，较为复杂，因此隐含的风险也较多，既包括法律风险，又包括财务风险、业务风险，需要认真加以甄别。

一、企业投资并购制度建设

如果企业以投资并购作为企业扩张的主要手段，会频繁进行标的筛选、尽职调查、合同签订、业务整合、人事调整等工作，搭建一个适合的投资并购制度可以有效整合各种资源，避免无序扩张。通常而言，企业的投资并购制度包括以下四个方面的内容。

（一）内部分工明确

一项并购从开始筛选标的到最终落地实施需要企业内各部门进行协作配合，明确职责是协作配合的起点。一般由业务部门作为牵头部门，财务部门、法务部门作为主要的协助部门，业务部门主要负责项目立项前的调研，组织立项会议、决策会议，把控项目业务风险，组织尽调小组开展尽职调查，汇总调查报告，进行可行性分析，组织商务谈判，设计交易结构，组织签订合同，实施项目交割等；财务部门主要负责审核项目的财务、税务风险，负责项目的财税尽职调查，进行税务筹划，进行资金规划等；法务部门主要负责审核项目的法律风险、合规风险，负责项目的法律尽职调查，起草、审核项目法律文件等。

在后续的落地实施过程中，还需要行政、人事等部门的协助，进行业务、人员的整合，保证顺利接手，正常经营。

（二）制度流程化

"管理制度化、制度流程化、流程表单化、表单信息化"，这是某位上市公司老板谈到的管理经。虽然投资并购不是一项标准化很强的工作，但尽量将工作流程化有利于项目的顺利推进。比如立项，立项的标的需要达到什么标准，准备哪些立项文件，立项后多少时间完成尽职调查工作，都可以作出明确的规范，避免浪费时间与精力。图 7-1 是一家上市公司对外投资业务流程，可以参考一下。

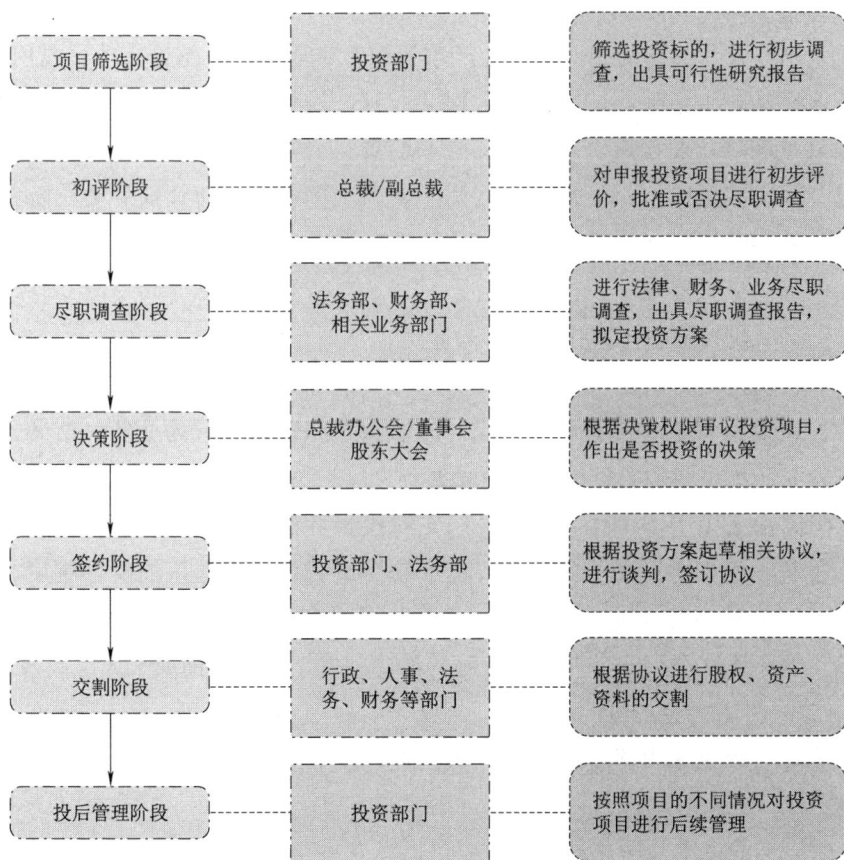

项目筛选阶段	投资部门	筛选投资标的，进行初步调查，出具可行性研究报告
初评阶段	总裁/副总裁	对申报投资项目进行初步评价，批准或否决尽职调查
尽职调查阶段	法务部、财务部、相关业务部门	进行法律、财务、业务尽职调查，出具尽职调查报告，拟定投资方案
决策阶段	总裁办公会/董事会股东大会	根据决策权限审议投资项目，作出是否投资的决策
签约阶段	投资部门、法务部	根据投资方案起草相关协议，进行谈判，签订协议
交割阶段	行政、人事、法务、财务等部门	根据协议进行股权、资产、资料的交割
投后管理阶段	投资部门	按照项目的不同情况对投资项目进行后续管理

图 7-1　某上市公司对外投资业务流程

（三）工作文件模板化

有共性的工作文件，比如尽职调查报告、股权收购合同，都可以在不断总结经验的基础上整理出适合本企业的模板，避免重复工作。

（四）决策机制

建立适合本企业的投资并购决策机制，可以在股东会、董事会、管理层几个层面设置相应的决策权限，提高投资决策的科学性，避免"一言堂"。

二、尽职调查

如果是以新设公司的方式进行扩张，无须开展尽职调查，但投资标的是一家有历史的公司，就需要谨慎了。律师界有一个著名的案例：某律师收取委托人 100 万元的律师费对某房地产项目进行尽职调查，结论是项目没问题，委托人遂支付上亿元收购了项目公司的股权，没想到后来第三方跑来开始开发项目，这时才发现这个项目早已经不归项目公司了，原股东用失效的批文骗过了律师的眼睛，报案后只追回两千多万元的款项。律师最后被法院判决退费，外加赔偿 900 万元。因此，尽职调查是控制投资并购风险的重要方式。如何做到"尽职"呢？

（一）尽职调查的前期准备

尽职调查的目的是全面了解投资标的的情况，尽量做到与被并购方信息对称，避免遗漏重要决策相关信息。尽职调查粗略可以分为业务、财务、法律三方面，这里我们只讨论法律尽职调查。

在进行法律尽职调查之前，可以先对投资标的的宏观环境、行业背景做一下了解。例如要并购一家医院，需要先了解我国关于医院的管理制度，有哪些法律法规，有几种组织形式，需要取得哪些行业许可、资质证书等。还可以了解一下这个行业存在哪些普遍的法律问题，哪些方面属于风险高发区。

（二）尽职调查内容

不同的行业尽职调查的内容有所区别，但一般来说包括以下几个方面的内容：

（1）标的概况与历史沿革，主要包括设立与存续、股权变更情况；

（2）股权结构与实际控制人情况；

（3）公司治理情况，主要包括公司组织结构、董监高情况、决策机制等；

（4）行业资质情况，主要包括业务经营所需的各种许可证书、资质证书；

（5）重大资产权属状况、抵押情况，主要指土地使用权、房产、重要机器设备等；

（6）无形资产情况，包括商标、专利、专有技术等；

（7）对外投资情况，包括对外设立的分支机构、子公司等；

（8）重大债权债务，重要的应收款项情况、融资合同等；

（9）关联交易与同业竞争情况；

（10）或有负债情况，包括对外担保、未决诉讼等；

（11）重大合同情况，指对经营业务有重大影响的合同；

（12）人力资源情况，包括员工人数、工资发放情况、社保公积金缴纳情况、劳动合同签订情况等；

（13）诉讼和仲裁情况；

（14）行政处罚情况，包括但不限于工商、税务、人行、海关、外汇、环保、建委、国土、卫生等行政机关的行政处罚情况；

（15）交易授权情况，指公司章程或法律法规对交易的限制。

一份有针对性、详尽的尽职调查清单会提高尽职调查的效率。

（三）尽职调查的方式

为了达到"尽职"的标准，避免出现上文中的情况，要采取负责任的调查方式，不能流于表面。根据笔者的经验，以下方式有利于提高尽职调查的质量：

（1）与公司董事、监事、高级管理人员、关键岗位人员、员工等进行面谈；

（2）查阅公司文件，包括但不限于公司证照、工商档案、公司章程、重要会议记录、重要合同、账簿、凭证等，注意原件与复印件一致性的核查；

（3）实地察看重要实物资产（包括物业、厂房、设备和存货等）、生产经营现场；

（4）去政府相关部门核实有关情况；

（5）通过分析、比较、重新计算等方法对数据资料进行分析，发现重点问题；

（6）听取公司核心技术人员和技术顾问及有关员工的意见；

（7）与其他部门尽职调查人员密切合作，进行信息交换，听取专业人士的意见；

（8）通过网站查询以及行业研究报告等形式对目标公司基本情况进行分析；

（9）向包括公司客户、供应商、债权人、行业主管部门、行业协会、工商部门、税务部门、同行业公司等在内的第三方就有关问题进行广泛查询（如面谈、发函询证等）。

（四）尽职调查报告

关于尽职调查报告有以下几点建议。

1. 发现问题、分析问题、解决问题

尽职调查报告的第一功能是发现问题，但不能止于发现问题。对于发现的问题进行分析，看是否有解决的可能。如果是致命性的缺陷，要进行重大风险的提示；如果不是致命性的缺陷，提示风险并给出解决方案。

2. 篇幅不宜过长，突出重点，主次分明

有的尽职调查报告动辄上百页，很多都是基础信息的堆砌，并没有信息价值。从阅读友好的角度，能够用更少的时间获得更多有价值的信息是最好的，因此应该针对需求，有所取舍。

三、交易结构设计

投资并购的目的是取得标的企业的控股权，合并财务报表，通往这个目的的路径却面临很多选择。所谓"条条大路通罗马"，如何选择一条安全有效、"路费"又较低的路径，就是交易结构所要解决的问题。例如，是以股权转让的方式入股，还是以增资扩股的方式入股？持股比例需要达到多少？标的企业后续经营所需资金是以股权出资的方式提供还是以股东借款的方式提供？标的企业原来的关联方往来款是否一揽子处理？如何保证交割安全？每个并购项目各具特点，因此交易结构设计个性化十足，没有统一的范式。下面列出几个关键点供参考。

（一）并购方式

取得标的企业控制权的方式有几种，包括股权转让、增资、企业合并等，各有特点，股权转让能够实现标的企业原股东的退出，但收购资金也随之带走；增资需要与原股东继续合作，资金能够流入标的企业；企业合并会注销标的企业，实现真正的融合，但手续复杂，流程长。

并购方式有时还与税务筹划、资金规划有关。举例来说，增资扩股的情况下，投资资金是否全部以股权投资形式进入标的公司？还是一部分作为股权投资一部分作为股东借款？这两种方式在将来进行关联方资金调拨时存在差异，包括税务差异。

最终并购方式的决定需要综合各方面情况分析利弊后做出。

（二）权益比例及其个性化安排

从事并购业务的人都对股权比例的重要性有一定的了解，表7-1介绍了一些关键的比例，这些比例均涉及股东某些权利的行使，有些比例可以由公司章程予以变更，有些则不能。

表7-1　股权（股份）关键比例表

股权比例	对应权益
1%	股份公司股东对公司董事、高级管理人员、监事提起诉讼的最低比例
3%	股份公司股东向股东大会提出临时提案的最低比例
5%	上市公司举牌线，即投资者及其一致行动人拥有权益的股份达到一个上市公司已发行股份的5%时，应当按规定向中国证监会、证券交易所提交书面报告，通知该上市公司，并予公告
10%	提议召开股东会（有限责任公司）、股东大会、董事会（股份公司）的最低比例
20%	上市公司详式权益报告线，即投资者及其一致行动人拥有权益的股份达到或者超过一个上市公司已发行股份的20%但未超过30%的，应当编制详式权益变动报告书
30%	上市公司要约收购触发线，即通过证券交易所的证券交易，收购人持有一个上市公司的股份达到该公司已发行股份的30%时，继续增持股份的，应当采取要约方式进行，发出全面要约或者部分要约
34%	重大事项一票否决线，即一个有限责任公司的章程如果没有特别约定，按公司法第四十三条的规定，股东会会议作出修改公司章程、增加或者减少注册资本的决议，以及公司合并、分立、解散或者变更公司形式的决议，必须经代表三分之二以上表决权的股东通过。一个股份公司的章程，如果没有特别约定，股东大会作出修改公司章程、增加或者减少注册资本的决议，以及公司合并、分立、解散或者变更公司形式的决议，必须经出席会议的股东所持表决权的三分之二以上通过
51%	控股线。根据公司法的定义，控股股东是指其出资额占有限责任公司资本总额百分之五十以上或者其持有的股份占股份有限公司股本总额百分之五十以上的股东；出资额或者持有股份的比例虽然不足百分之五十，但依其出资额或者持有的股份所享有的表决权已足以对股东会、股东大会的决议产生重大影响的股东。（注：上市公司多数控股股东的持股比例达不到51%，有限责任公司股权比较分散的情况下，如果第一大股东持股比例达不到51%，但能够委派半数以上的董事，一般认为也可以合并财务报表）
67%	有限责任公司的绝对控股线。如果有限责任公司章程没有作出不同于公司法的特别约定，一般来说，持股比例达到67%可以决定公司股东会的所有审议事项。但如果涉及滥用控股地位损害中小股东权益，股东会决议的效力也会受到挑战
100%	一人有限责任公司的特殊性。如果收购了标的企业的全部股权，需要注意股东连带责任的风险，因为按照公司法的规定，一人有限责任公司的股东如果不能证明公司财产独立于股东自己的财产的，应当对公司债务承担连带责任

了解了上述比例，在进行并购时就可以根据自己的需要确定所要取得的股权比例，如果只是以合并报表为目的，股权比例可以不要求那么高，如果想全面控制标的企业，那么就需要比较高的股权比例了。

另外，如果标的企业是有限责任公司，可以根据需求对股东权利进行个性化的安排，例如，表决权、分红权的比例可以与持股比例不一致。

（三）股权交割方案

并购活动中很大一部分采取股权转让的方式进行，转让方和受让方常常就钱货交割的节奏进行多轮磋商。一般来说有几个付款的节点。签订正式的股权转让合同时、完成股权工商变更登记时、移交印章证照等重要资料时，双方可以根据需要灵活设定交割节奏。

有时，转让方为了避免股权工商变更登记后受让方违约的风险，会要求受让方先把款项付到双方开立的共管账户中，也是一种解决信任问题的方式。

（四）控制权交割方案

股权交割并不意味着控制权已经转移，一般来说还需要进行下列工作完成实质上的控制权交割。

（1）重要人员的工商变更登记。双方需要提前商定法定代表人、董事、监事、经理、财务负责人等人员的任免事宜，并在合同中明确。

（2）公司印章、证照、银行账户资料、财务资料等重要资料的移交。双方需提前商定是否需要移交公司的上述重要资料，并在合同中明确。

（3）重大资产的清点。双方需提前商定是否需要在股权交割后对重大资产进行清点，以明确资产的安全性，并在合同中明确。

根据每个项目的具体情况还可以在合同中明确其他事项的交割。

（五）关联方往来的处理方案

标的企业可能存在关联方往来款，比如股东借款，忽视关联方往来的处理容易给将来的标的企业带来麻烦，所以建议在并购时就把这个问题搞清楚，并协商如何处理。

例如，在笔者经办的某个地产并购项目中，三名原股东全部退出，但核查关联方往来时发现标的企业账上有三名股东的其他应收款，金额还不小，如果并购时不处理，原股东拿了股权转让款后再想让他们还回来一部分，恐怕会有麻烦，因此，一定要在并购交易中将关联方往来一并处理。关联方往来的处理无非资金的腾挪转移，故应将股权收购款的支付与关联方往来的处理合并考虑，设计妥当的方式。

四、法律文件的起草

投资并购过程中会有很多法律文件，核心是交易合同，如果是股权转让方式则为股权转让合同，如果是增资方式则为增资合同。本节以股权转让合同为例进行说明。

起草股权转让合同前最好有一个可以参考的模板，不是网上可以搜到的那些模板，而是在项目经验的基础上形成的同质化项目的合同范本。在合同模板的基础上，根据本项目的具体情况，再进行增减修订。因为并购项目合同往往金额重大，合同起草务必全面、详尽，用语应正式、规范、严谨，避免口语化，表述准确、逻辑清晰、避免歧义。除了一般合同条款之外，应就并购项目设置有针对性的条款。

（一）保证与承诺条款

本条款是转让方和标的企业就信息披露的真实性、准确性作出保证与承诺，受让方是基于尽职调查的情况作出投资决策，因此，转让方和标的企业的信息披露是基础，如果违反了保证与承诺条款，提供了虚假的信息，给受让方造成了重大损失，受让方可以请求撤销股权转让合同，也可以索赔。

（二）定价基准日与过渡期条款

定价基准日是指确定标的企业股东权益的时日，自该日起标的股权在目标公司的权益应该冻结，自该日起目标公司除正常经营行为外，不得进行利润分配、转移资产等影响股东权益变动的活动。

由于签订合同到实际交割还有一段时间，为了保证平稳过渡，应该对转让方和目标公司的行为进行限制。在一些小型并购活动中，交易双方经常因为缺乏法律常识忽略了权益冻结与过渡期的控制问题，导致受让方付了股权转让款后发现公司账上一分钱都没了，都被转让方转走了。

（三）或有负债的赔偿条款

股权收购最怕的就是或有负债，因为核查起来难度太大，不像资产、负债是有据可查的。

或有负债不是个法律概念，有必要在合同中明确。比较宽泛的或有负债定义是指由于管理权移交截止日之前的原因，在股权转让定价基准日之后使标的企业遭受的负债，而该等负债未列明于目标公司股权定价基准日前的法定账目中，也未经各方做账外负债确认的，以及该等负债虽在目标公司股权定价基准日前的法定账目中列明，但负债的数额大于账目中列明的数额的，其大于的部分。或有负债包括但不限于可能导致目标公司遭受金钱损失的民事责任、行政责任、刑事责任等。

可以在合同中进一步约定或有负债的赔偿规则，如赔偿义务发生的时间、赔偿款的支付方式、赔偿范围等。

（四）债权债务剥离条款

有的合同条款这样约定：股权转让前的债权债务由转让方享有和承担，股权转让后的债权债务由受让方享有和承担。这在正规的股权转让合同中是见不到的，正常情况下，标的企业的债权债务和股东无关，股权转让的标的是公司的股权，不涉及公司的债权债务，况且，债权债务的剥离不是一件简单的事情，即使因为特殊情况需要进行债权债务剥离，也不会是概括性地剥离，而是有针对性地剥离。

如果有需要剥离的债权或债务，一定要按照法律规则进行，债权转让需要通知债务人，债务转移需要债权人同意，并签署相关的法律文件。

（五）关联方往来处置条款

如前所述，如果有关联方往来款，建议在股权转让的同时处理，不留后患。可以在股权转让合同中对于处理的具体方式作出约定。

（六）公司治理条款

公司治理指股东会、董事会、高管、监事等公司内设机构的设置和运行机制。如果并购后标的企业由转让方和受让方或其他股东共同持股，就需要考虑公司治理的问题，比如各个机构的职责、权限，席位的归属，法定代表人如何确定，议事规则等。公司治理条款要和公司章程联动，将合同约定落实在章程中。

在尽职调查时会核查标的企业的章程，如果需要对原章程作出重大的修改，且需要受让方或其他股东同意，就要提前协商，以免被动。

（七）资金计划条款

如果并购后仍需要继续向标的企业投入大量资金，且需要其他股东的配合，比如提供担保，等比例投入，最好提前协商，就资金使用的时间、金额、利率等作出约定，并固定在合同条款中。

以上是关于合同条款的问题。下面以股权转让合同为例，介绍几个值得关注的问题。

1. 当事人是否包括标的企业

股权转让合同的当事人为转让方和受让方，标的企业不是必要当事人，但是笔者建议将标的企业包含进去，一是因为股权转让合同的履行需要标的企业的配合，二是保证与承诺条款涉及标的企业的披露义务。

2. 优先购买权的问题

有限责任公司股权转让涉及股东优先购买权的问题，股份公司不涉及。

侵犯其他股东优先购买权的股权转让合同是否有效？《九民会议纪要》已有定论，侵犯股东优先购买权不影响股权转让合同的效力。但合同有效不意味着排除其他股东的优先购买权，只是对转让方合同责任的约束，因此，签订股权转让合同前有必要让转让方出示其他股东已经放弃优先购买权的声明，并在股权转让合同中作出保证和承诺。

3. 注意特殊的程序要求

有些性质的股权转让需要履行报批、挂牌等手续，在签订合同前一定要先了解一下股权有没有特殊性，是否需要履行特定的手续，如果需要，则在合同中就此作出相应的安排。

4. 股东资格的取得时间

如果股权转让交易顺利履行，一般不会就股东资格发生争议，但在某些情况下，股权转让交易未能顺利履行，例如未就股东变化进行工商变更登记，就会产生股东资格何时取得的问题。

司法实践中一般认为，股东资格的确认涉及对内关系和对外关系两种不同的情形。

对外关系是指股东资格确认涉及公司及股东之外的第三方利益纠纷的情形。对外的判断标准很明确，以工商行政机关的登记为准，未经登记不得对抗善意第三人。

对内关系是指股东资格确认涉及公司及股东内部利益纠纷的情形。对内关系的判断标准则比较复杂，一般从形式要件和实质要件两方面进行判断，形式要件包括：是否取得出资证明书、是否记载于股东名册、是否经过股东会决议确认、是否记载于公司章程等；实质要件包括：是否实际参与公司经营、是否实际享受股东权利（如表决权、分红权）、是否实际承担股东义务等。

5. 重视公司章程的个性化

如前所述，交易合同中往往有涉及公司章程内容的条款，要注意让这些条款通过修订公司章程成为约束公司股东、董事、监事和高管的法律文件。

公司法赋予了股东意思自治的空间，以适应投资活动的多样性需求，特别是对有限责任公司来说，可以合理合法地利用这些空间，量身定做符合自身需求的公司章程，实践中出现较多的个性化章程条款包括：

（1）表决权与出资比例不一致的个性化设置；

（2）分红权与实缴出资比例不一致的个性化设置；

（3）股东会、董事会（执行董事）、监事会、经理职权的个性化设置；

（4）股东会、董事会、监事会的议事方式和表决程序的个性化设置；

（5）董事长、副董事长产生办法的个性化设置；

（6）关于股权转让的个性化设置；

（7）关于股权继承的个性化设置。

五、并购后的整合

投资并购只是成功的开始，并购后整合失败导致并购最终失败的案例有很多，所以并购完成后的整合才是关键。整合的内容方方面面，包括但不限于业务、资产、财务、人力资源、企业文化、信息系统等，是一个动态调整的过程，不同的并购目的决定了整合的侧重点不同，以合并报表为目的可能只停留在财务整合层面，以获取资产为目的会侧重资产的整理，以获取市场份额为目的整合的侧重点又会有所不同。整合工作中法律不是主要角色，管理、企业文化是主要角色，此处不展开。从法律角度讲，对并购后的整合有以下两点提示。

（一）遵循合法性原则

整合要遵循法律法规，例如对于人力资源的整合，容易引发劳动争议，需要根据劳动法律法规，由人力资源管理部门负责沟通处理。

（二）利用之前的工作成果迅速熟悉企业情况

如果负责整合工作的人并不是负责投资并购的人，可以共享投资并购过程中的信息，比如尽职调查报告，便于快速了解企业的情况。

第八章

企业运营相关税收实务

　　企业运营的各个环节都会涉及税收，本章简要地分析企业运营中的税收实务，给读者提供一些思路。在实际工作中，税务机关会经常更新政策，建议和主管部门保持沟通。

　　一般而言，合法有效的税务筹划方案，应当是提前拟订方案，通过合法的合同履行和系统的财务工作落实，但目前很多企业会在业务模式确定后考虑税务筹划，往往不能满足要求，因此建议法律从业人员，在日常工作中充分考虑法律规定和税务规定，事先优化交易结构，避免违法风险。

第一节　股权投资中的税收实务

一、企业所得税

企业对外进行股权投资，在投资阶段、持有阶段及退出阶段都会涉及企业所得税问题，出于简化考虑，以下讨论企业以非货币资产（包括技术成果或除技术成果之外的其余非货币资产）投资入股时需要考虑的企业所得税问题。

（一）企业以除技术成果之外的其余非货币性资产投资入股的

为了便于理解，在税法角度上，企业以非货币性资产投资入股，可以假想成为三个步骤，第一个步骤是将非货币性资产进行评估得到公允价值，第二个步骤是假想为以公允价值进行销售，第三个步骤是以相应的货币性资金投资入股（以上三个步骤的描述，是为了便于理解为何要缴纳企业所得税，并非实际操作）。因此，在这个过程中就需要注意企业所得税的缴纳。

1. 确认所得

根据《中华人民共和国企业所得税法实施条例》（以下简称企业所得税法实施条例）的规定，企业发生非货币性资产交换，应当视同销售；根据税务总局的规定，企业以非货币性资产对外投资，应对非货币性资产进行评估并按评估后的公允价值扣除计税基础后的余额，计算确认非货币性资产转让所得。

当然，以非货币资产出资还要涉及增值税及附加、土地增值税、契税和印花税等税种。

2. 税收优惠

现实中，若要求企业一次性缴纳该笔所得对应的所得税会给企业造成一定的现金流困难。

财税〔2014〕116号文件第一条规定，居民企业（以下简称企业）以非货币性资产对外投资确认的非货币性资产转让所得，可在不超过5年期限内，分期均匀计入相应年度的应纳税所得额，按规定计算缴纳企业所得税。

因此，企业以非货币性资产投资入股，需缴纳的企业所得税是可以在 5 年内分期均匀计算的，对于接受非货币性资产投资入股而不产生现金流入的企业来说，也是一个税收优惠。

【举例】

如果某企业 A 以一土地使用权作价出资设立企业 B，通常的税务处理方案是，于投资协议生效并办理股权登记手续时，确认非货币性资产转让收入的实现，该非货币性资产转让收入为公允价值扣除计税基础后的余额，例如，如果该土地使用权经资产评估机构评估后的公允价值为 1 600 万元，A 企业对该土地使用权的原有计税基础为 1 400 万元（暂不考虑其余费用），则 A 企业因此项投资增加企业所得税应纳税所得额 =1 600 万元 −1 400 万元 = 200（万元）。

（1）若 A 企业当年年度盈利且企业所得税税率为 25%，采用通常的税务处理方案，则当年度增加企业所得税 50 万元。

（2）如果 A 企业当年度亏损，依法可用于弥补的以前年度亏损总计超过 200 万元，则即使本年度增加了 200 万元应纳税所得额也不产生企业所得税，则不需要根据财税〔2014〕116 号文件的规定分级计算纳税。

（3）若当年没有亏损或者除本事项之外可用于弥补的亏损合计低于 40 万元（实际操作中，可以结合前五年的具体每一年可用于弥补的亏损金额考虑），A 企业可以根据财税〔2014〕116 号文件的规定，选择在 5 年期限内，分期均匀计入相应年度的应纳税所得额，则可以实现递延纳税，有利于充分利用亏损弥补降低整体税负。首先，如果当年度已经多缴纳企业所得税 50 万元，在后年度如果有亏损，也不能申请退税，如果申请延期缴纳，那么在后年度一旦亏损，可以少缴纳税款；其次，即使在后的年度内盈利，也可以实现延期纳税，对于企业的现金状况是有利的。

（二）企业以技术成果投资入股的

以上初步分析了以非货币性资产投资入股情况下企业所得税的缴纳情况，对于非货币性资产中的特定技术成果，可以考虑适用特有的政策处理。

根据财税〔2016〕101 号文件，对于非货币性资产中特定的技术成果，包括专利技术（含国防专利）、计算机软件著作权、集成电路布图设计专有权、植物新品种权、生物医药新品种等，若投资人以技术成果投资入股的，可以选择享受递延纳税优惠政策。

根据财税〔2016〕101 号文件的规定，企业以技术成果投资入股到境内居民企业，被投资企业支付的对价全部为股票 (权) 的，企业可选择继续按现行有关税收政策执行，也可选择适用递延纳税优惠政策。经向主管税务机关备案，投资入股当期可暂不纳税，允许递延至转让股权时，按股权转让收入减去技术成果原值和合理税费后的差额计算缴纳所得税。

【举例】

假设某企业 A 在 2019 年度以一项经评估公允价值为 1 000 万元原有计税基础为 200 万元的专利技术投资入股 B 企业，持有 B 企业股权而没有其余形式的对价，则针对此次投资所产生企业所得税，A 企业有三种操作模式。

模式一，本年度确认增加企业所得税应纳税所得额 =1 000 万元 -200 万元 = 800（万元）；

模式二，根据财税〔2014〕116 号的规定，将增加的企业所得税应纳税所得额在不超过 5 年的期限内均匀计入相应年度的应纳税所得额；如果在 5 年内均匀计入，则每年增加企业所得税应纳税所得额为 160 万元；

模式三，根据财税〔2016〕101 号的规定，备案后享受递延纳税政策，即出资入股时暂不纳税，后期转让其持有的 B 企业股权时，根据股权转让收入减去原有计税基础 200 万元（而非经评估的公允价值 1 000 万元）和合理税费后的差额，计算缴纳企业所得税。

结合 A 企业的实际情况分析如表 8-1 所示。

表8-1　A企业操作模式对比分析

A企业依法可以弥补的以前年度未弥补亏损（如有）记为a	优选模式	分析
a ≥ 800 万元	模式一	应纳税所得额用于弥补以前年度未弥补亏损，当年度无须缴纳企业所得税
160 万元 < a < 800 万元，且 2014 年度和 2015 年度亏损较大，之后盈利，且预计公司未来盈利情况改善	模式一	因为公司前期未弥补亏损较高而近期盈利，本年度确认可以充分降低整体的应纳税所得额

续表

A企业依法可以弥补的以前年度未弥补亏损（如有）记为a	优选模式	分析
160万元＜a＜800万元，且各个年度的亏损量基本均衡，或者近几年亏损较大	模式二	建议可以用模式二的方法，在5年内均匀计入应纳税所得额（每年160万元），可以降低整体税负
公司不存在未弥补的亏损，或者a≤160万元，且预计未来公司盈利较大	模式三	建议可以用模式三的方法，实现递延纳税

对于A企业目前运营良好，持续盈利的情况下，比较好的方式是选择模式三，第一是可以延后纳税时间；第二是当B企业运行不佳时，可以减少税务损失。

分两种情况举例：

（1）若B企业发展良好，后期A企业以对价4 200万元卖掉其持有的股权，则对于以上三个模式，A企业总共增加的应纳税所得额=4 200万元–200万元=4 000（万元），总额固定不变，但是选用模式三，可以最晚纳税，对于A企业就是有利的。

（2）若B企业经过六七年，发展不佳，A企业只能以对价300万元卖掉其持有的股权，则对于以上模式一和模式二，A企业总共增加的应纳税所得额=1 000万元–200万元=800（万元）（已经确认或缴纳的税款，除非政策另有明确规定，否则不能退回，后期虽然账面亏损700万元，但这部分亏损本身不能当然导致在后减少税款或退税），对于模式三，A企业总共增加的应纳税所得额=300万元–200万元=100万元，因此选用模式三不仅使纳税时间最晚而且风险相对低。

需要补充的是，不论选择哪种模式，被投资企业B都可以按技术成果投资入股时的评估值入账并在企业所得税前摊销扣除，即不论A企业采用何种操作模式，B企业都可以按照技术成果经评估的公允价值1 000万元入账和摊销。

二、个人所得税

个人进行股权投资时，以非货币资产投资入股也需要考虑个人所得税问题；且可以通过多种方式进行直接投资或间接投资，例如，可以个人直接作为股东投资、个人设立有限公司投资、个人设立合伙企业投资。

（一）个人以非货币性资产投资入股和以技术成果投资入股

关于个人以非货币性资产投资入股和以技术成果投资入股需要缴纳个人所得税，其中需要注意的事项与以上对企业所得税的介绍类似，不再赘述。

（二）个人直接投资、设立有限公司投资、设立合伙企业投资的个人所得税

个人投资于公司（尤其是非上市公司）的方法常见的有直接投资、设立有限公司投资、设立合伙企业投资等。

1. 三类操作对应的税务规则

关于个人直接投资、设立有限公司投资、设立合伙企业投资的个人所得税，分析如下。

情景一：居民个人甲直接投资于（非上市）公司 A，A 公司分红时，甲需要缴纳 20% 的个人所得税，甲转让 A 公司的股权时，甲需要减除对应原值后缴纳 20% 的个人所得税。

情景二：居民个人甲设立居民企业即有限责任公司 B，B 持有 A 公司的股权，A 公司分红时，一般而言 B 公司不需要缴纳企业所得税，B 公司再将利润分配给甲时，甲要缴纳 20% 的个人所得税，B 公司转让 A 公司的股权时，需要减除对应原值后缴纳 25% 的企业所得税，B 公司再将收益分配给甲时，甲需要缴纳 20% 的个人所得税。甲两次合计个人所得税税负为 40%。

情景三：居民个人甲设立个人独资企业（或者甲和其余方乙一并设立合伙企业）C，C 持有 A 公司的股权，A 公司分红时，甲要缴纳 20% 的个人所得税，C 转让 A 公司的股权时，个人合伙人按照先分后税方法计算缴纳个人所得税，甲需要缴纳按照 5%~35% 的超额累进税率计算个人所得税。

2. 针对以上三个情景分别分析税负情况

情景一，税负是基本固定的。

情景二，虽然看似税负较高，但是只要将 B 公司设立在税收洼地，可以享受低税率和（或）退税等税收优惠，就可以降低税负；或者，如果 B 公司整体利润低，也可以按照小微企业的标准纳企业所得税（企业所得税税率为 5% 或 10%），可以降低税负；或者，如果甲个人投资于多个企业，多个投资项目有盈利也有亏损的，通过在 B 公司的核算中亏损弥补，可以实现整体税负降低的目的。举例而言，如果甲直接以个人身份投资于 A1、A2、A3 等多个公司，其中部分项目盈利部分项目亏损，甲个人对于盈利的项目需要缴纳个人所得税，对于亏损项目则不会有退税，如果甲通过 B 公司投资于 A1、A2、A3 等

多个公司，其中部分项目盈利部分项目亏损，B 公司可以综合计算应纳税所得额，相当于亏损项目冲抵了盈利项目。

情景三，C 转让 A 公司股权时，甲的税率和 20% 相比孰低，需要看股权转让的具体金额；但是先不论具体金额如何，只要将 C 设立在税收洼地，可以享受低税率和（或）退税等税收优惠，就可以降低税负；另外，根据企业所得税法第三十一条、企业所得税法实施条例第九十七条及财税〔2018〕55 号文件的规定，法规和政策对于有限合伙制创业投资企业的合伙人有税收优惠，所以只要 C 被认定为创业投资企业，则甲作为 C 的合伙人，也可以额外享受税收优惠。

另外，需要强调的是，根据 2022 年 1 月 1 日起施行的《财政部 税务总局关于权益性投资经营所得个人所得税征收管理的公告》（财政部 税务总局公告 2021 年第 41 号），针对持有股权、股票、合伙企业财产份额等权益性投资的个人独资企业、合伙企业（以下简称独资合伙企业），一律适用查账征收方式计征个人所得税。

该公告之前，长期存在通过个人独资企业、合伙企业利用核定征收降低整体税负的情况，即首先按照收入乘以核定的"所得率"（该结果通常远低于查账结果），然后再乘以税率，这个公告基本上将各种权益资产转让核定征收的漏洞彻底堵死了。

其余的税种，如印花税等，金额较低，暂不赘述。

第二节　并购重组中的税收实务

并购重组是企业商业经营中经常采用的手段，并购重组法律业务是法律服务行业中难度较大，综合要求较高的一个业务板块，并购重组业务中的税负往往是需要事先考虑的重要因素。

一、并购重组相关业务涉税事项

一般而言，按照购买标的物及交割情况，并购可以分为股权收购（购买方与被购买方的股东交易，购买被购买方的股权）和资产收购（购买方与被购买方交易，购买被购买方除股权之外的资产，如土地使用权、固定资产或者无形资产等）两类，按照支付方式，并购重组可以分为股权支付（购买换取资产的一方以本企业或其控股企业的股权作为支付对价）和非股权支付（购买换取资产的一方以除了股权之外的现金、银行存款、有价证券、固定资产等作为支付对价）。

（一）并购重组相关业务涉及税种

以下先简单介绍涉及的税种、相关法律法规及政策文件。

1. 企业所得税

根据财税〔2009〕59 号、财税〔2014〕109 号、财税〔2014〕116 号、总局公告 2015 年第 40 号、总局公告 2015 年第 48 号、总局公告 2013 年第 72 号、总局公告 2015 年第 7 号、财税〔2015〕65 号、国税函〔2009〕698 号等文件，资产收购中，双方需要计算应纳税所得额，缴纳企业所得税；股权收购中，双方需要计算应纳税所得额，缴纳企业所得税。

2. 个人所得税

根据总局公告 2014 年第 67 号、财税〔2015〕41 号，以及总局公告 2015 年第 20 号，资产收购和股权收购中，各方按照财产转让所得计算缴纳个人所得税。

3. 增值税

根据总局公告 2013 年第 66 号、总局公告 2011 年第 13 号，资产收购中，发生无形资产转让、不动产、土地使用权转让、固定资产及其他物品转让的，转让方需要缴纳增值税；股权收购中，一般不产生增值税。

4. 土地增值税

根据财税〔2015〕5 号，资产收购中，转让不动产（含土地使用权）所取得的增值额，按照四级超率累进税率，转让方缴纳土地增值税；股权收购中，一般不产生土地增值税。

5. 契税

根据财税〔2015〕37 号，资产收购中，转让不动产（含土地使用权）的由收购方缴纳契税；股权收购中，一般不产生契税。

6. 印花税

根据财税〔2013〕183 号，资产收购中，由双方按照资产转让合同所记载的金额缴纳印花税；股权收购中，双方也需要缴纳印花税。

（二）并购重组相关业务税务处理整体原则

从税务负担角度看，使用股权收购有利于降低税负。例如，股权收购一般不产生增值税、土地增值税和契税，因此，通常可以降低税负。

【举例】

A 公司购置写字楼（土地使用权转让类似）初始成本 1 亿元，持有若干年后转让给 B 公司，转让价款为 2 亿元。

1. 资产收购

如果采用资产收购策略，则 A 公司需要缴纳增值税：（20 000-10 000）/（1+5%）×5%=476.19（万元）。增值税附加为 476.19×12%=57.14（万元）。土地增值税不低于 600 万元（按 600 万元计算），印花税 10 万元，企业所得税（不考虑 A 公司亏损的情况）：（20 000-10 000-476.19-57.14-600-10）×25%=2 214.17（万元）。B 公司需要缴纳契税 20 000/（1+5%）×3%=571.43（万元），印花税 10 万元。A 公司与 B 公司整体的综合税负为 3 938.93 万元。

2. 股权收购

如果 A 公司出资 1 亿元设立 C 公司专门用于购置和持有写字楼，则 B 公司可以用 2 亿元购买 C 公司的全部股权，从而同样实现了控制写字楼资产的商业目的，A 公司需要缴纳印花税 10 万元，企业所得税（不考虑 A 公司亏损的情况）：（20 000-10 000-10）×25%=2 497.5（万元）。B 公司需要缴纳印花税 10 万元。A 公司与 B 公司整体的综合税负为 2 517.5 万元。

两个方案比较，采用股权收购，可以降低税负 1 421.43 万元。

因此，股权收购可以显著降低税负。

需要注意的是，由于国家税务总局的函件和部分地方主管机关的观点认为对"以股权转让名义转让房地产"的行为需要按照转让房地产的相关规定征收土地增值税等相关税费，建议企业在充分查询相关案例并咨询主管机关的情况下审慎决策。

二、并购重组中的所得税筹划

所得税筹划对并购重组业务影响很大，根据经验，存在大量的并购重组业务会因为前期规划存在疏漏导致短期应承担税负过高而无法最终完成，因此，需要在并购重组结构设计阶段就充分考虑所得税问题，尤其是充分考虑是否可以适用特殊性税务处理。

（一）一般性税务处理和特殊性税务处理

并购重组是指企业在日常经营活动以外发生的法律结构或经济结构重大改变的交易，包括企业法律形式改变、债务重组、股权收购、资产收购、合并、分立等，但究其法律实质，均是资产（包括货币资金类资产、股权类资产，及其余种类的非股权类资产）的置换，一般性税务处理是指各方均在并购重组中按照公允价值确定接受的资产的净值作为计税基础，缴纳相应的税费（包括企业所得税、个人所得税、增值税、土地增值税等）。例如，A 公司以6 000 万元现金收购 B 公司 80% 股权，B 公司股东甲公司持有该 80% 股权的原计税基础为 4 000 万元，则甲公司获利 2 000 万元需要计算缴纳企业所得税，即需要增加应纳税所得额 2 000 万元。这种情况下，甲公司获得了现金，所以一般能够有充足的现金流支付税款。

实际操作中，经常出现以股权为对价进行并购重组的操作。接续上面的例子，如果 A 公司以其 10% 的股权（公允价值 6 000 万元）收购甲公司持有的 B 公司股权，如果继续按照一般性税务处理方式操作，甲公司如果仍按照收到的股权的公允价值计算确认应纳税所得额 2 000 万元并且缴纳企业所得税，可能导致自身现金流紧张，这种情况下，可以考虑适用特殊性税务处理。

1. 特殊性税务处理的条件

根据相关规定，适用特殊性税务处理规定，均需要满足下列（1）～（5）项的条件：

（1）具有合理的商业目的，且不以减少、免除或推迟缴纳税款为主要目的；

（2）被收购、合并或分立部分的资产或股权比例符合规定的比例；

（3）企业重组后的连续 12 个月内不改变重组资产原来的实质性经营活动；

（4）重组交易对价中涉及股权支付金额符合规定比例；

（5）企业重组中取得股权支付的原主要股东，在重组后连续 12 个月内，不得转让所取。

2. 债务重组、股权收购、资产收购、企业合并、企业分立的特殊条件

对于债务重组的情况，需要满足以上（1）～（5）项的条件，并且，债务重组确认的应纳税所得额占企业当年应纳税所得额的 50% 以上。

对于股权收购的情况，需要满足以上（1）～（5）项的条件，并且，收购企业购买的股权不低于被收购企业全部股权的 50%，且收购企业在股权收购

发生时的股权支付金额不低于其交易支付总额的 85%。例如,接续前面的例子,A 公司收购 B 公司 80% 股权,满足"不低于被收购企业全部股权的 50%"的条件,如果 A 公司以其股权(公允价值 6 000 万元)作为全部的对价支付给甲公司,即股权支付比例 100%,满足"收购企业在股权收购发生时的股权支付金额不低于其交易支付总额的 85%",即满足该项规定。

对于资产收购的情况,需要满足以上(1)~(5)项的条件,并且,受让企业收购的资产不低于转让企业全部资产的 50%,且受让企业在该资产收购发生时的股权支付金额不低于其交易支付总额的 85%。

对于企业合并的情况,需要满足以上(1)~(5)项的条件,并且,企业股东在该企业合并发生时取得的股权支付金额不低于其交易支付总额的 85%,或者,属于在同一控制下且不需要支付对价的企业合并。

对于企业分立的情况,需要满足以上(1)~(5)项的条件,并且,被分立企业所有股东按照原持股比例取得分立企业的股权,分立企业和被分立企业均不改变原来的实质性经营活动,且被分立企业股东在该企业分立发生时取得的股权支付金额不低于其交易支付总额的 85%。

3. 特殊性税务处理的实质

特殊性税务处理的实质是,对于非股权支付部分的所得计算缴纳所得税,股权支付部分暂不确认所得或损失。

换言之,重组双方资产及股权计税基础的确定方式为:对于非股权支付对应的部分,按照公允价值确定,并且在当期计算缴纳税款;对于股权支付对应的部分,按照原有的计税基础确定,暂不缴纳税款。

(二)股权收购和资产收购的特殊性税务处理

1. 股权收购的特殊性税务处理

依据财税〔2009〕59 号文件的规定,股权收购,是指一家企业(以下简称收购企业)购买另一家企业(以下简称被收购企业)的股权,以实现对被收购企业控制的交易。收购企业支付对价的形式包括股权支付、非股权支付或两者的组合。

一般情况下,各方至少按照以下操作进行税务处理:(1)被收购企业的股东应确认股权转让所得或损失;(2)收购企业已取得股权的计税基础应以公允价值为基础确定;(3)被收购企业的相关所得税事项原则上保持不变。这其中就涉及多项缴税义务。但是基于以上第(一)部分的内容,双方可以考虑采用特殊性税务处理,在收购企业购买的股权不低于被收购企业全部股权的

50% 且收购企业在该股权收购发生时的股权支付金额不低于其交易支付总额的 85%，且符合其余条件的，可以选用特殊性税务处理，被收购企业的股东取得收购企业股权的计税基础，以被收购股权的原有计税基础确定，收购企业取得被收购企业股权的计税基础，以被收购股权的原有计税基础确定，收购企业、被收购企业的原有各项资产的计税基础和其他相关所得税事项保持不变。接续以上的例子，A 公司以其 10% 的股权（公允价值 6 000 万元）从B 公司股东甲公司处收购 B 公司 80% 股权，采用特殊税务处理的情况下，B 公司股东甲公司持有该 80% 股权的原计税基础为 4 000 万元，则甲公司取得的 A 公司股权的计税基础和 A 公司收购取得的 B 公司股权的计税基础均为4 000 万元，当期暂不缴纳所得税。

2. 资产收购的特殊性税务处理

依据财税〔2009〕59 号文件的规定，资产收购是指一家企业 (以下简称受让企业或收购企业) 购买另一家企业 (以下简称转让企业) 实质经营性资产的交易。受让企业支付对价的形式包括股权支付、非股权支付或两者的组合。

一般情况下，各方至少按照以下操作处理税务：（1）转让企业应确认资产转让所得或损失；(2) 受让企业取得资产的计税基础应以公允价值为基础确定；(3) 转让企业的相关所得税事项原则上保持不变。这其中就涉及多项缴税义务。但是基于以上第（一）部分的内容，双方可以考虑采用特殊性税务处理，在受让企业购买的资产不低于转让企业全部资产的 50% 且受让企业在该资产收购发生时的股权支付金额不低于其交易支付总额的 85%，且符合其余条件的，可以选用特殊性税务处理，转让企业取得受让企业股权的计税基础，以被转让资产的原有计税基础确定，受让企业取得转让企业资产的计税基础，以被转让资产的原有计税基础确定，转让企业和受让企业对于股权支付部分不需要缴纳企业所得税。

假设 A 公司计划用 8 000 万元现金或股权收购 B 公司 70% 的资产，具体包括原计税基础 1 000 万元、公允价值为 3 000 万元的不动产以及原计税基础5 000 万元、公允价值 5 000 万元的动产。在不考虑金额较小的印花税的情况下，该交易中，如果 A 公司用现金支付，则 B 公司需要确认转让所得 2 000 万元，计算缴纳企业所得税，如果 A 公司全部用股权支付，则可以选择使用特殊性税务处理，B 公司不需要缴纳其余税款，如果后续 B 公司将收到的股权进一步转让，也只需缴纳企业所得税。因此，采用特殊性税务处理可以极大地降低企业的税负。

（三）企业合并和分立的特殊性税务处理

1. 企业合并的特殊性税务处理

依据通常的法律概念，合并是指两个或两个以上的企业依据法律规定或者合同约定，合并为一个企业的法律行为，合并可以分为吸收合并和新设合并两种形式。企业合并时，合并各方的债权债务由合并后的企业或者新设的企业整体承继，一般需要通知债权人及发布公告，但不需要清算。

依据财税〔2009〕59号文件的规定，合并是指一家或多家企业（以下简称被合并企业）将其全部资产和负债转让给另一家现存或新设企业（以下简称合并企业），被合并企业股东换取合并企业的股权或非股权支付，实现两个或两个以上企业的依法合并。一般情况下，企业合并的各方至少按照以下操作处理税务：（1）合并企业应按公允价值确定接受被合并企业各项资产和负债的计税基础;（2）被合并企业和其股东按照清算进行所得税处理（需要说明的是，尽管法律上不需要清算，但应按照清算的规则进行税务处理，确认应纳税所得额）;（3）一般而言，被合并企业的亏损不得在合并企业结转弥补（补充：因此，如果要通过合并亏损企业的方法降低所得税，需要注意在合并之后再确认资产损失）。

但是基于以上第（一）部分的内容，各方可以考虑采用特殊性税务处理，企业股东在该企业合并发生时取得的股权支付金额不低于其交易支付总额的85%，或者在同一控制下且不需要支付对价的企业合并，且符合其余条件的，可以选用特殊性税务处理，其中：（1）合并企业接受被合并企业的资产和负债的计税基础，以被合并企业的原有计税基础确定;（2）被合并企业合并前的相关所得税事项由合并企业承继;可由合并企业弥补的被合并企业亏损的限额为：限额＝被合并企业净资产公允价值×截至合并业务发生当年年末国家发行的最长期限的国债利率;被合并企业的亏损应当用被合并企业资产产生的利润来弥补。这里，我们假定社会平均利润率为最长期限的国债利率，被合并企业的净资产公允价值同利率的乘积，就是未来被合并净资产至少能产生的理论利润，用这个利润来弥补被合并企业的亏损;（3）被合并企业股东取得合并企业股权的计税基础，以其原持有的被合并企业股权的计税基础确定;不确认支付对价资产或股权转让所得或损失。

2. 企业分立的特殊性税务处理

依据通常的法律概念，分立是指一个企业依照有关法律、法规的规定，分立为两个或两个以上的企业的法律行为，分立可以采取存续分立和新设分立两种形式。《财政部 国家税务总局关于企业重组业务企业所得税处理若干问题的通知》（财税〔2009〕59 号）规定：分立是指一家企业（被分立企业）将部分或全部资产分离转让给现存或新设的企业（分立企业），被分立企业股东换取分立企业的股权或非股权支付，实现企业的依法分立。

一般情况下，企业分立所涉及的各方至少应按照以下操作进行税务处理：（1）被分立企业对分立出去的资产应按公允价值确认资产转让所得或损失；（2）分立企业应按公允价值确认接受资产的计税基础；（3）在存续分立，即被分立企业继续存在的情况下，不区分放弃旧股与不放弃旧股两者的差别，其股东取得的对价应视同被分立企业分配进行处理（股东系居民企业的，取得的所得如果符合居民企业之间的股息、红利等权益性投资收益规定条件的，可以免缴企业所得税；股东系非居民企业的，取得的所得应当依法缴纳预提所得税，并由被分立企业代扣代缴所得税；股东系自然人的，应当按"利息、股息、红利"所得项目依法缴纳个人所得税）；（4）在新设分立，即被分立企业不再继续存在的情况下，被分立企业及其股东都应按清算进行所得税处理（被分立企业要按全部资产可变现价值或交易价格，减除资产的计税基础、清算费用、相关税费及改变持续经营核算原则，对相关预提或待摊性质费用进行处理、依法弥补亏损后确定清算所得。对其股东的处理即其取得的资产中，相当于初始出资的部分，应确认为投资收回；相当于被投资企业累计未分配利润和累计盈余公积按减少实收资本比例计算的部分，应确认为股息所得，需要说明的是，如果股东以非货币资产方式回收实收资本的，被分立企业视同销售货物、转让不动产及无形资产，应按规定分别缴纳增值税及其附加）；（5）企业分立相关企业的亏损不得相互结转弥补。

但是基于以上第（一）部分的内容，各方可以考虑采用特殊性税务处理。在满足以下条件时：①被分立企业所有股东按原持股比例取得分立企业的股权；②分立企业和被分立企业均不改变原来的实质经营活动；③被分立企业股东在该企业分立发生时取得的股权支付金额不低于其交易支付总额的 85% 的情况下，可以选用特殊性税务处理。其中：（1）分立企业接受被分立企业资产和负债的计税基础，以被分立企业的原有计税基础确定；（2）被分立企业已分立出去资产相应的所得税事项由分立企业承继；（3）被分立企业未超过法定弥补期限的亏损额可按分立资产占全部资产的比例进行分配，由分立企业继续弥补；（4）被分立企业的股东取得分立企业的股权（以下简称新股），如需部分或全部放弃原持有的被分立企业的股权（以下简称旧股），新股的计税基础应以放弃旧股的计税基础确定。如不需放弃旧股，则其取得新股的计税基础可从以下两种方法中选择确定：直接将新股的计税基础确定为零，或者以被分立企业分立出去的净资产占被分立企业全部净资产的比例先调减原持有的旧股的计税基础，再将调减的计税基础平均分配到新股上；（5）非股权支付额仍应在交易当期确认相应的资产转让所得或损失，并调整相应资产的计税基础。

A 公司将其一家分公司 A1 公司变更为独立的 B 公司，A1 公司的资产的计税基础为 3 000 万元，公允价值为 5 000 万元，A 公司的股东 A2 和 A3 公司取得 B 公司 100% 的股权，同时合计取得 800 万元现金，不考虑印花税的情况下，因为股权支付比例为 4 200/5 000=84%，不足 85%，因此，不能适用特殊性税务处理，A2 和 A3 公司收到现金的行为视同股息分配，免交企业所得税；A 公司应该缴纳企业所得税：（5 000 万元 −3 000 万元）×25%=500（万元）；若 A2 和 A3 公司取得 B 公司全部股权时不再取得现金，则可以适用特殊税务处理，A 公司无须缴纳 500 万元企业所得税。

常见的特殊性税务处理见表 8-2。

表8-2 常见特殊性税务处理规则一览表

应用场景	收购企业（或受让企业、合并企业、被分立企业）	被收购企业（或转让企业、被合并企业、分立企业）
股权收购	收购企业取得被收购企业股权的计税基础，以被收购股权的原有计税基础确定；收购企业的原各项资产的计税基础和其他相关所得税事项保持不变	被收购企业的股东取得收购企业股权的计税基础，以被收购股权的原有计税基础确定；被收购企业的原有各项资产的计税基础和其他相关所得税事项保持不变
资产收购	受让企业取得转让企业资产的计税基础，以被转让资产的原有计税基础确定	转让企业取得受让企业股权的计税基础，以被转让资产的原有计税基础确定
企业合并	合并企业接受被合并企业的资产和负债的计税基础，以被合并企业的原有计税基础确定	被合并企业合并前的相关所得税事项由合并企业承继；被合并企业股东取得合并企业股权的计税基础，以其原持有的被合并企业股权的计税基础确定；不确认支付对价资产或股权转让所得或损失
企业分立	被分立企业已分立出去资产相应的所得税事项由分立企业承继；被分立企业未超过法定弥补期限的亏损额可按分立资产占全部资产的比例进行分配，由分立企业继续弥补	分立企业接受被分立企业资产和负债的计税基础，以被分立企业的原有计税基础确定；被分立企业的股东取得分立企业的股权，如需部分或全部放弃原持有的被分立企业的股权，新股的计税基础应以放弃旧股的计税基础确定

第三节　股权激励中的税收实务

股权激励是企业为了留住和激励核心人才推行的一种长期激励机制。对于创业公司来说，符合企业规划的股权激励方案，确实可以为企业带来裂变式发展，企业知道股权激励的理论和各种激励工具之后，也需要对股权激励的税收处理方法有全面的了解，这样才能辅助股权激励方案发挥它最大的效用。如果获得股权激励的企业员工初期纳税负担较重，可能会影响企业实施股权激励的效果。

一、与股权激励相关的个人所得税

从法律角度，可以简单地将被激励对象持股方式分为直接持股(自然人股东直接持有公司的股权)和间接持股（自然人通过持有持股平台一般是合伙企业的财产份额的方式，间接持有公司股权）两种方式。

（一）自然人股东的个人所得税

个人股东在获得股息红利或股票转让时，需要缴纳个人所得税。自然人股东从公司取得的股息红利总额为应纳税所得额，按照 20% 的比例计算缴纳个人所得税；转让股权时获得的股权转让收入减除股权原值和合理费用后的余额为应纳税所得额，按照 20% 的比例计算缴纳个人所得税。

但是，员工根据股票期权计划等股权激励计划获得的收入，按照工资薪金所得的 3%~45% 的超额累进税率计算缴纳个人所得税；从 2022 年开始，并入全年综合所得计算缴纳个人所得税。

（二）合伙企业合伙人的个人所得税

一般而言，合伙企业本身不缴纳企业所得税，在不考虑优惠政策的情况下，按照先分后税的方法，对合伙企业的合伙人或者有限合伙企业的普通合伙人，按照经营所得的 5%~35% 的超额累进税率计算缴纳个人所得税；对于有限合伙企业的有限合伙人，一般按照 20% 的税率计算缴纳个人所得税。

二、股权激励税收整体筹划

股权激励的常见模式包括股票期权、限制性股票、员工持股计划、虚拟股票、业绩股票及股票增值权等；关于股权激励的税务处理，税务总局有多份文件可供参考，出于简便易懂和方便操作的目的，可以从两个角度分析，第一个角度就是区分"虚拟股"模式和"实股"模式，分析两种模式下的操作；第二个角度就是在"实股"模式的基础上，进一步区分上市公司股权激励和非上市公司股权激励，分析两种情况下的操作。

（一）"虚拟股"模式下个人所得税的规定

可以透过表面分析实质，抛开复杂的外观，对于很多模式的股权激励，其实质就是并不直接交付股权，而是一般直接以现金方式结算，例如虚拟股票、股票增值权等，这种"虚拟股"模式下的虚拟股权，实际就是被激励员工获得奖金激励以外的另一种形式的奖金，所以被激励员工通过虚拟股票、股票增值权等"虚拟股"模式所获得的应该全部纳入工资薪金，按工资薪金项目的超额累进税率计税。

（二）"实股"模式下个人所得税的规定

对于股票期权、限制性股票等激励方式，员工将获得实际股权，这些都属于"实股"模式的股权激励。比如，股票期权，员工行权将获得股权；限制性股票，员工获得股权但暂时不能交易。

此种股权激励的纳税，分为两个阶段：取得阶段和转让阶段。但是因为政策对于上市公司和非上市公司有不同的规定，所以分别分析上市公司和非上市公司实施的股权激励在取得阶段和转让阶段的税务处理。

1. 上市公司"实股"模式股权激励的税务处理

根据财税〔2009〕5号文件，对于个人从上市公司（含境内、外上市公司，下同）取得的股票增值权所得和限制性股票所得，比照《财政部 国家税务总局关于个人股票期权所得征收个人所得税问题的通知》（财税〔2005〕35号）的有关规定，计算征收个人所得税。即：（1）员工接受实施股票期权计划企业授予的股票期权时，除非另有规定，一般不作为应纳税所得征税；（2）员工行权时，其从企业取得股票的实际购买价（行权价）低于购买日（或称行权日）公平市场价（指该股票当日的收盘价）的差额，是因员工在企业的表现和业绩情况而取得的与任职受雇有关的所得，应按工资薪金所得适用的规定计算缴纳个人所得税；对于因特殊情况，员工在行权日之前将股票期权转让的，以股票期权的转让净收入，作为工资薪金所得征收个人所得税；（3）员工将行权后的股票再转让时获得的高于购买日公平市场价的差额，这部分收入是因个人在二级市场转让有价证券而获得的所得，按照财产转让所得适用的征收或免征规定计算缴纳个人所得税；（4）员工拥有股权而参与企业税后利润分配取得的所得，按照利息股息红利所得适用的征收或免征规定计算缴纳个人所得税。

因此，对于上市公司"实股"模式下的股权激励，授予股票期权时个人不需要缴纳个人所得税；行权时需要计算应纳税所得额按照工资薪金所得缴税，计算公式如下：股票期权形式的工资薪金应纳税所得额 =（行权股票的每股市场价 - 员工取得该股票期权支付的每股对价）× 股票数量；行权后再转让或者分红，就与一般二级市场参与者使用相同处理方法即可。

另外，根据财税〔2016〕101 号文件，上市公司的股权激励，经过向主管税务机关备案，个人可以自股票期权行权、限制性股票解禁或取得股权奖励之日起，在不超过 12 个月的期限内缴纳个人所得税。这相当于给被激励员工一个延期纳税的优惠政策。

2. 非上市公司股权激励的税务处理

（1）非上市公司股权激励原则上与上市公司股权激励操作相同，但是，与上市公司的股权不同之处在于，非上市公司的股权没有公开转让市场估值且流动性较低，因此，即使以投资机构估值作为公平市场价格，且低于公平市场价格授予员工激励股权，但如果激励对象行权时公司并没有上市的，被激励对象往往没有办法在行权时即获得实际收益（例如虽获得激励股权但没有在二级市场变现的条件），而按照一般性税务规定，行权时就要计算缴纳个人所得税，这就造成没有获得实际收益反而要承担税负成本的情况。这样一来，被激励对象出于风险性考虑，对购买激励股权持谨慎态度，显然不利于推动股权激励。

所以，税务部门为了缓解纳税人没有现金纳税的问题，出台了财税〔2016〕101 号文，同时国家税务总局公告 2016 年第 62 号公告规定了非上市公司授予本公司员工的股票期权、股权期权、限制性股票和股权奖励，可实行彻底的递延纳税政策，即员工在取得激励股权时（取得股权时）可暂不纳税，到税务机关办理备案手续即可，税款递延至转让该股权时纳税（转让股权时）。

（2）根据财税〔2016〕101 号文件，对于非上市公司授予本公司员工的股票期权、股权期权、限制性股票和股权奖励，符合规定条件的，经向主管税务机关备案，可实行递延纳税政策，即员工在取得股权激励时可暂不纳税，递延至转让该股权时纳税；股权转让时，按照股权转让收入减除股权取得成本（股权转让时，股票期权取得成本按照行权价格确定，限制性股票取得成本按照实际出资额确定，股权奖励的取得成本为零）及合理税费后的差额，适用财产转让所得项目按照 20% 的税率计算缴纳个人所得税。

如果要享受递延纳税政策，则非上市公司股权激励需要同时满足以下七个条件：①属于境内居民企业的股权激励计划；②股权激励计划经公司董事会、股东（大）会审议通过。未设股东（大）会的国有单位，经上级主管部门审核批准。股权激励计划应列明激励目的、对象、标的、有效期、各类价格的确定方法、激励对象获取权益的条件、程序等；③激励标的应为境内居民企业的本公司股权。股权奖励的标的可以是技术成果投资入股到其他境内居民企业所取得的股权。激励标的股票（权）包括通过增发、大股东直接让渡及法律法规允许的其他合理方式授予激励对象的股票（权）；④激励对象应为公司董事会或股东（大）会决定的技术骨干和高级管理人员，激励对象人数累计不得超过本公司最近 6 个月在职职工平均人数的 30%；⑤股票（权）期权自授予日起应持有满 3 年，且自行权日起持有满 1 年；限制性股票自授予日起应持有满 3 年，且解禁后持有满 1 年；股权奖励自获得奖励之日起应持有满 3 年。上述时间条件须在股权激励计划中列明；⑥股票（权）期权自授予日至行权日的时间不得超过 10 年；⑦实施股权奖励的公司及其奖励股权标的公司所属行业均不属于股权奖励税收优惠政策限制性行业目录范围；公司所属行业按公司上一纳税年度主营业务收入占比最高的行业确定。

需要提示的是，对于间接持股的情况是否适用财税〔2016〕101 号文的规定，各地主管机关有不同的观点，建议企业事先向主管机关充分咨询。

三、股权激励的筹划思路

一方面，为了使股权激励计划发挥最大作用，在涉及的税务问题上，非上市公司应对照财税〔2016〕101 号文件的规定，厘清其属于境内居民企业的股权激励计划、符合规定的激励标的、激励对象等 7 个条件，确保其进行股权激励时，能享受递延纳税优惠，同时，要提交相关的合规资料。公司实施符合条件的股权激励，个人选择递延纳税的，应于行权次月 15 日内，向主管税务机关报送非上市公司股权激励个人所得税递延纳税备案表、股权激励计划、董事会或股东大会决议、激励对象任职或从事技术工作情况说明等材料。从而可以享受非上市公司股权激励递延纳税的优惠政策。

需要注意的是，如果享受非上市公司股权激励递延纳税的优惠政策，则非上市公司在上市后要及时扣缴员工个税。如果公司上市，其员工因股权激励取得股权后，处置递延纳税的股权时，应按照有关征税规定，计算缴纳个人所得税。作为扣缴义务人，届时上市公司要及时扣缴员工的相关个人所得税，或提醒员工自行申报。

另一方面，从税务筹划的角度出发，采用由作为被激励对象的员工直接持股的方案，后期公司分红和员工转让股权获利时的税负较低，但是从公司治理结构的角度出发，为了避免上市前股权结构复杂、小股东过多的问题，非上市公司往往倾向于通过间接持股的方式进行股权激励，即作为被激励对象的员工持有持股平台的股权或财产份额，持股平台持有公司的股权，这种情况下需要考虑以下两点：①持股平台的法律形式可以是有限责任公司或者普通合伙企业或者有限合伙企业；从公司治理角度看，选择设立有限合伙企业更有利，因为非上市公司的实际控制人可以通过合伙协议约定由普通合伙人代表有限合伙企业参与公司治理，保障非上市公司的治理结构；从税务筹划角度看，有限合伙企业税负较低，因为有限合伙企业不需要缴纳企业所得税，采用先分后税的方式由合伙人计算缴纳所得税；②从税务筹划的角度出发，在非上市公司设计股权激励方案时，若选择间接持股方式，可以考虑在合法的前提下，将持股平台设立在有税收优惠及财政返还的地区（目前政府正在清理所谓税收洼地，税务筹划难度持续增大），并且通过一系列包括定价分析、限售条款、授予时间等合法的方案设计，可以制定更为灵活并且税负更低的激励方案。

另外，需要提示的是，按照国家税务总局 2021 年 10 月 12 日发布的《关于进一步深化税务领域"放管服"改革 培育和激发市场主体活力若干措施的通知》，实施股权激励的企业应当在决定实施股权激励的次月 15 日内，向主管税务机关报送股权激励情况报告表，并按照《财政部 国家税务总局关于个人股票期权所得征收个人所得税问题的通知》《财政部 国家税务总局关于完善股权激励和技术入股有关所得税政策的通知》等现行规定向主管税务机关报送相关资料，境内企业及境外企业股权为标的对员工进行股权激励的，也需履行报告义务。实践中，建议实施股权激励的主体，依法进行报送工作。

第四节　企业合同中的税法相关实务

合同的起草审核是法律从业人员的必修课，在不影响合同商业目的实现和符合法律要求的条件下，可以考虑适当对合同条款进行设计以合法降低整体税负或实现延期纳税。

一、合同起草中考虑约定税负金额和承担方

（一）考虑法定的税费承担

部分合同的当事人往往只约定不含税的价格，而要求对方承担税费，目的在于锁定自身应得或应付金额。例如，在部分租赁合同，尤其是个人出租不动产的合同中，出租方要求所谓净到手的不含税价格，而要求承租方承担和缴纳税费。

在这种情况下，作为合同当事人（如前述的承租方），建议充分评估了解税费的金额、缴纳时间和方式，从而对合同的对价有充分评价。

（二）明确交易价格是否含税

目前常见的买卖合同中，对于交易价格是否含税，没有明确约定，容易发生争议。例如，因为目前的增值税税率整体趋势是不断降低的，那么存在签订合同时的税率是 16%，而后期开具发票时的税率是 13% 等情况，对于采购方而言，如果按照 13% 计算增值税，则其可抵扣的进项税额就会降低，变相增加了企业的税负（针对此类争议的案件比较多，实际裁判工作中，针对供货方逾期开票导致的采购方损失，会要求供货方赔偿损失）。因此，对于采购方的法务人员，尤其是非诉法务人员，建议在买卖合同中约定不含税价格，并且明确约定"按照实际的税率计算含税价格"，这样可以降低税率变动带来的风险。

（三）税负转嫁的约定是否合规并且可执行

目前的司法实践中，对于税负转嫁的约定，法院的判决结果不一，但基

本上认可的是，对于税务机关而言，如果因交易产生的税金不能依法缴足，那么税务机关有权依法追究法定的纳税义务人或者代扣代缴义务人的责任，交易各方对于税负承担有约定的，如果内部有争议，各方按照约定履行，例如各方约定由除了法定纳税义务人之外的人承担税负，则法定纳税义务人因此遭受损失的有权向约定的承担税负的一方追偿。简而言之，对外法定优先，对内约定优先。

实践中需要注意的是，对于部分合同，例如不动产转让类或者股权转让类的合同，需要先缴税后办理变更登记手续。在这种情况下，即使各方对于税负的缴纳责任分配进行了内部约定，但是如果某一方急于办理变更登记手续而约定承担税负的另一方怠于履行纳税义务，则急于办理手续的一方（往往是购买方）会出于商业需要先行代为缴纳税款。例如，甲公司购买乙公司持有的丙公司股权，合同明确约定交易产生的全部税费均由乙方承担，然而甲方出于商业需要急于办理工商变更登记手续，此时若乙方怠于缴纳税金则对于甲方明显不利，实际工作中甲方往往先行缴纳交易的必要税金，后通过法律途径追究乙方的责任。

因此，作为购买方的非诉法务人员，建议在合同中做好必要的条款设计，例如明确约定延期缴纳税款的违约责任及一方代替其余方缴纳税款后的追偿权利等，可以最大限度保护己方的合法权利。

二、货物买卖与增值税发票

（一）增值税的纳税义务发生时间

1. 整体原则

纳税人销售货物或提供应税劳务，为收讫销售款项或者取得索取销售款项凭据的当天；先开具发票的，为开具发票的当天；进口货物，为报关进口的当天。

2. 针对销售货物时，如何确定"收讫销售款项或者取得索取销售款项凭据的当天"

主要有以下7类情况：

（1）采取直接收款方式销售货物，不论货物是否发出，均为收到销售款或者取得索取销售款凭据的当天；

（2）采取托收承付和委托银行收款方式销售货物，为发出货物并办妥托收手续的当天；

（3）采取赊销和分期收款方式销售货物，为书面合同约定的收款日期的当天，无书面合同的或者书面合同没有约定收款日期的，为货物发出的当天；

（4）采取预收货款方式销售货物，为货物发出的当天，但生产销售工期超过 12 个月的大型机械设备、船舶、飞机等货物，为收到预收款或者书面合同约定的收款日期的当天；

（5）委托其他纳税人代销货物，为收到代销单位的代销清单或者收到全部或者部分货款的当天，未收到代销清单及货款的，为发出代销货物满 180 天的当天；

（6）销售应税劳务，为提供劳务同时收讫销售款或者取得索取销售款的凭据的当天；

（7）纳税人发生视同销售货物行为，为货物移送的当天。

3. 针对销售应税服务、不动产时，如何确定"收讫销售款项或者取得索取销售款项凭据的当天"

主要有以下 6 类情况：

（1）纳税人发生应税行为并收讫销售款项或者取得索取销售款项凭据的当天，先开具发票的，为开具发票的当天；

（2）纳税人提供租赁服务采取预收款方式的，其纳税义务发生时间为收到预收款的当天；

（3）纳税人从事金融商品转让的，为金融商品所有权转移的当天；

（4）纳税人发生视同销售服务、无形资产或者不动产情形的，其纳税义务发生时间为服务、无形资产转让完成的当天或者不动产权属变更的当天；

（5）增值税扣缴义务发生时间为纳税人增值税纳税义务发生的当天；

（6）自 2017 年 7 月 1 日起纳税人提供建筑服务取得预收款时，不产生纳税义务，但需要在机构所在地预缴税款。

总而言之，只要开票在先的，开票时间即为纳税义务发生时间；开票在后的，需要针对具体的经营模式判断纳税义务的发生时间。

（二）如何在合同中对增值税发票的开具进行约定

第一，对于销售方或者服务提供方（收款方），只要开具发票即产生纳税义务，因此，建议最好不要在合同中约定过于提前地开具发票。

第二，对于付款方而言，最好防止约定的收款方和发票开具方不同的情况，否则容易有两次纳税的嫌疑，导致额外的风险和工作负担。例如，如果收款方为 A，则针对该笔付款就会有纳税义务，如果同笔业务的发票开具方是 A1，那么只要有发票开具就会产生纳税义务，产生一定风险，该风险虽然很小，但是完全可以避免。

第三，根据经验，国家对于增值税整体政策是倾向于降低增值税的，所以对于付款方而言，建议在合同中明确约定税率，并且约定税率发生变化的，按照实际开具发票时的税率计算含税金额重新核算价款。

第四，对于付款方而言，建议最好约定开票时间不晚于付款时间，因为对于常见的交易付款即产生纳税义务，因此及时开具发票有利于财务结算和税务处理。

第五，如果委托代销，建议期满 180 天前，先收回委托代销商品，再重新委托代销，这样避免因期满 180 天而在商品尚未销售的情况下产生纳税义务。

第六，采取赊销和分期收款方式销售货物的，如果没有在原始的书面合同约定的收款日期收款，如果商业上可行（该建议需要综合考虑商业需要、违约责任、当事人信用水平、担保状况等因素），可以签订补充协议等方式修改原合同，约定新的收款日期，避免在没有收到款项的情况下产生纳税义务。

三、合法的节税技巧

在合同签订时，签订各方可以使用合法的节税技巧降低税负或者延期纳税，但是，一定要注意合法降低税负和偷税之间的区别，即应当尊重商业实质和会计准则。举例如下。

（一）房屋租赁合同的签订技巧

1. 总的租赁费用划分成租金和其余服务费用

目前商务楼宇的租赁合同，有两种模式：第一种模式是约定总包价，不分明细；第二种模式是列明明细，例如区分租金、物业费、水电费、绿化费等；表面上看，两种模式并无区别，但是产生的税负却大有不同。

首先是房产税，租金需要缴纳房产税（税率为 12%），而物业费等不需要缴纳房产税；其次是增值税，房屋租金的增值税税率为 9%（不考虑 5% 的特殊情况）而物业费的增值税税率为 6%。

因此，对于租赁合同的当事人，要确认明细账目和税目。例如，假设 A 地产公司将自持物业（营改增后项目）对外出租给 B，签订房屋租赁合同时，有两种方式可供选择：方式一，约定年租金 1 200 万元（物业费合并在内），这种情况下应纳增值税 1 200×9%=108（万元），应纳房产税 1 200×12%=144（万元），合计税负 252 万元；方式二，约定年租金 1 000（万元），物业管理费 200 万元，即分别计算，这种情况下应纳增值税 1 000×9%+200×6%=102（万元），应纳房产税 1 000×12% =120（万元），合计税负为 222 万元。对于 A 公司而言，采用方案二税负更低，但是对于 B 公司而言，采用方案一，可抵扣的增值税进项税额更高。因此，双方在租赁合同的签订中，均要充分考虑税负问题，寻找对双方更有利的方案。

但是，该方法的前提是，A 公司确实提供了物业服务，存在真实的经营且会计处理合法合规，如果实际没有提供物业服务，而是采用所谓的"调账手段"完成所谓"税务筹划"，则难免有税务违法违规的嫌疑。

降低税负或延期纳税是一项系统工程，应避免仅以纸面方式完成形式工作，而应该基于实质重于形式的原则，将经营模式、会计处理、法律合同、人员、财产等多种因素综合考虑和调整才能实现合法降低税负或延期纳税的目的。

2."免租期"不免房产税

目前，商务租赁中常存在免租期的现象，即前期一段时间内免除租金。然而，根据财税〔2010〕121 号文件的规定，"对出租房产，租赁双方签订的租赁合同约定有免收租金期限的，免收租金期间由产权所有人按照房产原值缴纳房产税"，因此，如果合同约定了免租期的，产权人仍然要缴纳房产税。

因此，如果商业层面可以接受，建议产权人一方在合同中更多地采用降低租金的优惠方式来代替免租期的优惠方式，降低租金后，房产税的金额可以降低。例如，同样约定三年 200 万元租金，方案一是约定第一年免租后两年分别 100 万元租金；方案二是约定前两年共 100 万元租金，最后一年 100 万元租金，采用方案二可以降低产权人一方的房产税。

（二）买卖合同的签订技巧

1. 购销产生不同项目费用的税负不同

买卖合同中，如果一个销售行为包括多种商品销售或服务提供，例如，销售机床设备，包括销售硬件、销售软件及提供软件后期维护服务等多项内容，如果不区分计算费用，就从高计算增值税，如果合理区分各项费用，可以按照不同税率分别计算增值税，降低整体税负。

2. 折扣销售和销售折扣

基本原则是，折扣销售可以按照折扣后的价格计算增值税额，销售折扣按照折扣前的价格计算增值税额。因此，建议特别明确在合同中约定折扣后的金额，不要约定类似"在特定时间内支付即有一定返还优惠"等销售折扣方案。

进一步地，纳税人采取折扣销售方式销售货物，如果销售额和折扣额在同一张发票上分别注明的，可按折扣后的销售额征收增值税；如果将折扣额另开发票，不论其在财务上如何处理，均不得从销售额中减除折扣额。因此，在纳税实务中要特别注意"销售额与折扣额须在同一张发票上分别注明"这一点。

3. 签订价格框架协议而非一次订货协议可以延期缴纳印花税

在商业允许的情况下，尽量签订价格框架协议而非一次订货协议，因为一次订货协议，即产生按照总额缴纳印花税的纳税义务，签订框架协议则初期签订时总额不确定即可以延缓缴纳印花税；考虑增值税或所得税，签订价格框架协议也不会导致税负增加或纳税提前。

4. 对于动产的运输费和安装费单独核算

在商业允许的情况下，对于公司销售动产同时负责运输和安装的，建议分别核算，可以减少整体的增值税税负。或者，公司可以考虑设立单独的安装和维护企业，负责安装和维护服务，这样增值税税负也比较低。

5. 对于设备的安装费单独核算

针对销售设备并且提供安装的，建议分别核算，对于其中的安装服务可以选择使用简易方法计税。

依据是国家税务总局公告 2018 年第 42 号文件第六条：一般纳税人销售自产机器设备的同时提供安装服务，应分别核算机器设备和安装服务的销售额，安装服务可以按照甲供工程选择适用简易计税方法计税；一般纳税人销售外购机器设备的同时提供安装服务，如果已经按照兼营的有关规定，分别核算机器设备和安装服务的销售额，安装服务可以按照甲供工程选择适用简易计税方法计税；纳税人对安装运行后的机器设备提供的维护保养服务，按照"其他现代服务"缴纳增值税。

6. 在商业和政策允许的情况下，中间经销商可以优先选择以代理服务者身份而非销售者身份参与交易

目前很多领域，中间经销商以销售者身份参与交易，假设某产品增值税税率为 13%，生产者为 A 公司，中间经销商 B 公司，采购者 C 公司。如果 B 公司以经销商身份从 A 公司采购商品再将商品销售给 C 公司，则 B 公司需要按照 13% 的税率计算缴纳增值税；如果 B 公司以代理服务商身份参与交易，则 C 公司直接从 A 公司采购产品，并且向 B 公司支付代理服务费，B 公司按照 6% 的比例计算缴纳增值税。因此，中间经销商以代理服务身份参与交易可以降低增值税税费。另外，因为经营额降低，B 公司有机会作为小型微利企业享受相应的税收优惠。

7. 产品销售合同中包装物押金的处理

按照消费税和增值税的缴纳规定，对于非酒类的一般货物的包装物押金单独核算的情况，如果包装物押金在一年内收回的，不做销售处理，不征收增值税和消费税；如果包装物没有在一年内收回的，做销售处理，征收增值税和消费税。

因此，在销售合同中，销售方可以将包装物押金单独计算出来，这样有两种可能，一种是一年内收回包装物押金的，包装物押金对应的这部分款项就不征收增值税和消费税；即使包装物没有在一年内收回，增值税和消费税的纳税义务发生时间也可以顺延，对于企业的现金状况也有好处。

（三）设备租赁合同的签订技巧

在商业允许的情况下，应尽量签订服务合同而非设备租赁合同。例如，A 公司将建筑机械设备租赁给 B 公司，按照动产租赁缴纳增值税的税率为 13%，如果 A 公司安排操作人员操作建筑机械为 B 公司的建筑工程提供服务，在这种情况下合模式并非 B 公司将设备租赁给 A 公司，而是 A 公司将部分工作委托 B 公司完成，则可以按照 9% 的税率缴纳增值税，当然 A 公司和 B 公司要综合考虑法律风险决定实际的合作模式。

（四）广告类合同的签订技巧

广告主在与广告经营者和（或）广告发布者签订广告类合同时，往往涉及广告设计、制作、策划、发布等多项内容，关于价款，一种约定方式是约定了合同的总价不做区分，另一种方式是对广告设计、制作、策划、发布等多项内容分别计算。

前述内容已经说明，分别计算可以降低增值税税负，在此基础上，对于广告经营者和（或）发布者，应当注意的是，现有的政策对于设计策划等创意类产业有各种税收优惠政策，相关从业方可以咨询税务主管单位明确如何享受税收优惠；对于广告主而言，因为在计算企业所得税的年应纳税所得额时，广告费存在税前扣除标准，所以可以考虑咨询税务主管单位如何划分费用以便在税前尽量扣除。

（五）咨询服务类合同的签订技巧

咨询服务类合同的付款方式一般有两种约定方法：一种是约定一个总的价款且其余交通住宿费用由服务提供方承担；另一种是约定服务费用和交通住宿费用，服务接受方分别计算承担。

例如，甲是一名法律专家，为 A 企业提供咨询服务，总的报酬每年 10 万元，双方可以按照两种方式约定，方式一为 A 企业每年支付甲 10 万元，其余交通住宿费由甲自理；方式二为 A 企业每年支付甲 9 万元，交通住宿费 1 万元由 A 企业承担。对于甲个人而言，按照方式一处理甲每年的应纳税所得额增加 10 万元，按照方式二处理甲每年的应纳税所得额增加 9 万元，明显按照方式二更经济；对于 A 企业而言，按照方式二可以增加一定的增值税进项税额，且一般不会导致企业所得税税负增加，按照方式二也会更有利。

第五节　劳动和劳务报酬中的税收实务

企业用工发放劳动或劳务报酬时需要依法代扣代缴个人所得税，通过合规用工可以在法律允许的条件下降低整体的个人所得税税负。

一、劳动报酬的征税规定

个人所得税法第二条规定了个人所得税的纳税项目：

（一）工资、薪金所得；（二）劳务报酬所得；（三）稿酬所得；（四）特许权使用费所得；（五）经营所得；（六）利息、股息、红利所得；（七）财产租赁所得；（八）财产转让所得；（九）偶然所得。

居民个人取得前款第一项至第四项所得（以下简称综合所得），按纳税年度合并计算个人所得税；非居民个人取得前款第一项至第四项所得，按月或者按次分项计算个人所得税。纳税人取得前款第五项至第九项所得，依照本法规定分别计算个人所得税。

另外，个人所得税法第六条规定了应纳税所得额的计算，尤其是对于每一纳税年度的收入额、减除费用、专项扣除、专项附加扣除及其他扣除进行了规定。进一步地，税务总局对于各项扣除的计算方式做了相应规定。

因此，对于劳动报酬，即常见的工资、薪金所得，企业和员工可以充分利用各项扣除降低综合税负。

二、劳务报酬的征税规定

根据个人所得税法第二条规定，劳务报酬也应并入综合所得综合计征个人所得税，但是目前在实际工作中，采取的是预缴与汇算清缴相结合的方法。扣缴义务人向居民个人支付劳务报酬所得时，按次或者按月预扣预缴税款，具体方法为预扣预缴应纳税所得额不超过 20 000 元的部分，按照 20% 的比例预扣预缴；超过 20 000 元至 50 000 元的部分，按照 30% 的比例预扣预缴；超过 50 000 元的部分，按照 40% 的比例预扣预缴。因此，每一纳税年度的前期，可以考虑尽量降低每次取得劳动报酬的数额，从而可以降低预扣预缴税款的数额。待到居民个人办理年度综合所得汇算清缴时，再行多退少补，这样可以实质上实现延期纳税的效果。

三、劳动和劳务报酬的筹划思路

目前在劳动和劳务报酬领域的筹划合规性要求越来越强，此处仅介绍几个思路，以供参考。

（一）充分利用符合规定的商业健康保险和税收递延型商业养老保险

首先，对于个人购买符合规定的商业健康保险产品的支出，允许在当年计算应纳税所得额时予以税前扣除，扣除限额为每年 2 400 元，因此，如果员工购买此类商业保险的应当申报，如果企业购买商业健康保险的可以计入员工个人工资薪金从而从应纳税所得额中相应扣除；递延型商业养老保险原理类似。

（二）充分利用年终奖单独计税

纳税人取得全年一次性奖金，单独作为一个月的工资、薪金所得计算纳税，不计入年度综合所得的范围，因此，灵活利用年终奖单独计税，可以依法降低综合税负。根据国务院 2021 年 12 月 29 日的会议决定，该优惠政策延续至 2023 年底。

（三）尊重实际情况将劳务报酬分配给多个实际工作人而非以少数人名义分配

目前，很多工程承包工作或者承揽工作的实际情况是，整体承包人或者承揽人以自己个人名义领取劳务报酬，然后分发给工人；按照规定，大额的劳务报酬会产生更大的税负，因此，如果由工人以自己的名义分别领取劳务报酬，则可以在相同金额的情况下降低整体税负。

第九章

公司数据化业务的
法律问题及风险应对

　　企业对自身业务数据的掌控和运用能力正在逐渐成为公司的核心竞争力之一，在积累、加工和使用过程中，数据也逐步成为企业的"虚拟化资产"，快速发展的电子商务也催生了电子印章等高效便捷的商务合作缔结方式。如何保护自身的数据，在数据的整理过程中如何合法合规，怎样能保证快速高效地运用数据化工具的同时最大化降低风险，是当下企业管理的重中之重。本章将从数据资产的保护、外部数据的合法性、电子印章的运用等方面介绍公司数据化业务中的法律风险问题。

第一节　数据资产的企业所有权保护问题

随着社会单体元素之间的交集增多，越来越多的数据涌入了社会生活，作为经济实体的企业，或将主业从实体向数据化进行拓展。例如，将资产和输出服务的资产进行数据化统计、整合；或者一些企业直接将数据业务作为自己的主业。

一时间，经济业务过程中在互联网产生、分析和储存的大量数据，形成了具有商业价值的数据资产。企业对部分该资产享有所有权的同时，也存在对其他资产仅享有使用权的情形。因此，要解决企业对数据化资产的所有权保护，如图9-1所示就应当首先厘清，什么是数据资产的"所有权"？企业是否对数据资产享有"所有权"？作为企业如何知道自身对数据资产是享有"所有权"，还是享有使用权？如果企业仅享有使用权，如何知道这些资产属于谁？

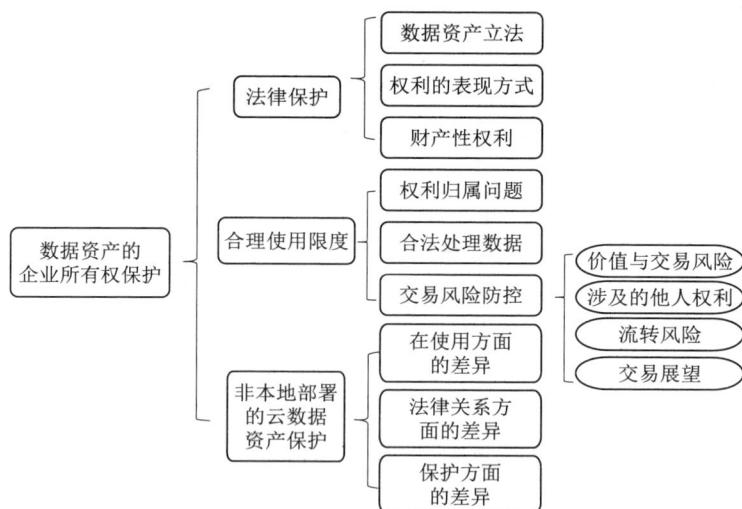

图9-1　数据资产的企业所有权保护一览

一、目前法律对数据资产的保护状况

我国已经针对数据安全等电子信息领域相关的问题进行了立法，涉及法律、行政法规等多个层级。但目前主要集中在监管、安全和行政调整上，还没有针对主体对数据所享有的权利进行专门规定。

（一）目前国内对数据资产的立法还在进程中

所有权是民法概念，按照此前《中华人民共和国物权法》和现行民法典的规定，是指所有权人对自己的不动产或者动产，依法享有占有、使用、收益和处分的权利。

目前，我国尚没有专门针对数据资产的法律规定，甚至主体对数据资产的民事权利是否为法律上的所有权没有明确的规定。

2021年6月，我国颁布《中华人民共和国数据安全法》（以下简称数据安全法），其中明确了"数据"的定义为："任何以电子或者其他方式对信息的记录。"数据处理的形式"包括数据的收集、存储、使用、加工、传输、提供、公开等"。数据安全是指"通过采取必要措施，确保数据处于有效保护和合法利用的状态，以及具备保障持续安全状态的能力"。

由此可见，数据并非仅以电子化的方式获取、保存、利用，互联网数据的大量产生，导致了数据和电子化的混淆。例如，卖煎饼的摊主对每天光顾的顾客的特定要求和饮食习惯烂熟于心，这是自己思维和记忆产生的数据，并未以电子方式为载体体现，只是不以任何可以显现的方式体现出来的，被侵权的可能性较小。另外，与数据相关的法律规定还有《中华人民共和国网络安全法》（以下简称网络安全法）、《中华人民共和国电子商务法》（以下简称电子商务法）、《中华人民共和国电子签名法》（以下简称电子签名法）及知识产权类的法律规定，但是除了知识产权类的法律规定以外，其他立法多着眼于数据规范的管理规则，对数据资产权利人的保护的规定比较少。动产，简单来说就是"可以脱离原有位置而存在的资产"，目前除了可以直接适用知识产权相关法律规定的以外，我国只能参照民法典关于动产的相关规定来保护数据资产。

（二）权利人对数据资产权利的表现方式

数据资产是一种独立于不动产、动产的物权体系的资产，"所有权"表现形式也独立于现有的不动产和动产的法律规定。不动产的所有权表现形式，按照民法典第二百零九条规定："不动产物权的设立、变更、转让和消灭，经依法登记，发生效力。"第二百二十四条规定："动产物权的设立和转让，自交付时发生效力。"

一般认为，包含数据在内的计算机系统，或者某种计算逻辑，实际上是智力成果，只有将其列示、描述出来，才能称权利人对其享有某项权利（否则只是一个想法或一条逻辑），而用以演示的计算机、存储数据的介质，均是载体。因此将数据或数据资产作为著作权或专利权进行登记，是获得法律保护的途径，亦不是其"所有权"的表现形式。

（三）数据资产是一种财产性权利

企业对其享有所有权的数据进行处理，往往行使的是数据资产的财产性权利。例如，某健身企业，在经营健身房的过程中通过 IT 运营系统中的刷卡记录、器械反馈数据、体重体脂测量仪，以及推送健身指导视频的浏览记录，对顾客的消费水平、健身机械使用强度、运动参与度、身体机能的变化等数据进行监测，并凭借分析结果，针对用户研发了专门的健身套餐。不难判断，该企业对于产生于该企业自身投入资金搭设的设备、视频推送和企业运营过程中自行收集的数据，享有使用和收益的权利。

同时应当注意到，数据资产并不是有形动产，虽然通过可视化操作我们能够观察到、捕捉到、感受到它的存在，但归根结底数据资产仍然是一种经验、记录或逻辑思维，我们看到的数据资产只是通过载体表现出来的虚拟存在。所以，数据资产从根本上讲，是一种财产性权利。

二、企业核心资产与客户个人隐私之争——数据合理使用限度的法律问题

虽然企业对数字化的资产享有财产性权利，但是企业在获取数据的过程中，必然发生企业之外其他主体的沟通与交互，特别是"平台类""服务类"的企业经营过程中，将获取到大量的客户信息。本部分笔者将尝试划定企业与用户之间对数据的权利界限。

（一）权利归属问题——企业对哪些数据享有权利

1. 源发于自身的数据资产及数据化资产归企业所有

仍以小商贩煎饼摊为例，对于每日应补充的物料购买的数据，即为该"企业"自身的数据资产，不但归属于企业所有，还有商业秘密的属性，摊主绝不愿意告诉相邻的商铺每日销售数量、上货数量。

2.获取他人数据的所有权该归属于谁

当下的社会生活中，企业获取的数据，通常是将客户以"个性化—差别化—个性化……"的方式反复进行分类和个体分析后得出的具有经济价值的数据，它的经济价值在于，可以精准地匹配客户的需求并推送合适的产品或广告。因此，数据正在向细分领域进行延展，能更加精准、清晰地将个体在某个场景下的信息数据化并能更好地实际应用到商业经营中。

因此，对数据的收集、存储、使用、加工、传输、提供、公开、删除，是企业在获取客户的地理位置、生活习惯、消费能力、信用背景、人际关系等数据以后，由企业进行的带有自主意识和逻辑的加工所获得的成果，类似在著作权中保护作者的作品一样，脱离了数据产生的本体，即客户，因此对加工过的数据，笔者认为加工方即企业享有所有权，同时，对于加工过程中产生的加工方法，即"算法"作为智力成果也享有所有权。但是对于数据产生的本体而言，客户对自己的习惯等数据并没有所有权，因为这些数据并不是"物"，无所谓所有权的概念，客户对该习惯的权利应属于隐私权保护的范畴。

（二）企业应合法处理并利用所获得的数据

企业合法地处理、利用所获得的数据，至少需要从以下 7 个角度出发。

1.遵循合法、正当、必要和诚信原则，不得通过误导、欺诈、胁迫等方式处理个人信息。

2.具有明确、合理的目的，并应当与处理目的直接相关，限于实现处理目的的最小范围，采取对个人权益影响最小的方式。

3.遵循公开、透明原则，公开个人信息处理规则，明示处理的目的、方式和范围。

4.保证个人信息的质量，避免因个人信息不准确、不完整对个人权益造成不利影响。

5.对其个人信息处理活动负责，并采取必要措施保障所处理的个人信息的安全。

6.遵照法定的规则和要求：

（1）取得个人的充分知情、自愿、明确的同意意思表示；

（2）为订立、履行个人作为一方当事人的合同所必需，或者按照依法制定的劳动规章制度和依法签订的集体合同实施人力资源管理所必需；

（3）为履行法定职责或者法定义务所必需；

（4）为应对突发公共卫生事件，或者紧急情况下为保护自然人的生命健康和财产安全所必需；

（5）为公共利益实施新闻报道、舆论监督等行为，在合理的范围内处理个人信息；

（6）依照本法规定在合理的范围内处理个人自行公开或者其他已经合法公开的个人信息；

（7）法律、行政法规规定的其他情形。

7. 企业对数据的采取、处理及利用应采取必要的限度：

（1）遵守信息提供者的单方权利。允许处理个人信息的同意可以由个人随时撤回，企业应当提供便利的条件加以保证；利用信息推送、商业营销的，应当同时提供不针对其个人特征的选项，或者向个人提供便捷的拒绝方式；

（2）事先充分披露，告知个人该信息处理者的名称或姓名和联系方式、个人信息的处理目的、处理方式，处理的个人信息种类、保存期限、个人行使法定权利的方式和程序；

（3）事中充分告知，个人信息处理者向其他个人信息处理者提供其处理的个人信息的，应当向个人告知接收方的名称或者姓名、联系方式、处理目的、处理方式和个人信息的种类，并取得个人的单独同意；

（4）信息利用的无差别待遇。自动化决策，应当保证决策的透明度和结果公平、公正，不得对个人在交易价格等交易条件上实行不合理的差别待遇；

（5）处理个人敏感信息应当特殊告知个人处理该信息的必要性及对个人的影响，处理不满十四周岁的自然人的信息应当征得其监护人的同意；

（6）不得未经法定认证、审批程序向中华人民共和国境外提供个人信息。

三、数据资产的交易风险防控

既然该权利具有财产属性，那么就应当同时具备三个特征：具有价值、可以交易、存在风险。如何控制住这种功能交易风险是企业管理者应当关注的问题。

（一）数据资产的价值、交易与风险

2014 年 3 月，在国务院政府工作报告中，首次提出了"大数据"的概念。2015 年 4 月，贵阳、武汉接连建立了大数据交易所、大数据交易中心，开启了数据资产流通平台化的进程。此后我国又有多个以数据资产交易为经营项

目的平台上线，并且专门的数据服务网站也在几年内"升温开花"，这和区块链技术的发展和不断运用有很大的关系。

之前的数据资产是新兴产业，市场主体都做尝试或观望其交易，认为必然会带来市场机会和经济收益，但随着 2020 年客观环境的变化，数据作为供应货物和精准匹配消费的决策依据，逐渐成为企业生存必需的"战略物资"。货物买卖是买方与卖方的自愿行为，法律不禁止买卖的任何物品，均可以按照买卖双方的意愿成为商品进行流通。既然企业对于数据资产享有所有权，那么其出售自己所有的数据资产就是合法合规的。但因数据自身的涉他特性，故数据资产的交易关系与传统买卖的法律关系就必然存在一定区别。

（二）数据资产交易中涉及的他人权利

如前文所述，企业仅对含有企业加工研发逻辑的数据享有所有权（不包含客户的隐私），但假如数据没有进行个体匹配，那么其经济价值就会明显降低，因为宏观的、行业化的数据，可能作为公开资料或行业、产业的分析报告，很难直接用于购买方的生产活动。

如果数据的本源为企业自身产生的数据，则企业对外出售发源于自身经营的数据，可以视为对自己经营数据、商业秘密的主动披露，以及对可能带来的侵权法律责任的豁免（买方应当注意，一部分侵权责任是不能通过被侵权方事先豁免而免责的）；但是，如果数据的本源并非企业自身产生，而是收集和整理来自客户信息，则数据资产的买卖中，就无法避免地会涉及客户隐私事项买卖是否具有合法性，以及是否侵犯隐私权的问题。

目前，我国法律并没有专门立法对数据资产交易作出明确规定，但不能侵犯他人的隐私权，是由我国宪法、刑法、民法等多部法律确认的，因此，在数据交易过程中，不论是买卖关系还是许可使用等交易关系，也不论有偿或无偿的使用关系，都应当注意不得含有侵犯他人隐私的要素。

（三）数据资产交易中的流转风险

数据资产具备价值，故权利人可以进行买卖或有偿许可使用，将所获得的智力成果，按照知识产权的财产权利对其进行流转。本部分仅针对交易中的法律风险进行阐述。

1. 真实性问题

一方面是数据资产的真实性问题，另一方面是交易的真实性问题。

数据资产应当为真实存在的资产。不同于不动产的登记表现和动产的存在表现，数据资产的存在要通过可视化方式令交易主体获得信息，但这种可视化并非其所有权的表现。

关于数据资产交易的真实性，在其与普通商品流转交易上并没有显著的差异，可以参照 IT 系统采购里程碑式的逐步交付和付款，或者以先交付一部分数据进行检验的方式进行风险控制。

2. 合规性问题

一方面交易不能涉及用户隐私，另一方面对于立法尚未明确表态的交易类型要审慎进行。

3. 交易逻辑问题

一方面在设计交易逻辑时，应明确"钱货两清"的交易逻辑存在的风险问题；另一方面，对于通过大数据交易中心等机构进行交易时，应明确交易机构制定的规则。

在 2020 年发生的一起因碳排放配额的资产交易发生纠纷的案件中，交易卖方因未收到配额交易款项，起诉交易所最终败诉。交易卖方认为，交易所负有"审核并确保交易账户中持有满足成交条件的资金"的义务，但交易所的规则中明确记载了"交易参与人"应当确保……，交易参与人也即"参与交易的买卖各方"。人民法院认为，交易规则中未约定交易所负有保证双方交易绝对安全的义务，碳排放权交易管理暂行办法中也未有此类规定；同时，根据买卖双方的交易时间节点设定能够推断出，原告方存在自甘冒险的情形，即明知有买方存在缺乏资金的风险，仍将配额款项划转至买方，故判决原告方败诉，其未实现的价款损失应当向交易买方主张。

在本案中，存在交易方对交易规则的误读、交易合同与规则发生冲突、对交易机制的过度信赖等风险审核的疏漏。

（四）数据资产交易的展望

尽管现今数据资产的交易存在诸多风险，但该领域规范化发展的道路已在摸索中前进。2021 年初，中国南方电网有限责任公司发布了能源行业首个数据资产定价方法——中国南方电网有限责任公司数据资产定价方法 (试行)，规定了南网数据资产的基本特征、产品类型、成本构成、定价方法及相关费用标准。可想而知，未来数据资产的交易会向价格合理、交易合法的方向长足发展。

四、非本地部署的云数据资产保护

基于云部署的访问授权网络化，以及在用户主动删除后数据是否存在遗留、可恢复的问题，甚至是否存在服务商保留数据等可能，云部署对于用户的信息保护显得尤为重要。

目前，我国尚未出台明确地对云部署、云存储数据保护的相关规定，云服务机构的法律责任则与网络服务提供者相混同予以规制，散见于全国人大的决定及数据安全法律法规。下面就本地部署与云部署的差异，进行简要介绍。

（一）在使用方面的差异

本地部署和云部署在使用上各具有优势。

本地部署，即企业将数据存放于自有服务器内，在形式安全性方面和数据的修改生成方面，均具有优势。但随着 IT 技术的发展及服务商实力的增强，特别是中小企业对成本控制的需求增大，云部署也已逐渐成为较优选择。

云部署，通常是企业将 IT 系统开发维护和数据存储的需求委托专门的 IT 服务公司完成，因无须自购和维护服务器，故资金压力较小，也方便大量不在办公场所办公的人员使用。

（二）法律关系方面的差异

本地部署和云部署二者在企业的商业秘密保护层面是相类似的，但在其他法律关系层面，本地部署涉及自购服务器设备的买卖合同关系和 IT 人员的劳动合同关系，而云部署涉及的是与外部企业的服务合同关系。

（三）保护方面的差异——云部署的商业秘密保护

对于本地部署而言，在商业秘密层面更多需要注重对内部管理制度的梳理，注重掌握商业秘密人员的范围限制和权限配置。

对于云部署而言，则更多从服务合同中进行规制，约定违约责任。但违约责任的约定，并不应视为对全部权利的安排。当发生商业秘密泄露时，仍然可以侵权类案由要求侵权方承担责任，但应当视服务方的责任来选择维权方式和相对方，更可以运用好刑事方面的法律武器来保护自身权利。

第二节　外部数据获取及使用的合法性问题

我国《中华人民共和国网络安全法》《中华人民共和国刑法修正案（九）》

等法律法规中明确禁止非法收集使用个人信息。2019 年 11 月 6 日，中国互联网金融协会向其会员单位下发《关于增强个人信息保护意识依法开展业务的通知》指出，爬虫技术成为部分自称"大数据风控"平台越界采集个人信息、实质从事个人"征信类"业务的工具。鉴于数据爬虫的技术中立性，确立数据爬虫的合法边界非常重要。

一、"爬虫"与合法获取数据信息

"爬虫"，通常理解为一种获取网络信息的脚本或程序，网络爬虫技术本身是中性的，按照一定规则来自动抓取互联网信息，可代替人们自动地在互联网中进行数据信息的采集与整理。而网站对于"爬虫"的容忍程度，主要分为以下两种。

（一）网站自行设定的标准

目前，网站允许合法合理的"爬虫"获取网站信息的规则，是源于遵守"robots 协议"，即网站自行制定哪些方法和数据范围是被允许或不被允许的。使用方法是在网站链接后方添加"/robots.txt"，即可看到该网站的协议。这种协议并不是一个规范，只是约定俗成，被行业视为规则和道德规范，从法律上也可以认为是网络服务提供者——网站运营方要求任何使用网站服务的人应当遵从的协议。

（二）法律规定

收集和储存信息的法律规定，主要集中在行政法领域和刑法领域。

1. 行政监管立法层面

数据安全法第三十二条规定："任何组织、个人收集数据，应当采取合法、正当的方式，不得窃取或者以其他非法方式获取数据。"该法第五十一条规定："窃取或者以其他非法方式获取数据，开展数据处理活动排除、限制竞争，或者损害个人、组织合法权益的，依照有关法律、行政法规的规定处罚。"

法律、行政法规对收集、使用数据的目的、范围有规定的，应当在法律、行政法规规定的目的和范围内收集、使用数据。

2. 刑事责任方面

在刑事责任方面，有多起罪名涉及不当获取、收集、使用、提供网络信息、公民信息等行为。

3. 刑法关于信息不当行为所涉犯罪罪名

非法侵入计算机信息系统罪；非法获取计算机信息系统数据、非法控制计算机信息系统罪；提供侵入、非法控制计算机信息系统程序、工具罪；破坏计算机信息系统罪；拒不履行信息网络安全管理义务罪；帮助信息网络犯罪活动罪；侵犯公民个人信息罪。

二、关于涉信息不当行为所涉罪名中的犯罪情形详释

由于信息涉及权利主体的核心权利，近年来我国在立法、司法解释等方面也注重对此进行保护，并在刑法修正案中增加、修正了若干涉及破坏信息安全、侵犯主体权利的罪名规定。本部分选取其中几个较为关键的要点进行阐述。

（一）网络服务提供者的界定

网络服务提供者是指提供如下服务的单位和个人：

1. 网络接入、域名注册解析等信息网络接入、计算、存储、传输服务；

2. 信息发布、搜索引擎、即时通信、网络支付、网络预约、网络购物、网络游戏、网络直播、网站建设、安全防护、广告推广、应用商店等信息网络应用服务；

3. 利用信息网络提供的电子政务、通信、能源、交通、水利、金融、教育、医疗等公共服务。

在司法实践中，个人被界定为网络服务提供者的并不多见，而是多被定义为网络用户。因此，从事网络相关业务的公司应当重点注意。

（二）网络服务提供者的信息网络安全管理义务之法律风险

网络服务提供者应当履行信息网络安全管理义务，如履责不当可能因行为或后果入罪而承担刑事责任。拒不履行信息网络安全管理义务是指出现如下违法传播情形之一的：

1. 致使传播违法视频文件二百个以上的；

2. 致使传播违法视频文件以外的其他违法信息二千个以上的；

3. 致使传播违法信息，数量虽未达到第一项、第二项规定标准，但是按相应比例折算合计达到有关数量标准的；

4. 致使向二千个以上用户账号传播违法信息的；

5. 致使利用群组成员账号数累计三千以上的通信群组或者关注人员账号数累计三万以上的社交网络传播违法信息的；

6. 致使违法信息实际被点击数达到五万以上的；

7. 其他致使违法信息大量传播的情形。

（三）如何界定"非法获取"

按照个人信息保护的司法解释之规定，非法获取个人信息包括的几个情形：窃取、购买、收受、交换、在履行职责或者提供服务过程中进行收集并出售或者提供给他人使用。

关于采取隐秘的方式获取他人占有、控制、保管的物，或者支付价款或其他对价以换取个人信息的概念不难理解。此处比较特殊的情况是"在履行职责或者提供服务过程中进行收集"，不是单独的犯罪情形，而是法定的从重处罚情节。

（四）"公民个人信息"的定义及范畴

依据《中华人民共和国个人信息保护法》（以下简称个人信息保护法）第四条："个人信息是以电子或者其他方式记录的与已识别或者可识别的自然人有关的各种信息，不包括匿名化处理后的信息。"可见，个人信息的主要标志，是可以通过该信息标识、指引到某个具体的人。

综合刑法及司法解释的规定，公民的个人信息至少包括如下内容：生物识别、宗教信仰、特定身份、医疗健康、金融账户（征信信息）、行踪轨迹、通信内容及记录、财产信息、住宿信息、交易信息。其中前六项已由法律确定为个人的敏感信息。

通过上述梳理不难看出，国家不仅从个人信息保护的基本法律层面进行了规范，在近些年的司法解释颁布、刑法修正中也越发注重对公民个人信息的保护，同时也更注重对有能力获取上述公民个人信息的主体行为的规范。那么，数据获取方与用户之间，就数据归属及利用的界限，也是值得我们考虑的重要问题。

第三节　电子印鉴的使用和安全防护法律问题

电子印鉴在中国兴起于 21 世纪，在 2010~2015 年，随着一些新兴行业的发展而开始广泛运用并为社会熟知，它是将生物识别技术与个体意思表示的法律效力相绑定的一种实务应用。

一、电子化印章对传统印章制度的迭代

2004 年，中国首部电子签名法颁布。该法规定，"电子签名是指数据电文中以电子形式所含、所附用于识别签名人身份并表明签名人认可其中内容的数据"。

电子签名法经过 2015 年、2019 年两次修订后，在 2019 年前的电子签名法中，不允许使用电子签名的领域包括"涉及土地、房屋等不动产权益转让的"，以及"供电类公用事业服务的"，2019 年在此基础上进行了修订删除，即上述领域自 2019 年法律修订生效后也可以使用电子签名。立法、修法伴随着社会的发展而前进，未来电子签章将更加普及运用。下面将对电子签章运用中的重点问题进行阐述。

（一）传统印章的法律、法规

《国务院关于国家行政机关和企业、事业单位印章的规定》（1993 年）和《国务院关于国家行政机关和企业事业单位社会团体印章管理的规定》（1999 年），对企业事业单位、社会团体的印章的大小、图形、字体、文字顺序进行了详尽的规定，并且在印章的刻制、管理、缴销各方面都有规定。

即便如此，因为伪造印章产生的经济主体间的纠纷并不罕见。

【案例】

在南通市发生的一起买卖合同纠纷案件中，A 公司起诉 B 公司及四名自然人，要求 B 公司与被告某甲共同给付原告货款 173 万元及违约金 22 万元；要求某乙、某丙、某丁对上述债务承担连带责任；要求对属某丙、某丁所有的房产行使担保物权。

事件经过：2016 年 8 月，被告某甲代表被告 B 公司与原告 A 公司签订一份工业品买卖合同，被告某乙为该买卖合同提供了担保。之后原告依约向被告提供了油品。B 公司于 2017 年 11 月 30 日出具欠条，确认结欠原告 A 公司货款 223 万元。2018 年 1 月 12 日，被告某甲承诺共同偿还上述债务，被告某乙、某丙、某丁为上述债务提供保证担保至债务全部清偿时止，被告某丙、某丁还以自有房产为上述债务提供了抵押担保，担保债务金额为 70 万元。因各被

告均未履行各自义务，故提起诉讼。

B 公司答辩称：B 公司从未授权某甲代表 B 公司与原告 A 公司签订案涉买卖合同，原告 A 公司持有的买卖合同及欠条上加盖的 B 公司印章是假的，申请对该印章的真实性进行鉴定。请求驳回原告 A 公司对 B 公司的诉讼请求。因在诉讼中原告与某乙、某丙、某丁等其他被告达成部分和解，故其他被告的答辩意见不再介绍。

因 B 公司对买卖合同中 B 公司加盖公章的真实性提出异议并申请法院鉴定。经过司法鉴定，确认该加盖的公章与 B 公司公章并非同一枚印章。法院经审理认为，且买卖合同的签订和履行中均未能构成某甲对 A 公司的表见代理要求，故驳回了原告 A 公司对 B 公司的诉讼请求，支持了 A 公司对其他被告的部分诉讼请求。A 公司就此上诉、申诉，审理结果均维持了一审的判决结果。

由上两个案例可见，在交易中对于印章真实性的审查仍然是个重要的难点问题。真实性的审查，既包括了印章的真实性问题，也包括了人与印章的关联性问题，而电子签章可以降低该风险发生的概率。

（二）数据电文

电子签章的低风险性，笔者认为是源于电子印章中的一个重要概念——数据电文。

"数据电文"在中国的法律规定中，首见于 1999 年实施的合同法。该法中第十一条规定，"数据电文"包括电报、电传、传真、电子数据交换和电子邮件。而就立法者彼时对数据电文的理解和侧重，可以从该条文中其他对数据电文的第十六条、第二十六条、第三十三条、第三十四条几个条款的表述看出，是侧重于对以"数据电文"方式订立合同的成立、效力等方面的规定，而非数据本身的法律规定。

在电子签章还没有规模化兴起时，对电子"签订"的理解限于送达时单方意思表示，也有技术层面受限的原因。对于数据电文形式的探讨也偏重于电子证据的有效性问题。在法院的司法应用类文章中，注重的也是电子证据的真实性和有效性问题。

2004 年，电子签名法首次对数据电文进行了定义，是指"以电子、光学、磁或者类似手段生成、发送、接收或者存储的信息"。这个定义经过两次修法，一直沿用至今。

而能够与符合法律要求的书面形式相等同的数据电文，是指能够有形地表现所载内容，并可以随时调取查用的数据电文。从该数据电文的合格要求，又可以看出，包含数据电文的电子签名，其符合什么特征的情况下是有效的。

（三）电子签名（印章）的形式要求——可靠

电子签名法第十三条规定，电子签名同时符合下列条件的，视为可靠的电子签名：

1. 电子签名制作数据用于电子签名时，属于电子签名人专有；

2. 签署时电子签名制作数据仅由电子签名人控制；

3. 签署后对电子签名的任何改动能够被发现；

4. 签署后对数据电文内容和形式的任何改动能够被发现。

当事人也可以选择使用符合其约定的可靠条件的电子签名。

因此，形式上具备可靠，是电子签名最重要的要求。

二、电子印章使用过程中的"授权"法律问题

因行为人没有代理权、超越代理权或者代理权终止后仍然代理企业实施代理行为，而与企业的相对方发生纠纷的情况屡见不鲜，电子印章的使用和推广更可能"只见合同不见人"，因此电子印章关于"授权"的问题也是重中之重。

（一）企业代理人授权的认定

在企业商务交流中，企业接洽人员的身份往往被忽视，交易相对方最信任的通常是对接沟通最多的对方人员，而该人员是否真正有权代表企业对外行使签约权利，可能碍于面子未直接问及或者干脆直接被本方忽视。如果该对接人员同时还持有企业的公章，则非常容易被信赖。这就需要对几种代理情形进行区分，有权代理、无权代理、表见代理等。因本章主要介绍电子印章的问题，故将在其他章节中进行表述。下面引用一份我国最高人民法院新近的判例，是典型的企业因公章管理不当、导致企业最终承担巨额损失的情况。

这起案件是 A 银行起诉主债务人 B 公司、连带保证人 C 公司及若干自然人金融借款合同纠纷案件，A 银行起诉前述被告连带清偿欠款，在上述若干自然人中，有一人作为被告 C 公司其中的一名股东、监事、实际控制人，私

自使用 C 公司公章以 C 公司名下房产对 A 银行对 B 公司的贷款进行了担保。虽 C 公司以股东会决议瑕疵等理由进行抗辩，最终仍承担了 50% 的补充赔偿责任。案件经过一审、二审和最高人民法院再审，均持本结果。

（二）电子签章对签章真实性、用印人有效授权的保障

前面介绍过，电子印鉴的核心是数据电文，并且是可靠的数据电文，而且电子印章技术实际是数据和生物识别技术的场景结合。因此，电子签章并不是将纸面上的红章简单地线上化，而是基于权利授权链条产生的线上认证，落到电子合同上的印章其实是服务商为使用电子印章的企业拟制的"形式章"。大部分的企业线上签章都会遵照下述流程进行。

1. 注册认证

（1）在服务商网站上，以企业名义注册企业账号。在此环节，经办人需要提供自己的手机号码。

（2）上传所注册企业的基础资料，包括营业执照、法定代表人证明、个人证件等，按照要求进行提供。

（3）真实意思表示的认证。该环节旨在确认以企业名义进行注册，确为企业自愿且系有效行为、有效代理的人而为。通常，注册可以通过法定代表人手机号验证、法定代表人"刷脸"认证、企业对注册经办人的合法授权、企业付款认证等方式完成。

2. 签约及使用

（1）签约一方上传合同文件并向合同相对方发起签约信息后，系统生成了合同并向企业备案手机发送验证码，输入验证码即完成签约。系统会自动在本方签约位置生成"形式章"。

（2）根据不同的业务场景需要，合同可以进行第三方认证，并且便于调取、使用合同文件及签约信息。

自然人作为合同主体的签约过程与上述流程基本一致。从上述流程中我们不难看出，所有操作都需要由自然人完成，电子签约更加注重的是民法中的自愿、诚信原则，运用了行为能力、代理、法律行为效力等制度，以确认行为人在签署合同中得到了企业的真实有效、可靠的授权，是企业的真实意思表示。因此，服务商对自然人信息的采集和认证则是传统印章无法达到的，大幅降低了风险发生的概率。

第十章

企业解散

　　企业解散包括有限责任公司、股份有限公司、合伙企业、外商投资企业等各种类型企业的解散，所依据的我国相关规定包括公司法、合伙企业法、《中华人民共和国外资企业法》（以下简称外资企业法）及相关司法解释等。本章以公司法及其司法解释的相关规定为重点，主要以公司这种企业类型为核心，讨论企业解散在司法实践过程和法律实务过程中的相关具体问题。

第一节　企业解散的事由

我国公司法（2018 年修正）第一百八十条的规定，公司解散的原因包括：公司章程规定的营业期限届满或者公司章程规定的其他解散事由出现；股东会或者股东大会决议解散；因公司合并或者分立需要解散；依法被吊销营业执照、责令关闭或者被撤销；人民法院依照公司法第一百八十二条的规定予以解散。本节将围绕上述规定的内容，对我国法律规定的各种解散情形展开具体的分析和讨论。

一、因营业期限届满而解散

因营业期限届满解散是指，公司的营业期限届满且公司股东（大）会未达成延长经营期限的决议，因此公司不再继续经营，并将公司予以解散的情形。这种情况下营业期限届满后公司不再存续，公司应当解散并启动清算程序。

根据公司法的规定，营业期限并不是公司章程的必备内容，但在公司设立的过程中营业期限是一个必须明确的事项。根据《公司登记管理条例》的规定，公司的登记事项包括营业期限。在实务中，公司在办理设立的工商登记时，需要明确公司的营业期限，公司的营业执照及工商登记信息中均会显示某一家公司的营业期限为多长时间。营业期限有两种常见情形，一种是有具体期限的营业期限（例如，10 年、20 年、50 年），另一种是没有具体期限的营业期限（例如，在公司营业执照中显示"长期"，或工商登记信息的"营业期限至"处显示为空白）。而在前述第一种情形下，当所设定的营业期限届满而未予延长的情况下，该公司就符合因营业期限届满而解散的情形。

而公司营业期限即将届满的情况下，存在两种选择：一种是公司的股东协商延长营业期限，公司继续存续并经营；第二种是在股东就延长营业期限无法达成一致或者决议不延长的情形下将公司解散。

但是在实际情况中，存在这样一种情形，即公司营业期限届满，而股东之间未达成延长经营期限的一致，也未就启动后续程序达成方案，那么公司这时处于怎样的状态，是继续存续还是已经解散？

【案例】朱某与纺友公司的公司解散纠纷

【基本案情】

纺友公司于 2005 年 3 月 18 日核准成立，股东为陶某（持股比例 51%）、朱某（持股比例 49%）。纺友公司自成立以来未召开过股东会议，自 2016 年起不再经营主营业务等，以出租厂房作为经营业务，公司房产登记在陶某名下。纺友公司章程载明，公司的营业期限为 10 年，从企业法人营业执照签发之日起计算。章程第二十七条规定，公司有下列情形之一的，可以解散：①公司章程规定的营业期限届满或者公司章程规定的其他解散事由出现时；②纺友公司营业执照载明，营业期限至 2015 年 2 月 24 日。股东朱某以目前两股东存在矛盾激化，要求解散公司。

【判决观点】

纺友公司章程规定的营业期限早在 2015 年就已经届满，公司也未形成有效决议通过修改公司章程继续存续，且两股东存在矛盾激化，朱某要求解散公司的情况下，显然已无法形成有效决议使公司继续存续。故根据法律规定，纺友公司在营业期限届满时就应当成立清算组进行清算，但纺友公司至今未清算，也无债权人提起清算申请。朱某作为公司股东可以直接向法院申请指定清算组对公司进行清算。本案纺友公司已出现法定自然解散情形，无须通过股东朱某提起公司解散诉讼由法院判令解散。朱某可以直接向法院申请指定清算组对公司清算。

【裁判要点总结】

当发生营业期限届满的情形时，公司已符合法定解散情形，公司已经解散，无须再通过法院提起公司解散之诉，而可以直接向法院申请指定清算组对公司进行清算。

二、因发生章程规定的事由而解散

除公司法明确规定的解散事由，公司法规定当公司章程规定的解散事由出现时发生公司解散的后果，在公司解散的事项上给予公司股东一定的意思自治。在实务中，常见的情形是，绝大多数公司的章程就公司解散的条款通常采用与公司法一致的规定，抑或是根据相关主管部门制定的章程参考模板或其他类似公司现有的公司章程而制定。而主管部门发布的章程参考模板和其他公司章程的解散条款，也是参照公司法制定的。因此，在公司解散条款上，个性化内容并不多见。

以某些有限责任公司、股份有限公司及上市公司的公司章程为例，这里将其中解散条款的相关内容列举如下。

某有限责任公司的章程中规定，公司有下列情形之一的，可以解散，具体情形包括：公司章程规定的营业期限届满或者公司章程规定的其他解散事由出现；股东会决议解散；因公司合并或者分立需要解散；依法被吊销营业执照、责令关闭或者被撤销；因不可抗力事件导致公司无法继续经营时；人民法院依法予以解散。

某股份有限公司的章程中规定，公司因下列原因解散：章程规定的营业期限届满或者章程规定的其他解散事由出现；股东大会决议解散；因公司合并或者分立需要解散；依法被吊销营业执照、责令关闭或者被撤销；公司经营管理发生严重困难，继续存续会使股东利益受到重大损失，通过其他途径不能解决的，持有公司全部股东表决权10%以上的股东，可以请求人民法院解散公司。

某上市公司的章程规定，有下列情形之一的，公司应当解散并依法进行清算：股东大会决议解散；因公司合并或者分立而解散；依法被吊销营业执照，责令关闭或者撤销；经营管理发生严重困难，继续存续会使股东利益受到重大损失，通过其他途径不能解决的，持有公司全部股东表决权百分之十以上的股东，可以请求人民法院解散公司；本章程规定的其他解散事由出现。

通过以上列举不难发现，除了某有限公司章程相关条款内容列举了一项"因不可抗力事件导致公司无法继续经营时"可以解散，章程的解散条款基本采用与公司法一致的列举。而出现这种现象的原因在于，在公司设立之初，股东都希望公司未来能够有长足的发展，较少会将精力放在公司解散的问题上，因此也就不会花太多的时间和注意力去调整关于公司解散的条款。同时，在公司运营过程中，如果发生无法继续经营的情形，股东可以通过决议解散来行使对公司的意思自治。

这样看来，章程是否规定的面面俱到也就显得不那么重要了。

三、决议解散

决议解散，是指通过在公司的股东会或者股东大会召开会议并形成决议的方式对公司解散作出决定。根据我国公司法的规定，公司解散属于需要经股东特别决议的重要事项，有限责任公司应当经代表三分之二以上表决权的股东通过，股份有限公司应当经出席会议的股东所持表决权的三分之二以上通过。

决议解散有可能在公司经营情况尚可的情况下发生，例如因公司某些股东的原因，比如其所属集团的整体战略调整或者经营策略发生变化等情形，因此决定不再继续经营而予以解散。以笔者曾参与的一个公司解散项目为例，被解散的公司为一家中外合资经营企业，该企业由某外国企业和某国有企业的下属单位共同出资设立。在该企业经营情况尚可的情况下，因考虑到企业自身业务在中国市场的发展前景，股东双方决定对中国市场发展战略进行重大调整，股东双方均希望分别寻求自身更大的发展。后经双方股东代表多次会议讨论，并经总部和上级主管单位决定，最终合营双方决定解散该企业。

决议解散与依据章程规定而解散的区别在于，在章程中写明的解散事由是对解散情形的事先设定，当发生解散时可以直接依据章程规定解散，而决议解散是在发生某些情形发生后，经由股东间形成决议而达到解散的目的。

四、因合并或分立而解散

因合并或分立而解散，是指在发生公司合并或分立的情形下，因合并或分立而不再存续的公司应当依法解散。

合并分为吸收合并和新设合并。在吸收合并的情形下，被吸收的公司解散；在新设合并的情形下，两个以上公司合并成一个公司，合并的各方解散。分立分为存续分立和解散分立。在存续分立的情况下，被分立的公司依然存续，因此不发生解散的情形；在解散分立的情况下，一个公司分解为两个或两个以上的公司，被分立的公司解散。

公司合并或分立无须进行清算程序，因为在合并或分立中被解散公司的债权债务有其他主体承继，但是在合并和分立中应当编制资产负债表及财产清单，并履行通知、公告债权人的义务。

五、因被吊销营业执照、责令关闭或被撤销而解散

企业被吊销营业执照、责令关闭和被撤销这三种情形有一个共同点，那就是相关企业不得再继续开展经营活动，根据我国法律规定，应当依法予以解散。

根据公司法第一百九十八条的规定，虚报注册资本、提交虚假材料或者采取其他欺诈手段隐瞒重要事实取得公司登记的，由公司登记机关责令改正，情节严重的，撤销公司登记或者吊销营业执照。

根据《公司登记管理条例》的相关规定，涉及撤销公司登记或吊销营业执照的情形见表10-1。

表10-1　撤销公司登记或吊销营业执照情形一览表

具体情形	后果
虚报注册资本取得公司登记	情节严重的，撤销公司登记或者吊销营业执照
提交虚假材料或者采取其他欺诈手段隐瞒重要事实取得公司登记	情节严重的，撤销公司登记或者吊销营业执照
公司成立后无正当理由超过6个月未开业的，或者开业后自行停业连续6个月以上	吊销营业执照
公司变更经营范围涉及法律、行政法规或者国务院决定规定须经批准的项目而未取得批准，擅自从事相关经营活动	情节严重的，吊销营业执照
伪造、涂改、出租、出借、转让营业执照	情节严重的，吊销营业执照
承担资产评估、验资或者验证的机构提供虚假材料	由主管部门依法责令该机构停业、吊销直接责任人员的资格证书，吊销营业执照
承担资产评估、验资或者验证的机构因过失提供有重大遗漏的报告	公司登记机关责令改正，情节较重的，由有关主管部门依法责令该机构停业、吊销直接责任人员的资格证书，吊销营业执照
利用公司名义从事危害国家安全、社会公共利益的严重违法行为	吊销营业执照

发生表中所列情形时，公司应当予以解散。如果以公司被吊销企业法人营业执照未进行清算为由，提起解散公司诉讼的，人民法院是不予受理的。因此，当公司发生撤销公司登记或吊销营业执照的情形时，只需进行后续的清算工作，无须再提起解散公司之诉。

六、司法解散

司法解散，是指单独或者合计持有公司全部股东表决权百分之十以上的股东，在符合规定的条件下，通过诉讼的方式向人民法院提起公司解散诉讼，经人民法院审理并判决公司解散。司法解散是通过司法程序强制解散公司，因此也被称为强制解散。

根据公司法第一百八十二条的规定，在公司的经营管理发生严重困难，公司继续存续会使股东利益受到重大损失，同时通过其他途径不能解决，这种情况下持有公司全部股东表决权百分之十以上的股东，可以请求人民法院解散公司。因此，通过法院的介入来终止公司的存续并予以解散，是通过司法的干涉从而使公司不再存续。

（一）司法解散的适用情形

在公司法司法解释二中对司法解散的情形进一步予以明确，具体包括：公司持续两年以上无法召开股东会或者股东大会，公司经营管理发生严重困难的；股东表决时无法达到法定或者公司章程规定的比例，持续两年以上不能做出有效的股东会或者股东大会决议，公司经营管理发生严重困难的；公司董事长期冲突，且无法通过股东会或者股东大会解决，公司经营管理发生严重困难的；经营管理发生其他严重困难，公司继续存续会使股东利益受到重大损失的情形。

通过对上述规定进行归纳，目前我国司法解散的适用情形主要包括以下几种。

1. 股东僵局

股东（大）会作为公司的权力机构，对公司重大事项作出决议，当股东（大）会无法召开或者无法有效表决时，且上述情形持续两年，导致公司经营管理发生严重困难的，符合我国法律规定的申请司法解散的情形。

2. 董事僵局

董事会作为公司的经营决策机构，如果董事之间长期存在冲突，那么在董事会层面对公司的经营管理失灵，在这种情况下如果通过股东（大）会仍然无法解决，公司的经营管理发生严重困难的，也符合我国规定的司法解散情形。

（二）司法解散的适用条件

根据公司法第一百八十二条及《公司法司法解释二》的有关规定，申请司法解散应当同时满足下列条件。

1. 公司经营管理发生严重困难

最高人民法院指导案例第 8 号的裁判要点指出，"公司经营管理发生严重困难"作为股东提起解散公司之诉的条件之一，判断"公司经营管理是否发生严重困难"，应从公司组织机构的运行状态进行综合分析。公司虽处于盈利状态，但其股东会机制长期失灵，内部管理有严重障碍，已陷入僵局状态，可以认定为公司经营管理发生严重困难。对于符合公司法及相关司法解释规定的其他条件的，人民法院可以依法判决公司解散。

2. 通过其他途径不能解决

在选择强制解散公司前，应当先穷尽公司内部可以采取的解决方式，包括行使股东的知情权、利润分配请求权等，关于股东之间的矛盾可以尝试协商，由一部分股东退出等。能够通过协商、诉讼、仲裁等方式解决公司僵局和机构失灵的，不应当轻易解散公司。司法应当审慎介入公司事务并维护债权人利益，这也是我国关于强制解散在立法和司法中所贯彻的原则。

3. 持有公司全部股东表决权百分之十以上的股东可以申请解散公司

《公司法司法解释二》对于持有公司全部股东表决权百分之十以上的股东进一步予以明确，即单独或者合计持有公司全部股东表决权百分之十以上的股东，可以根据规定向法院提起解散公司诉讼。因解散公司对于一个公司而言是比较严重的后果，因此规定了单独或者合计持有公司全部股东表决权百分之十以上的股东才可以申请解散公司，避免了公司在发生经营管理的困难时，任何股东都可以申请解散公司，给公司的经营管理造成进一步严重影响。

【案例】广西某房地产开发有限公司、刘某公司解散纠纷

【基本案情】

华城公司于 2002 年 3 月 7 日成立，原股东为韩某、张某。因股权变更，股东变更为 5 名自然人，其中刘某持股比例为 18.67%。

事件一：2007 年 6 月 3 日，华城公司就股东股份分红事宜召开股东会并作出股东会决议，刘某对该股东会决议提出反对意见，认为该决议确定的分

红方案无依据，应按照工商登记的持股比例进行分配。

事件二：2009 年 1 月 17 日，华城公司就工程款债务问题召开股东会，刘某未参加该次股东会议，该会议决议各股东分别再向公司出资共计 22 万元，其中刘某应出资 4 万元。

事件三：2009 年 7 月 26 日，华城公司召开临时股东会，就股东委派财务人员或亲属参加审核公司财务、项目部收支情况及相关事宜作出决议，刘某参加此次股东会且未有异议。

事件四：2014 年 8 月 8 日、11 月 26 日，刘某以书面方式向华城公司分别就公司盈利分配方案及精简人员配置事项提议召开临时股东会。

事件五：2017 年 3 月 23 日，华城公司召开股东临时会议，通过了新的公司章程，将公司营业期限定为长期。

此外，2012 年间，华城公司与刘某之间还分别以借款纠纷并各自诉至法院。

【判决观点】

公司解散属于公司的生死存亡问题，涉及公司股东、债权人及员工等多方利益主体，关乎市场经济秩序的稳定和安宁。人民法院对公司解散应慎重处理，应综合考虑公司的设立目的能否实现、公司运行障碍能否消除等因素。只有公司经营管理出现严重困难，严重损害股东利益，且穷尽其他途径不能解决的，才能判决解散公司。

判断"公司经营管理是否发生严重困难"，应从公司组织机构的运行状态进行综合分析，如股东会、董事会及监事会等公司权力机构和管理机构是否无法正常运行，是否对公司事项无法作出有效决议，公司的一切事务是否处于瘫痪状态等。未召开股东会并不等于无法召开股东会，更不等于股东会议机制失灵。

关于股东主张权利无法行使，投资设立公司的目的无法实现。公司的法人性质及多数决的权力行使模式决定公司经营管理和发展方向必然不能遵循所有投资人的意志，会议制度的存在为所有参与者提供表达意见的机会，但是最终的结果仍应由多数决作出，除非有例外约定。刘某作为持股比例较低的股东，在会议机制仍能运转的前提下，若认为其意见不被采纳进而损害自己的利益，可采取退出公司等方式维护自己的权益。

华城公司并不存在经营管理发生严重困难的情形，在此前提下，公司继续存续是否会使"股东利益受到重大损失"应结合股东利益的救济方式进行综合分析。如果有其他途径对股东的利益予以救济，则不宜通过解散公司的方式进行。刘某主要因要求华城公司分红未果及公司财务不公开等事项而与华城公司及其他股东产生矛盾，属于股东分红请求权、知情权纠纷。依照《公司法》的规定，股东认为上述权利受到侵害的，可以诉请要求分配利润或提供账册查询，性质上不属于公司解散诉讼的受理事由。刘某主张华城公司经营亏损，继续经营会严重损害股东利益。根据相关规定，公司经营亏损不属于法定解散事由。在刘某尚未采取其他法律措施维护自己权利的情况下，尚不足以证实华城公司继续存续会使股东利益受到重大损失。

刘某与其他股东之间的矛盾的确难以调和，但股东之间的矛盾并非解散公司的法定事由，股东纠纷可采取内部解决方式（如知情权、分红请求权、股权退出机制）来解决。公司解散对于公司而言，是最严厉、最具破坏性的结果，若非万不得已，不宜选择解散公司的办法来解决股东之间的矛盾，以维护社会关系的稳定，保障债权人的利益。

【裁判要点总结】

1. 公司经营管理是否发生严重困难，应从公司组织机构的运行状态进行综合分析，如股东会、董事会是否无法正常运行，公司的一切事务是否处于瘫痪状态。未召开会议并不等于无法召开会议，更不等于相关会议机制失灵。

2. 股东利益受到重大损失的判断，股东应当穷尽对其利益的其他救济途径后，再选择解散公司的方式。

3. 股东之间的矛盾应当首先通过行使股东知情权、分红请求权或通过股权退出机制等予以解决。

4. 从维护社会关系稳定和保障债权人利益的角度出发，若非万不得已，不应当以解散公司的方式来解决股东之间的矛盾。

（三）司法解散的法律效力

人民法院对解散公司诉讼作出的判决，对全体股东均具有法律约束力。人民法院判决公司解散的，公司应当自法院判决公司解散后，启动对公司的清算程序。公司解散的判决不仅对公司的全体股东有约束力，对公司和公司的董事、监事、高级管理人员、员工均有效力，相关人员应当配合完成公司的清算。

（四）实务要点讨论

因司法解散系人民法院通过对案件的审理，最终作出公司是否解散的裁判，因此在司法解散的法律实务过程中，下列问题应当加以注意。

1. 解散公司诉讼的被告

根据公司法解释二的规定，股东提起解散公司诉讼应当以公司为被告。原告以其他股东为被告一并提起诉讼的，其他股东应当变更为第三人；不予变更的，驳回原告对其他股东的起诉。原告提起解散公司诉讼应当告知其他股东，或者由人民法院通知其参加诉讼。其他股东或者有关利害关系人申请以共同原告或者第三人身份参加诉讼的，人民法院应予准许。根据前述规定，公司为解散公司之诉的被告，公司的股东只能成为原告或者第三人。

2. 解散公司之诉与申请清算不同时受理

根据公司法解释二的规定，股东提起解散公司诉讼的，同时又申请法院对公司进行清算的，法院对提出的清算申请不予受理。这是因为公司解散是其进行清算的前提，而且公司解散之诉与公司清算案件属于不同的案件。因此，在提起解散之诉的同时又申请清算的，对申请清算不予受理。

3. 注重调解

正如案例 2 裁判要点所陈述的观点，因为解散公司对公司而言是最严厉的后果，因此实务中如果当事人之间能够通过调解，以收购股东股权或者减资等方式使得公司继续存续的，应当以调解结案，如果当事人无法协商一致的，则应由人民法院及时作出判决。

【案例】某控股集团股份有限公司与北京某产业投资有限公司等公司解散纠纷

【基本案情】

2014 年 4 月 24 日，国奥乡村公司成立，公司注册资本 100 万元。股东为国奥控股公司和聚宝氧公司，国奥控股公司认缴出资额 51 万元，聚宝氧公司认缴出资额 49 万元。国奥控股集团股份有限公司委派三名董事，北京聚宝氧资产管理有限公司委派两名董事。后因国奥乡村公司股东聚宝氧公司及国奥控股公司之间对于公司管理、股东知情权、股东会及董事会会议召开等存在争议，且双方之间存在多起诉讼，聚宝氧公司向法院起诉要求解散国奥乡村公司。

【判决观点】

公司解散纠纷是指公司僵局出现时，公司股东提起解散公司而发生的纠纷。当事人解散公司的诉讼请求能否获得支持，取决于公司是否符合司法强制解散的法定条件。依据公司法的规定，股东提起解散公司的请求，必须符合法定解散事由，即公司经营管理发生严重困难，继续存续会使股东利益受到重大损失，通过其他途径不能解决。该特殊事由既是人民法院受理股东请求解散公司诉讼时的形式审查依据，也是审理股东请求解散公司诉讼时实体审查的法律依据。从我国公司法关于公司强制解散制度的立法目的与制度内涵来看，判断公司是否应予强制解散的基本前提，应系考量涉诉公司是否陷入了"公司僵局"的状态。所谓公司僵局，其具体含义系因股东间或者公司管理人员之间的利益冲突和矛盾导致公司的有效运行失灵，股东会或者董事会因对方的拒绝参加会议而无法有效召集，任何一方的提议都不被对方接受和认可，即使能够举行会议也无法通过任何议案，公司的一切事务处于一种瘫痪状态。除公司运行机制的缺陷之外，公司本身经营状况与盈利情况，公司股东之间的其他争议内容，以及公司财务与资产损益情形，均非判断是否应予强制解散公司的必然性条件。

最高人民法院关于适用若干问题的规定（二）第五条对公司法第一百八十二条限定的"其他途径不能解决的"作了进一步解释和限定，考虑到公司经营管理发生严重困难，继续存续会使股东利益受到重大损失时，还是寄希望公司能够通过公司自治等方式解决股东、董事之间的僵局，从而改变公司瘫痪状态，而不轻易赋予股东通过司法程序强制解散公司的权利。因此审理公司解散诉讼案件，也应审查"公司能否通过自治方式解决公司经营管理面临的僵局"。

具体于本案中国奥乡村公司有两名股东，国奥控股公司持公司 51% 股权，聚宝氧公司持有 49% 的股权。依据公司章程第十二条的规定股东会会议所作出的所有决议必须经全部股东通过，也即意味着虽然公司的股东能够召集会议，但鉴于国奥乡村公司的两名股东之间存在着多起诉讼的事实，股东之间已丧失相互信任，且均无意继续合作，双方之间人合的基础已不存在，在此情形下任何一方的提议都不被对方接受和认可，即使能够举行会议也无法通过任何议案，因此国奥乡村公司不具备作出意思表示及有效股东会决议的条件，从目前的状况分析，国奥乡村公司已无法就公司的经营管理进行决策。

本案在二审期间，本院组织当事人进行调解，但双方分歧较大，未能达成调解协议。基于此国奥乡村公司的僵局不存在其他途径的化解可能。一审法院认定国奥乡村公司持续两年以上未召开股东会，已陷入公司治理僵局，据此判决解散国奥乡村公司并无不当。

【裁判要点总结】

1. 判断公司是否应予强制解散的基本前提，应判断公司是否陷入了公司僵局的状态。当公司的股东会或董事会因利益冲突和矛盾导致公司无法有效运行，无法有效召集股东会或者董事会，或者即使能够举行会议也无法通过任何议案，那么公司处于瘫痪状态，符合强制解散的基本前提。

2. 通过其他途径不能解决。如果公司能否通过自治方式解决公司经营管理面临的僵局，那么法院不应当轻易判决公司解散。

3. 调解。在该案二审中，法院主持了调解工作，充分表明司法审慎介入公司事务的原则。当内部矛盾可以通过收购股份、减资等途径解决的，法院不应轻易作出解散的判决。

第二节 解散清算程序

根据民法典第六十八条的规定，法人解散的，依法完成清算、注销登记的，法人终止。当法人解散后，接下来应当进入清算程序并完成清算。根据我国公司法和《公司法司法解释二》的规定，除因公司合并或者分立需要解散的情形外，发生本章第一节所讨论的其他解散事由的，应当在解散事由出现之日起十五日内成立清算组，开始自行清算。

一、清算组

公司发生解散的事由后，应当根据法律规定成立清算组，接管公司并依法完成清算工作。

（一）应当成立清算组的情形

公司因章程规定的营业期限届满或者章程规定的其他解散事由出现而解散的，股东（大）会决议解散的，公司被吊销营业执照、责令关闭或者被撤销而解散的，或人民法院判决解散的，应当自行成立清算组对公司进行清算。

根据我国的相关规定，公司因合并或者分立需要解散的，应当编制资产负债表和财产清单，并通知债权人并进行公告，而无须对公司进行清算。因合并或者分立需要解散但无须进行清算的主要原因是发生合并或者分立的公司，原来的债权债务并没有因合并或者分立而消灭，而是由合并或分立后的公司承继，因此无须再进行清算。

（二）清算组的组成

根据公司法的规定，有限责任公司的清算组与股份有限公司的清算组在组成人员上稍有不同，有限责任公司的清算组由股东组成，股份有限公司的清算组由股份有限公司的董事或者股东大会确定的人员组成。

关于清算组的人数，在关于外资企业清算中曾有相关规定，《外商投资企业清算办法》明确规定了清算委员会至少由三人组成，但前述相关规定目前已经失效。目前我国关于清算组的人数除关于强制清算中明确清算组人员应当为单数之外，并没有其他具体规定。在实务工作中的解散清算案件，清算组的人数一般设置为三人或三人以上，而且人数一般为单数。人数为单数的主要原因是为了避免清算组成员意见不一致无法作出清算组决议的情况。

（三）清算组的职权

根据公司法第一百八十四条的规定，清算组在清算期间行使的职权包括：清理公司财产，分别编制资产负债表和财产清单；通知、公告债权人；处理与清算有关的公司未了结的业务；清缴所欠税款以及清算过程中产生的税款；清理债权、债务；处理公司清偿债务后的剩余财产；代表公司参与民事诉讼活动。

从上述清算组的职权来看，清算组在清算期间只能在上述法定职权内开展与清算相关的活动，而不得开展其他与经营相关的任何活动。

二、清算程序

公司进入清算程序后由清算组接管公司，此时公司仍然存续，其法人资格仍然存在。公司在清算期间仍然可以法人的名义活动，但是公司的行为能力受到很大限制，不得开展与清算无关的经营活动。该部分将对公司解散后，如何开展清算工作和清算过程中将涉及的具体内容展开讨论。

（一）成立清算组

公司应当在解散事由（公司合并和分立除外）出现之日起十五日内成立清算组。清算组的组成人员及人数前面部分内容中已经讨论。清算组成立后，公司应当按照各地市场监督管理局的要求完成清算组备案。以北京地区为例，北京市场监督管理局目前要求在清算组成立之日起十日内，在其指定系统中进行清算组备案并公示清算组信息。

（二）接管公司

公司解散后，公司董事会应当停止行使职权，清算组成立后应当依法及时接管公司，公司董事会、法定代表人及相关工作人员应当及时配合与清算组完成全面交接，具体需要进行交接的事项一般包括但不限于：

（1）印章的移交。包括公章、财务章、合同章、分支机构印章、各部门印章等；

（2）财产清单，将统计和填写的财产清单提供给清算组，同时应当将相关财产权属凭证移交清算组；

（3）债权债务清单，将统计的债权债务清单提供给清算组；

（4）财务资料，移交公司历年的财务报告、审计报告及其相关财务原始凭证；

（5）职工花名册，提供公司全体员工的花名册，以便清算组核对并处理工资和社保拖欠事宜；

（6）合同协议等法律文件，包括公司签署的相关合同书、协议书，尤其涉及尚未履行完毕的合同和协议，以及其他各种法律文件；

（7）档案材料，公司历史档案等其他各类档案资料。

（三）通知债权人和申报债权

1. 通知、公告债权人

通知、公告债权人是清算组的职权之一。清算组应当按照法律规定的时限将公司解散和清算事宜及时通知、公告债权人。根据《公司法解释二》，公司清算时，清算组应当将公司解散清算事宜书面通知全体已知债权人，并根据公司规模和营业地域范围在全国或者公司注册登记地省级有影响的报纸上进行公告。在目前的实务中，除了规定的通知和公告方式，也存在其他的公告形式。例如，以北京地区为例，可以在北京"e 窗通"中发布债权人公告，公告期为 45 个自然日。

在该环节中应当注意，通知债权人申报债权的方式包括通知和公告两种方式。清算组对于联系方式明确的债权人，应以发送书面通知书的方式通知该债权人申报债权，而对于联系方式不明确的债权人，则应通过公告的方式通知债权人申报债权。

【债权申报公告示例】

××公司关于公司解散清算及债权人债权申报的公告

根据公司股东会作出的股东会决议，×× 公司（以下简称"本公司"）自 ×××× 年 ×× 月 ×× 日起解散并开始进行清算。

请本公司债权人自本公告首次刊载之日起 45 日内，以书面形式向本公司清算组申报本公司债权人对本公司所享有的债权。

债权人应提交的债权申报文件包括但不限于：

1. 最新的营业执照复印件（加盖贵方公司公章）或本人身份证复印件（本人签字）；

2. 债权申报书，内容包括但不限于债权人名称、地址、联系方式、联系人及对本公司享有债权的金额、性质、有无担保、是否为连带债权等具体内容；

3. 债权形成所依据的合同、协议、裁判文书等债权凭证；

4. 委托代理人的授权委托书（如债权人委托他人代为申报的）；

5. 其他能够证明债权的相关材料。

请债权人按照如下联系方式以书面形式向本公司送达债权申报文件。

债权申报联系人：××

通信地址：× 市 × 区 × 路 × 号 ×

邮政编码：××

电话：×××

　　　　　　　　　　　　　　　　　　　　　　　×× 公司清算组

　　　　　　　　　　　　　　　　　　　　×××× 年 ×× 月 ×× 日

---

2. 申报债权

债权人应当自接到通知书之日起三十日内，未接到通知书的自公告之日起四十五日内，向清算组申报债权。债权人申报债权，应当说明与债权有关的具体事项，并提供证明材料，并由清算组对债权进行登记。在申报债权过程中应当注意下列事项。

首先，在解散清算时，公司负有清偿债务的义务，清算组应当在法律规定时限内通知债权人，并做好债权登记。债权人接到通知或看到公告信息后应当尽快申报债权。

其次，债权人进行债权申报时，应当明确其债权数额并提供合同或协议和其他有关证明材料，同时应当对该笔债权有无担保等事项作出说明。清算组应当对债权人申报的债权进行如实登记并进行核实。

再次，如果债权人在规定的期限内未申报债权，在清算报告经股东（大）会或者人民法院确认完毕前可以补充申报，清算组不得以超过通知或公告的申报时间拒绝登记。

最后，清算组不得在申报债权期间对个别债权人进行清偿。如果允许清算组对个别债权人进行清偿，可能造成对在后申报债权的债权人权利的侵害，因此清算组不得对个别债权人进行清偿。清偿债务应当在完成债权申报和登记并完成清算方案的制定后进行。

（四）清理公司财产和债权债务

1. 清理公司财产

清算组接管公司后，应当对公司的财产进行清理，并编制资产负债表和财产清单。资产负债表是指全面反映公司资产、负债和股东权益的会计报表。财产清单是指公司全部财产的明细表，包括公司的固定资产、流动资产、无形资产和其他资产。只有核查清楚公司的财产，才能进一步开展后续清算工作。

（1）公司财产范围。公司财产一般包括库存现金、银行存款、厂房、机器设备、库存、房产、土地使用权，公司对外享有的债权和对外投资享有的股权，以及其他财产权利（如著作权、商标权、专利权等）。

（2）公司债务范围。公司债务一般包括银行借款、应付账款、应付职工工资、未缴税金及其他应付款等。

2. 清理公司债权债务

公司的债权债务一般是依据合同产生或者依据法律规定产生，清算组处理与清算有关的公司未了结业务主要包括处理未履行完毕的合同、员工遣散及确定拖欠工资数额等事宜。

（五）制定清算方案

清算组在清理公司财产、编制资产负债表和财产清单后，应当制定清算方案。清算方案是由清算组制定的关于清偿公司债务和分配公司剩余财产的计划。清算方案应当报股东（大）会确认，未经确认的清算方案不得执行。

（六）清偿费用及债务、分配剩余财产

1. 清偿顺序

清理公司财产后，公司资产大于负债的，清算组应当按照如下顺序完成清偿：

（1）清算费用：包括公告费、财产评估费、清算组成员报酬、律师费等。

（2）职工工资、社会保险费用和法定补偿金：支付清算费用后，应当清偿拖欠的职工工资及社会保险费用，需要支付法定补偿金的，也应当一并支付完毕。

（3）欠缴税款：在前述费用支付完毕后，公司应当向相关主管部门缴纳拖欠的税款。

（4）清偿公司债务：向公司的债权人清偿债务欠款。

（5）分配剩余财产：上述费用和债务全部清偿完毕仍有剩余的，应当将公司的剩余财产分配给公司股东。

在上述清偿顺序中，顺序在前的未得到全部清偿不得清偿顺序在后的，股东只有在公司全部费用和债务均清偿完毕的情况下才能取得公司的剩余财

产。这也贯彻了在公司解散清算中，公司债权人利益优先于股东的原则。

2.制作清算报告

清算工作完成后，应当制作清算报告，内容包括清算原因、清算组成员、清算过程、债权债务的处理等事项，并由全体清算组成员签字。

（七）注销登记

1. 企业注销登记

关于办理公司注销登记的具体要求，以北京地区为例，根据北京市市场监督管理局关于办理公司及分公司注销登记的材料要求，提交的材料包括：

（1）企业注销登记申请书（官方表格）；

（2）解散的决议或者决定，解散裁判文书，行政机关责令关闭或者公司被撤销的文件；

（3）税务部门出具的企业清税文书；

（4）股东（大）会、一人有限责任公司的股东或者人民法院、公司批准机关备案、确认的清算报告；

（5）营业执照正、副本；

（6）报纸样张（仅通过报纸发布债权人公告的，需要提交依法刊登公告的报纸样张）；

（7）批复或许可文件（法律、行政法规和国务院决定规定公司注销事项必须报经批准的，提交有关的批准文件或者许可证件复印件）。

市场监督管理局受理公司注销登记申请并完成注销登记后，公司的法人主体资格消灭。

2.简易注销

2015 年 4 月 30 日，国家工商行政管理总局（现已撤销，下文简称"工商总局"）印发《工商总局关于同意上海市等部分地方企业简易注销改革试点方案的批复》（工商企注字〔2015〕60 号），决定在上海市浦东新区、江苏省盐城市、宁波市、深圳市开展未开业企业、无债权债务企业简易注销试点。

2015 年 9 月 2 日，工商总局发布《工商总局关于进一步推动企业简易注销改革试点有关工作的通知》（工商企注字〔2015〕142 号），同意天津等 7 省（自治区、市）在继上海等 4 地之后开展企业简易注销改革试点。

2016 年 12 月 26 日，工商总局发布《工商总局关于全面推进企业简易注销登记改革的指导意见》，明确对领取营业执照后未开展经营活动（未开业）、申请注销登记前未发生债权债务或已将债权债务清算完结（无债权债务）的有限责任公司、非公司企业法人、个人独资企业、合伙企业，由其自主选择适用一般注销程序或简易注销程序。

关于简易注销的具体办理要求，以目前北京市市场监督管理局的具体办理要求为例，具体如下。

（1）适用简易注销的企业类型：有限责任公司（内资有限公司、外商投资有限公司）、非上市股份有限公司、非公司企业法人（全民所有制、集体所有制企业）、个人独资企业、合伙企业（内资合伙企业、外资合伙企业）、上述企业分支机构、农民专业合作社、农民专业合作社分支机构。

（2）不适用简易注销的情形：涉及国家规定实施准入特别管理措施的外商投资企业；被列入企业经营异常名录或严重违法失信企业名单的；存在股权（投资权益）被冻结、出质或动产抵押等情形的；有正在被立案调查或采取行政强制、司法协助、被予以行政处罚等情形的；企业所属的非法人分支机构未办理注销登记的；曾被终止简易注销程序的；法律、行政法规或者国务院决定规定在注销登记前需经批准的；不适用企业简易注销的其他情形。

（3）适用简易注销的特殊情形：人民法院裁定强制清算或裁定宣告破产的，有关企业清算组、企业管理人可持人民法院终结强制清算程序的裁定或终结破产程序的裁定，向被强制清算人或破产人的原登记机关申请办理简易注销登记。

2021年7月30日，国家市场监督管理总局和国家税务总局联合发布《市场监管总局、国家税务总局关于进一步完善简易注销登记便捷中小微企业市场退出的通知》，拓展了简易注销登记适用范围，即将简易注销登记的适用范围拓展至未发生债权债务或已将债权债务清偿完结的市场主体（上市股份有限公司除外）。市场主体在申请简易注销登记时，不应存在未结清清偿费用、职工工资、社会保险费用、法定补偿金、应缴纳税款（滞纳金、罚款）等债权债务。同时，全体投资人书面承诺对上述情况的真实性承担法律责任。

从简易注销试点阶段到目前进一步拓展了适用简易注销登记的适用范围，简易注销有助于快捷便利地完成市场主体的退出，减轻市场主体的退出成本，优化营商环境。

3. 其他相关注销登记手续

公司在清算过程中应当完成在相关政府主管部门的注销手续，包括税务、海关、外汇、工商等主管部门的注销登记手续。上述相关注销事项，在办理公司工商注销登记前，应当在公司清算的过程中，根据公司所在地相关主管部门的要求陆续提交办理注销的相关文件材料并完成办理。

解散清算程序见图 10-1。

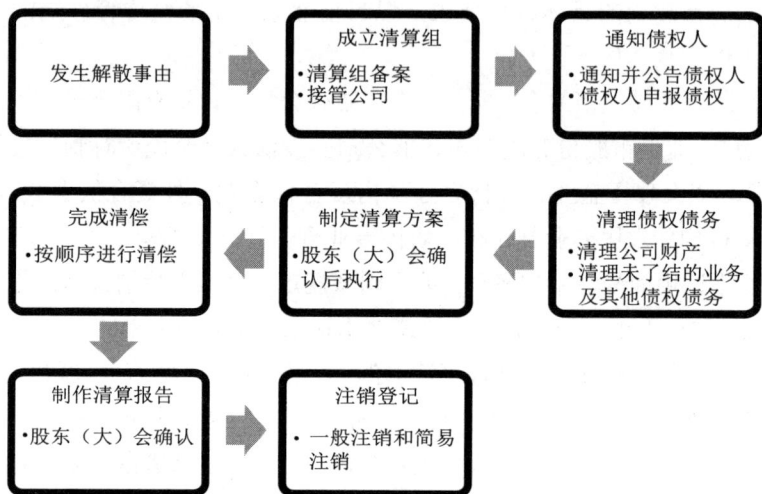

图 10-1　解散清算程序图

三、自行清算与强行清算

自行清算是指在公司发生解散事由后，由公司自行成立清算组进行清算。强制清算是指公司发生解散事由，但未依法在规定时间内成立清算组开展清算工作，因此申请人民法院指定人员组成清算组对公司进行清算。自行清算与强制清算的区别在于，自行清算由公司自行组织清算工作，强制清算由人民法院组织清算工作。关于自行清算的相关内容前面已经进行了详细讨论，该部分主要讨论强行清算的相关内容。

（一）申请强行清算的条件

1. 公司解散逾期不成立清算组。公司发生解散事由后应当在十五日内成立清算组，超过上述法定期限，应当视为逾期不成立清算组。

2. 公司虽然成立了清算组，但清算组不履行职责故意拖延清算的。

3. 公司违法清算并可能严重损害债权人或股东利益的。

（二）提起强制清算的主体

1. 债权人。根据公司法第一百八十三条的规定，公司债权人可以向法院申请对公司进行强制清算。

2. 股东。根据《公司法司法解释二》第七条，当符合提起强制清算的条件，但债权人未提起清算申请的，股东可以向人民法院提起强制清算申请。

（三）清算组的组成

强行清算的清算组由法院指定，清算组的成员可以在下列人员或机构中产生：

（1）公司股东、董事、监事、高级管理人员；

（2）依法设立的律师事务所、会计师事务所、破产清算事务所等社会中介机构；

（3）依法设立的律师事务所、会计师事务所、破产清算事务所等社会中介机构中具备相关专业知识并取得执业资格的人员。

此外，公司股东、董事、监事、高级管理人员能够而且愿意参加清算的，人民法院可优先考虑指定上述人员组成清算组；上述人员不能、不愿进行清算，或者由其负责清算不利于清算依法进行的，人民法院可以指定《人民法院中介机构管理人名册》和《人民法院个人管理人名册》中的中介机构或者个人组成清算组；人民法院也可根据实际需要，指定公司股东、董事、监事、高级管理人员，与管理人名册中的中介机构或者个人共同组成清算组。

强制清算的清算组成员人数应当为单数。人民法院指定清算组成员的同时，应当根据清算组成员的推选，或者依职权，指定清算组负责人。清算组负责人代行清算中公司诉讼代表人职权。

【案例】某资本有限公司与上海某股权投资合伙企业（有限合伙）合伙企业纠纷

【基本案情】

2011 年 11 月 26 日，久有基金作为普通合伙人，野村株式会社及日中公司作为有限合伙人签订合伙协议。约定，各方同意根据《中华人民共和国合伙企业法》（以下简称合伙企业法）及本协议约定的条款和条件，共同设立一家有限合伙形式的投资基金。合伙企业的经营期限为五年，自 2011 年 12 月 23 日起至 2016 年 12 月 22 日止。合伙期限届满后至提起该诉讼，久有全兴未确定清算人。日中公司向法院提出诉讼请求，请求指定久有基金为久有全兴的清算人及清算负责人。审理中，久有全兴的合伙人均不愿意继续经营。日中公司、久有全兴、久有基金主张由中介机构及各合伙人指定人员组成清算组。野村株式会社主张应由中介机构及野村株式会社组成清算组。

【裁判观点】

久有全兴出现解散事由后应当根据法律规定确定清算人进行清算，但久有全兴未确定清算人，日中公司及野村株式会社作为合伙人均有权向法院申请指定清算人。根据当时的《中华人民共和国民法总则》，合伙企业作为非法人组织，其解散清算，指定清算人的相关程序，可以参照适用公司法的相关规定。根据《公司法司法解释二》和《最高人民法院关于审理公司强制清算案件工作座谈会纪要》的规定并综合考虑各合伙人的主张及各合伙人之间的关系，久有全兴清算组应由中介机构及合伙人指定的人员组成。中介机构系经上海市高级人民法院通过随机方式确定，由上海市 × 律师事务所担任久有全兴清算组中的中介机构。上海市 × 律师事务所向法院申报的久有全兴清算组成员为上海市 × 律师事务所朱 × 律师、钱 × 律师、蔡 × 律师、连 × 律师。日中公司指定上海市 × 律师事务所杨 × 律师、野村株式会社指定北京市 × 律师事务所上海分所王 × 律师、久有基金指定久有基金的执行事务合伙人上海国锦文化传播有限公司的委派代表张 × 担任久有全兴清算组成员，上海市 × 律师事务所朱 × 律师担任组长。法院最终裁定指定上海久有全兴股权投资合伙企业（有限合伙）清算组由上述人员组成。

【裁判要点总结】

1. 合伙企业解散，应当由清算人进行清算。自合伙企业解散事由出现之日起十五日内未确定清算人的，合伙人或者其他利害关系人可以申请人民法院指定清算人。

2. 合伙企业作为非法人组织，其解散清算，指定清算人的相关程序，可以参照适用公司法的相关规定。

（四）清算方案

强行清算的情形下，清算方案应当报人民法院确认后执行。

（五）清算期限

强行清算应当自清算组成立之日起六个月内完成。因特殊原因无法完成的，由人民法院决定是否延长。

（六）无法清算的法律后果

1. 债权人申请强制清算。公司债权人向人民法院申请强制清算，人民法院以无法清算或者无法全面清算为由裁定终结强制清算程序的，在终结裁定中应载明债权人可以另行依据《公司法司法解释二》第十八条的规定，要求公司的股东、董事、实际控制人等清算义务人对其债务承担偿还责任。

2. 股东申请强制清算。公司股东向人民法院申请强制清算，人民法院以无法清算或者无法全面清算为由作出终结强制清算程序的，在终结裁定中应载明股东可以向控股股东等实际控制公司的主体主张有关权利。

关于公司股东、董事、实际控制人、控股股东等相关主体的具体责任，将在下一节进一步讨论。

第三节 解散清算相关主体的法律责任

在清算的过程中所涉及的相关主体包括清算义务人、清算组成员等，那么这些主体在清算中负有哪些责任，一旦出现法律纠纷时，又需要承担哪些法律责任？本节将对这些问题展开具体讨论。

一、清算义务人的法律责任

根据我国的相关规定，公司发生解散的情形后，清算义务人应当启动清算程序，并承担相应法律责任。

（一）清算义务人

如上所述，清算义务人是负有启动清算程序义务的主体。根据公司法的相关规定，有限责任公司的清算义务人为公司股东，股份有限公司的清算义务人为公司的董事和控股股东。

在乐山电力股份有限公司、唐某等四川西部网络信息股份有限公司清算责任纠纷案中，裁判观点认为乐山电力为控股股东，与发起人股东委派担任公司董事的赵某、周某，为公司法所界定的公司解散后的清算义务人。其中赵某、周某其虽主张未怠于履行义务、未履职无任何过错不应承担相关责任，但因其仍为西部网络公司董事，且未提交充分的证据证明其已尽到清算义务。其既未在法定期限内参与成立清算组，也未在人民法院组织的强制清算程序中及时进行清算。故赵某、周某作为西部网络公司董事，应作为清算义务人承担清算责任。最终法院认定乐山电力和董事赵某、周某作为清算义务人，应当承担清算责任。

（二）清算义务人的责任

1. 未在法定期限内成立清算组的赔偿责任

清算义务人未在法定期限内成立清算组开始清算，并导致公司财产贬值、流失、毁损或者灭失的，债权人可以主张清算义务人在其造成损失范围内对公司债务承担赔偿责任。该处清算义务人的赔偿责任强调导致了公司财产发生贬损、灭失等后果，这种情况下清算义务人应当承担赔偿责任。

2. 怠于履行清算义务的连带清偿责任

清算义务人因怠于履行义务，导致公司主要财产、账册、重要文件等灭失，无法进行清算，债权人可以主张其对公司债务承担连带清偿责任。该处清算义务人的连带清偿责任以财产、账册等重要文件的灭失而无法清算为条件，也就是说清算义务人负有妥善保管公司主要财产、账册、重要文件的义务。为了防止清算义务人恶意协助公司逃避债务，为清算制造障碍，当公司清算所需的重要文件等发生灭失时，清算义务人对公司的债务承担连带责任。因此，当公司发生解散事由后，清算义务人应当注意妥善保管财产及重要文件。

【案例】李某等与某能源科技有限公司股东损害公司债权人利益责任纠纷

【基本案情】

富邦公司股东为李某、伦某和王某，其中，伦某出资 4 500 万元；王某出资 450 万元；李某出资 50 万元。富邦公司是于 1999 年 11 月 5 日成立，2012 年 10 月 10 日相关主管部门对富邦公司做出行政处罚决定书，吊销其营业执照，要求股东成立清算组负责清算债权债务，并到原登记机关办理注销登记。2014 年 8 月 6 日，法院判决富邦公司于判决生效之日起十日内支付卡特公司货款 77 598 元、钢瓶款 4 200 元并承担案件受理费 1 844 元及公告费 260 元。2014 年 8 月 16 日，该判决公告信息刊登于人民法院报。2017 年 6 月 14 日，卡特公司向该院申请强制执行，但因富邦公司无可供执行的财产，执行程序终结。三股东一直未履行清算义务，富邦公司下落不明，公司财务状况已无法查清。

【裁判观点】

有限责任公司股东负有对被吊销营业执照的公司进行清算的法定义务。有限责任公司的股东因怠于履行义务，导致公司主要财产、账册、重要文件等灭失，无法进行清算，债权人主张其对公司债务承担连带清偿责任的，人民法院应依法予以支持。富邦公司于 2012 年 10 月 10 日即被吊销营业执照，李某、伦某、王某作为股东未按法律规定对公司进行清算。同时公司下落不明，也无可供执行的财产，已构成客观上"无法进行清算"的情形。李某、伦某、王某作为股东怠于履行清算义务，与公司无法进行清算具有因果关系，违反了公司法及其司法解释的相关规定，应当对富邦公司的债务承担连带清偿责任。

【裁判要点总结】

公司客观上无法进行清算与有限责任公司股东是具有因果关系的，公司的股东对公司的债务承担连带责任。

3.恶意处置财产或以虚假清算报告骗取注销登记的赔偿责任

清算义务人恶意处置公司财产给债权人造成损失的，债权人主张其对公司债务承担相应赔偿责任的，应当予以赔偿。

公司解散后，未经依法清算，以虚假清算报告骗取公司登记机关办理法人注销登记的，债权人主张清算义务人对公司债务承担相应赔偿责任的，应当承担赔偿责任。

【案例】王某、青海某矿业有限公司清算责任纠纷

【基本案情】

王某为森和公司的唯一股东，该公司自 2015 年 1 月 1 日至 2018 年 4 月 30 日因经营亏损，无法清偿其全部债务，王某、顾某作为森和公司清算组成员，于 2018 年 8 月 1 日签字确认《青海省森和煤业有限责任公司清算报告及确认清算报告的决定》，并称注销清算已结束，公司债权债务已清理完毕，清算报告所列事项准确无误、合法、有效，公司债权债务如有遗漏由公司股东承担，同日，市场监督管理部门准予森和公司注销登记。

【裁判观点】

王某作为清算组组长及森和公司唯一股东，明知森和公司债务未清理完毕，未书面通知债权人申报债权。公司在解散清算时，清算组除需在报纸上刊登公告外，还应书面通知全体已知债权人，王某自认清算组未向昆源公司书面告知森和公司解散清算事宜，以虚假的清算报告骗取公司登记机关办理法人注销登记，存在重大过错，应当对昆源公司未获申报和清偿的债权承担赔偿责任。

【裁判要点总结】

以虚假的清算报告骗取注销登记的清算义务人应当对债权人承担赔偿责任。

4.未经清算办理注销登记的清偿责任

未经清算即办理注销登记，导致公司无法进行清算，清算义务人应当对公司债务承担清偿责任。

未经清算办理注销登记的清偿责任，与未经依法清算并以虚假清算报告骗取公司登记机关办理法人注销登记的赔偿责任，二者的区别在于：前者强调的是没有履行进行清算程序的义务，在完成注销登记后没有办法再进行清算，导致债权人的债权无法得到清偿，因此清算义务人因此承担对债权人的清偿责任；后者强调的重点在于以虚假清算报告骗取注销登记，因虚假清算报告骗取注销登记的行为导致债权人的债权无法实现而遭受损失的，清算义务人承担赔偿责任。

二、清算组成员的法律责任

清算组是依法开展公司清算工作并依法履行公司清算期间法定职责的主体，如果清算组成员在清算过程中存在未尽责的情形，应当承担相应法律责任。

（一）未履行通知、公告义务的赔偿责任

清算组未按照规定履行对债权人的通知、公告义务的，导致债权人未及时申报债权而未获清偿的，清算组成员应当对由此给债权人造成的损失承担赔偿责任。

【案例】

张某、宋某与深圳 XX 科技有限公司及王某清算责任纠纷

【基本案情】

2017 年 1 月 14 日，XX 公司通过股东会决议，决定因公司经营不善，终止公司经营并按规定程序注销。截至 2017 年 4 月 25 日，XX 公司尚欠 YY 公司货款约 96 万元未付，此后 XX 公司共向 YY 公司支付货款 40 000 元，最后一次付款时间为 2018 年 4 月 9 日。工商登记档案显示，XX 公司清算组于 2017 年 8 月 9 日在《晶报》上刊登清算公告，要求相关债权人自公告之日起 45 日内申报债权并办理债权登记手续。2017 年 9 月 26 日的清算报告显示，截至清算结束时，XX 公司无任何债权债务，全体投资人承诺，XX 公司企业债务已清偿完毕，所报清算备案材料真实、完整，并承担由此产生的一切责任。

【裁判观点】

宋某、张某作为 XX 公司的股东，作出股东会决议解散并注销公司，且宋某、张某应组成清算组对 XX 公司进行清算。公司清算时，清算组应当将公司解散清算事宜书面通知全体已知债权人，并根据公司规模和营业地域范围在全国或者公司注册登记地省级有影响的报纸上进行公告。清算组通知债权人申报债权应以直接通知加公告的方式进行，但宋某等并未提供证据证明其曾直接向 YY 公司发出书面债权申报通知，清算组成员的通知行为并不符合法律规定。因清算组未按照规定履行通知和公告义务，导致债权人未及时申报债权而未获清偿，清算组成员应当对因此造成的损失承担赔偿责任。由于 XX 公司在被清算注销之前即已确认涉案债务，故 YY 公司系 XX 公司的已知债权人，XX 公司清算组本应以书面方式通知 YY 公司，但却怠于履行书面通知义务，导致债权人未能及时申报债权而未获清偿，因此 YY 公司有权主张 XX 公司清算组成员宋某、张某对因此造成的损失承担相应的赔偿责任。

【裁判要点总结】

清算组通知债权人申报债权应以通知加公告的方式进行，因清算组未按照规定履行通知和公告义务，导致债权人未及时申报债权而未获清偿，清算组成员对因此造成的损失承担赔偿责任。

（二）因故意或重大过失给公司或债权人造成损失的赔偿责任

清算组成员因故意或重大过失给公司或债权人造成损失的，承担赔偿责任。故意是指清算组成员明知自己行为将产生损害公司或债权人利益的后果，但仍然希望或放任该种结果的发生。重大过失是指清算组成员因过于自信或疏忽大意的过失导致发生损害公司或债权人利益的后果。清算组成员在清算过程中应当依法履行其职责，保障公司和债权人的利益在公司注销前的最后环节得到保护和实现。

三、公司实际控制人的法律责任

关于实际控制人的相关规定，一般可以参考公司法、《上市公司收购管理办法》等法规中关于实际控制人含义或公司控制权的规定。实际控制人作为实际支配公司行为或对公司产生重大影响的人，在解散清算中也应当承当相关法律责任。

（一）恶意处置公司财产的赔偿责任

根据相关规定，恶意处置公司财产给债权人造成损失的，债权人主张对公司债务承担相应赔偿责任的，实际控制人应当承担赔偿责任。也就是说，除了前面讨论过的清算义务人在这种情况下应当承担赔偿责任之外，公司的实际控制人在清算过程中恶意处置公司财产的，也应当承担赔偿责任。

（二）以虚假清算报告骗取注销登记的赔偿责任

公司未经依法清算，以虚假清算报告骗取公司登记机关办理法人注销登记的，债权人主张对公司债务承担相应赔偿责任的，除清算义务人应当承担赔偿责任，公司的实际控制人也应当承担赔偿责任。

（三）未经清算办理注销的清偿责任

未经清算即办理注销登记，导致公司无法进行清算，实际控制人应当对公司债务承担清偿责任。

第十一章
企业相关诉讼法律风险分析

　　企业是从事生产、流通、服务等经济活动，以生产或服务满足社会需要，实行自主经营、独立核算、依法设立的一种营利性的经济组织。当前国内企业法律风险管控中心认为：市场经济是法制经济，企业的所有经营活动都离不开法律的调整和规范。企业法律风险是指由于企业未跟上外部法律环境的变化，或者未按照法律规定或合同约定有效行使权利、履行义务。随着经济全球化的加剧，市场竞争越发激烈，权利义务的相互冲突日益显现，企业面临的诉讼法律风险也越大，甚至贯穿企业经营的始终。

第一节　企业常见诉讼类型及其风险概览

企业主要指独立的营利性组织，并可进一步分为公司和非公司企业，后者如合伙制企业、个人独资企业、个体工商户等。围绕企业主体的设立、发展、破产清算、注销等不同阶段，衍生出的相关法律节点都可能存在诉讼风险。本节主要简述民事、行政、刑事诉讼三个维度的法律风险，并对民事诉讼中存在的主要风险问题，引据相关案例加以进一步阐明。企业常见诉讼类型见图 11-1。

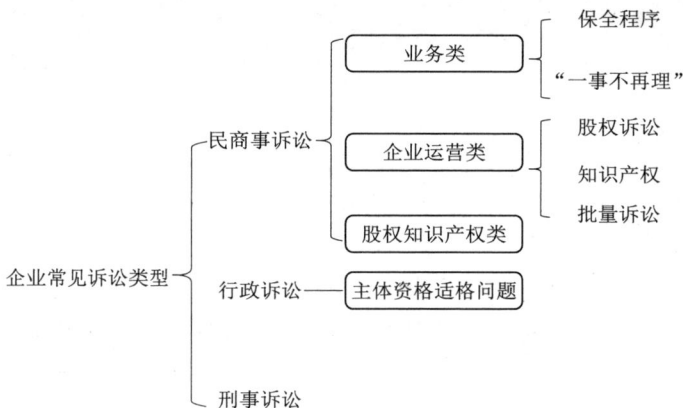

图 11-1　企业常见诉讼类型

一、民商事诉讼法律风险

民商事诉讼是企业运营中遇到的最常见的诉讼类型。如果从企业运维的各方面来划分，大致可以区分为以下几个类别：业务类、企业运营类、股权知识产权类。几十年的社会和法治发展产生了大量案例，本书不能一一列举其中的问题和判例，仅对几个比较重要的问题点进行介绍。

（一）业务类诉讼法律风险问题

经过笔者对案例的梳理和案件处理经验的总结，挑选了诉讼财产和证据保全及"一事不再理"两个风险点并结合实际案例，来阐明民事诉讼中风险规避的重要性。

1. 保全程序中，申请人存在的法律风险

保全是指当证据或被告的财产存在灭失或被转移的风险的情况下，权利人按法定的条件和流程，向人民法院申请并由人民法院依法采取对证据或被告财产进行限制、控制的诉讼程序。按照保全程序针对的对象不同，分为财产和证据两类。

（1）保全流程概述

财产保全类型一："人民法院对于可能因当事人一方的行为或者其他原因，使判决难以执行或者造成当事人其他损害的案件，根据对方当事人的申请，可以裁定对其财产进行保全、责令其作出一定行为或者禁止其作出一定行为；当事人没有提出申请的，人民法院在必要时也可以裁定采取保全措施。"

财产保全类型二："利害关系人因情况紧急，不立即申请保全将会使其合法权益受到难以弥补的损害的，可以在提起诉讼或者申请仲裁前向被保全财产所在地、被申请人住所地或者对案件有管辖权的人民法院申请采取保全措施。"

所谓证据保全，系指"在证据可能灭失或者以后难以取得的情况下，当事人可以在诉讼过程中向人民法院申请保全证据，人民法院也可以主动采取保全措施。因情况紧急，在证据可能灭失或者以后难以取得的情况下，利害关系人可以在提起诉讼或者申请仲裁前向证据所在地、被申请人住所地或者对案件有管辖权的人民法院申请保全证据。"

保全流程是民事诉讼中，切实保障本方权益的有效法律武器，可以避免被告方在诉讼中转移财产导致判决无法执行，还可以对容易灭失的证据申请保全。目前对财产进行保全的主要常见措施，为对存款、股权、权利的冻结，对动产的扣押、对不动产的查封等。但不当的保全措施采取可能对相对方造成较为严重的经济损失，对于发起保全的一方来讲，存在较大的风险。

（2）保全不当承担的赔偿责任

申请人应当审慎地对被申请人申请采取保全措施，并对被查封的目标财产尽到自身可达到的最大能力的审核责任，并且严格依照法定程序应对被申请人的权利救济措施，否则要承担赔偿责任。最高人民法院审理的一起案件即说明了支持赔偿的过错标准及赔偿限度。

赔偿纠纷源于 A 银行起诉的一起金融借款合同纠纷案件。A 银行以其全部资信为担保，向人民法院递交诉前财产保全申请书，申请对甲、乙、丙三家公司名下的房产、土地、机器设备、现有动产、商业银行账户资金及存款等进行诉前财产保全，申请保全的财产总价值为 2.5 亿元。同日，一审法院作出民事裁定书，裁定查封、冻结并扣押甲、乙、丙三家公司的财产 2.5 亿元。上述裁定做出后，一审法院陆续保全了各被申请人名下的部分房产、土地使用权以及甲公司持有的北方制钢公司的部分股权。后来，一审法院向某港矿石码头公司发出协助执行通知书，要求该公司协助查封甲公司、乙公司、丙公司存放在该公司码头的合计 150 100 吨的矿石。在人民法院出具的查封矿石的协助执行通知书中备注："矿石如转让，可经本院同意保存价款。"

人民法院查封矿石后，赔偿案件原告 B 公司向一审法院递交财产保全异议申请书，请求依法解除对矿石的财产保全措施，并要求 A 银行承担错误申请保全所造成的财产损失。B 公司的理由是，该批矿石在查封前已由甲公司出售给 B 公司，货款已结算，交付已完成，由港口公司按照其与 B 公司签订的仓储合同负责保管。为证明自己的异议主张，B 公司同时提交了工业品买卖合同、增值税专用发票、货物过户证明、仓储合同、入库证明、库存证明、相关银行承兑汇票和收款收据等证据材料。该金融借款合同纠纷一案后按照法定程序进行审理，一审判决，判令甲公司偿还 A 银行共计 14 846 万元及利息，乙公司、丙公司承担连带清偿责任。2014 年 4 月 28 日，A 银行向一审法院递交财产保全情况说明及进一步确权申请，声明进一步坚持主张上述查封资产属其债务人（甲公司、乙公司、丙公司等案件被告而非 B 公司）所有，如有查封不当，该行已提交担保函承担责任；A 银行同时申请一审法院对 B 公司，正式作出认定 A 银行申请查封正当的裁定或者答复。

金融借款合同纠纷案件的民事判决生效后，进入强制执行程序。执行期间，B 公司向负责执行的中级人民法院提出了案外人执行异议。中级人民法院中止对铁矿石查封的执行。后执行法院认为，因执行裁定生效后，有关当事人既未启动审判监督程序，也未提起申请人执行异议之诉，案外人（异议人）B 公司要求解除查封，申请执行人 A 银行也明确表示可以解除查封，故裁定解除了对铁矿石的查封。B 公司后提起对个案件主体的执行异议之诉一案，一审法院作出民事判决认定，B 公司系上述货物的所有权人。

B 公司后对 A 公司及矿物港口公司提起诉讼，请求：（1）判令 A 银行赔偿错误申请查封所导致的货物贬值损失 7 900 余万元；（2）判令 A 银行承担错误查封期间的仓储费用 3 850 余万元（0.4 元 / 吨 ×147 400 吨 ×653 天）；（3）判令港口公司对上述两项损失承担共同赔偿责任；（4）判令 A 银行和港口公司承担本案诉讼费用。

人民法院经查认定了案件经过的事实，并认为行为人因过错侵害他人民事权益，应当承担侵权责任。本案中，A 银行虽有未经深入核实而缺乏审慎之嫌，但并不存在故意或者重大过失的主观过错。申请诉前或者诉讼财产保全，属民事主体启动司法程序限制他人财产权利的诉讼行为，该行为很有可能对他人财产权利的行使造成重大影响，因此，行为人本应尽到充分的注意义务，审慎为之。B 公司提交了财产保全异议申请书及相关证据，主张案涉矿产品物权已经转移给 B 公司，并由矿石码头公司按照其与 B 公司签订的仓储合同进行保管，B 公司据此申请解除查封。对此，A 银行明确表示不同意解除查封，并书面声明坚持认为被查封财产属其债务人所有，如有查封不当可承担担保责任。至此，A 银行对 B 公司所有的案涉矿产品被错误查封的主观过错，由未尽到审慎的注意义务转变为故意。依照原《中华人民共和国侵权责任法》（以下简称原侵权责任法）第六条第一款的规定，A 银行应当对 B 公司的案涉矿产品被错误查封所造成的财产损失承担相应的赔偿责任。

原侵权责任法第十九条规定，侵害他人财产的，财产损失按照损失发生时的市场价格或者其他方式计算。B 公司因 A 银行错误申请诉前财产保全而遭受的经济损失，应为该批进口铁矿石因错误查封而丧失销售机会所导致的货款利息损失和仓储费用损失。同时，考虑到销售进度、市场因素及查封期间和销售周期的比例关系，上述货款利息损失和仓储费用损失按本金或者计费基数的 60% 计算为宜。但因该批铁矿石在解除查封后并未实际销售，在一审期间仍堆存于码头，B 公司所主张的价差损失并未实际发生，其按照价差计算错误查封期间的经济损失缺乏事实依据，一审法院不予支持。

大连港作为协助执行单位，应当按照法院协助执行通知书的要求履行协助执行义务。本案无证据证明存在大连港故意隐瞒该批进口铁矿石已经销售并过户给 B 公司的事实，大连港对相关查封事实的发生不存在主观过错，不应承担赔偿责任。故对 B 公司请求大连港承担共同赔偿责任的诉讼主张，一审法院不予支持。

综上，一审法院经其审判委员会讨论，依照侵权责任法第六条第一款和第十九条的规定，判决：（一）A 银行于该判决生效后十五日内，赔偿 B 公司自 2013 年 10 月 12 日至 2015 年 7 月 27 日的货款利息损失，该货款利息损失以约 10 259 万元为本金，以同期银行贷款利率为标准计算；（二）A 银行于该判决生效后十五日内，赔偿 B 公司仓储费用损失约 2 310 万元；（三）驳回 B 公司的其他诉讼请求。如未按该判决指定的期间履行上述给付金钱义务，应当依照原民事诉讼法第二百五十三条之规定，加倍支付迟延履行期间的债务利息。

本案是典型的因保全不当而造成的致权利人损害的案件，保全申请人 A 银行因自身在法律上的过错，承担了对被侵权人的赔偿责任。

2. 一事不再理问题

"一事不再理"是法律行业的习惯说法，是对诉讼程序中要遵循的一项规则的简称，因其通俗易懂也被法律行业外的人所知晓。"一事不再理"要求处理诉讼的律师能够对诉争问题的实体法律关系有全面把握，否则会对案件的处理结果产生重大影响。下面将引述案例来说明其存在的风险。

3. "一事不再理"的基本逻辑

依据最高人民法院《关于适用〈中华人民共和国民事诉讼法〉的解释》中"一事不再理"原则，是指对判决、裁定、调解书已经发生法律效力的案件，当事人又起诉的，告知原告申请再审，但人民法院准许撤诉的裁定除外。该规则的基本构成逻辑即"不得重复起诉"，它的构成要件有：（一）后诉与前诉的当事人相同；（二）后诉与前诉的诉讼标的相同；（三）后诉与前诉的诉讼请求相同，或者后诉的诉讼请求实质上否定前诉裁判结果。

在该原则框架下，要求起诉要有针对性、准确性，在一次诉讼中把诉争的问题全部包含进去，避免因遗漏诉请导致损失。

最高人民法院有这样一起案例，充分说明了什么情况下认定为重复起诉：

A 公司作为承包人与 B 公司作为发包人于 2013 年签订了建设工程施工合同。双方在合同中约定，合同价为 2 980 万元。合同签订后，A 公司进行了具体的施工，工程完工后，双方于 2014 年 12 月对工程进行了验收。之后 A 公司向 B 公司送交了该工程的结算书，在结算书中 A 公司对工程的结算价为 3 599 万元。在施工及竣工后 B 公司对该工程向 A 公司支付 2 370 万元。因双方为工程结算及尚欠工程款的支付产生争议，A 公司提起诉讼，请求法院依法确认 A 公司对 B 公司享有优先到期债权 1 229 万元及利息（以 1 229 万元为基数，按照中国人民银行的同期贷款利率计算，自 2015 年 1 月 1 日起算至给付时止）。判决生效后 B 公司进入重整程序，A 公司的上述债权并未获得清偿，在 A 公司向 B 公司的管理人发出债权确认通知时被拒绝，故 A 公司提起了第二次诉讼。第二次诉讼为 A 公司提起的建设工程价款优先受偿权纠纷案件，A 公司起诉请求依法判令 A 公司对 B 公司拖欠的工程款 1 229 万元享有优先受偿权。法院经审理认为：首先，第一次诉讼案件的当事人与本案当事人完全一致；其次，第一次诉讼案件与本案的诉讼标的相同，即都是针对 A 公司与 B 公司之间的建设工程施工合同关系所衍生的债权债务关系；再次，A 公司在第一次诉讼案中主张的优先权实际上就是指建设工程优先受偿权，虽然 A 公司在本案二审审理中辩称第一次诉讼案件中主张的优先权与本次诉讼提到的建设工程优先受偿权不完全相同，但其在第一次诉讼及本案中并未举证证明在案涉工程项目中享有其他优先权利，故 A 公司认为没有事实依据，不予采信。综上所述，A 公司所主张的建设工程优先受偿权已经两级法院审理并作出判决，其就该权利再次提起本案诉讼属于重复诉讼，故裁定驳回了 A 公司的起诉。

因此在提出诉讼请求时应当充分考虑诉请的周延性，避免发生因请求提出不当己方受损的情况。

（二）企业运营类诉讼法律风险问题

股权及知识产权保护、制度管理、用工管理、印章管理、财会管理、合同的履行等方面的日常事务是支撑整个企业运营的基本要素。因其中大部分内容在本书中均以专章进行了介绍，故本节将从股权的诉讼角度、知识产权的维权诉讼注意事项、批量诉讼中存在的法律风险三方面进行介绍。

1. 股权诉讼中的风险问题——决议的效力

目前专门"股权"类相关的诉讼大致分布在五大类纠纷中：与企业有关的纠纷、与公司有关的纠纷、合伙企业纠纷、与破产有关的纠纷、与证券有关的纠纷。本节挑选其中的股东决议相关风险进行介绍。

决议是公司决策重大事项和议事的基础规则，股东大会、股东会、董事会决议可能导致股东的重大权利变化或公司的根本走向变化。

决议效力的否定可以分为无效、可撤销、确认不成立三种情形，其中：

（1）无效是因为决议的内容违反了法律、行政法规的规定。

（2）请求人民法院撤销，是会议召集程序、表决方式违反法律、行政法规或者公司章程，或者决议内容违反公司章程的，股东可以自决议作出之日起六十日内，请求人民法院撤销。

（3）请求确认决议不成立的，是因为公司未召开会议（存在例外情形）；会议未对决议事项进行表决的；出席会议的人数或者股东所持表决权不符合公司法或者公司章程规定的；会议的表决结果未达到公司法或者公司章程规定的通过比例的；导致决议不成立的其他情形。

有这样一起案例，因公司决议的效力瑕疵，最终被人民法院确认不成立。

【案例】

某公司成立于 2008 年 5 月，设立时设定终止日期为 2018 年 5 月，企业类型为有限公司。公司章程规定："股东会由全体股东组成，是公司的权力机构，行使下列职权：……（10）对公司合并、分立、变更公司形式，解散和清算等事项作出决议""……对前款所列事项股东以书面形式一致表示同意的，可以不召开股东会会议，直接作出决定，并由全体股东在决定文件上签名、盖章；股东会会议由股东按照出资比例行使表决权；股东会作出的所有决议，必须经代表三分之二以上表决权的股东通过；股东会会议应对所议事项作出决议，决议应由全体股东表决通过，股东会应当对所议事项的决定作出会议记录，出席会议的股东应当在会议记录上签名。"该公司章程于第二十七条规定："公司的营业期限为 10 年，从企业法人营业执照签发之日起计算。""公司有下列情形之一的，可以解散：（1）公司章程规定的营业期限届满或者公司章程规定的其他解散事由出现时……"。2018 年 8 月，股东 A、B 向一审法院申请对公司进行强制清算，一审法院于 2020 年 9 月裁定受理公司的强制清算的申请。

人民法院另查明："2018 年 8 月 6 日，公司向各股东发送关于召开临时股东会的通知，会议议项内容：一是关于延长公司经营期限的有关事项；二是其他需要审议的事项。股东 A、B 回函公司称：（1）公司已于 2018 年 5 月因经营期限届满而依法解散，故召开临时股东会审议'有关延长公司经营期限的有关事项'，显然不合时宜且违法。（2）公司应于经营期限届满后十五日内成立清算组，所以不存在公司延长经营期限之事。（3）至于'其他需要审议的事项'，因没有详细的明确事项，不属于审议范围。综上，公司通知召开的临时股东会内容和程序违法，我们严正申明，不同意公司延长经营期限。"

同年 8 月，公司召开临时股东会，出席股东共计 3 人，分别为股东 C、D、E，表决结果为：持有公司 75% 表决权的股东投赞成票，股东会决议内容为：（一）将公司经营期限延长为长期；（二）据此对公司相应的章程做修改。同年 9 月，公司向南京市工商行政管理局申请延长公司营业期限的变更登记，工商行政管理局于 2018 年 10 月向公司发出了登记驳回通知书，主要理由如下："一、公司解散情形已经出现：（1）你公司的营业期限为 2008 年 5 月 5 日至 2018 年 5 月 4 日，营业期限届满前未提出延长公司营业期限的变更登记申请；（2）你公司在营业期限届满前未修改公司章程，未报我局备案；（3）根据企业登记核实报告得知，股东 A、B 以营业期限届满为由向南京市中级人民法院申请公司强制清算。二、无法确定 2018 年 8 月公司股东会决议的有效性。你公司章程第十五条规定，股东会作出的所有决议，必须经代表三分之二以上表决权的股东通过。公司章程第十七条又规定，股东会会议应对所议事项作出决议，决议应由全体股东表决通过，股东会应当对所议事项的决定作出会议记录，出席会议的股东应当在会议记录上签名。"

该公司的各股东之间素有矛盾且已成诉，本次诉讼系股东 C、D、E 起诉要求确认 2018 年 8 月公司股东会决议效力，但因该公司章程中存在相抵触的股东会表决规则规定，且该决议系对公司重大经营决策进行的表决，故仅适用对其中三名股东有利的议事规则，与有限责任公司的人合性质不符，故两审均驳回了该三名股东的请求。公司最终走向了清算解散。

【总结】

该案件反映了公司经营中的三个基本风险点存在失控问题。第一，关于公司章程的制定，因未进行严格审核导致相互矛盾的条款。公司章程是公司的根本规定，相当于公司的"宪法"，是公司运行、议事、决策的基本规则，章程出问题容易出现股东失去公司的控制权之风险；第二，公司在经营期限到期前没有形成有效的决议进行展期，特别是在各股东已经成诉的情况下，个别股东应当清醒地意识到风险并委托专业律师进行维权；第三，因瑕疵的章程做出的公司决议，其表决效力自然会出现问题。

2. 知识产权相关诉讼法律风险问题

知识产权已经成为大部分企业的核心资产，好的知识产权保护措施能使企业在市场上更具有竞争力。当企业的知识产权被他人侵权时，企业主希望公司法务或外聘律师能够利用法律武器协助企业保护好自己的知识产权。在专利诉讼中，发起诉讼一方也存在自身的风险。通常，被诉侵权一方会提起要求宣告侵权专利无效的请求，从而影响原告专利的稳定性，特别是实用新型、外观设计等稳定性本不强的专利类型。此处不再引述案例。

3. 批量诉讼中的法律风险问题

批量诉讼通常见于业务类型为可复制化企业的业务类诉讼中，在法务的操作、流程、案件交叉等问题上，风险较普通的业务类诉讼更高。特别是在立案和审判过程中，可能在单个案件的时效、保全及查封期限、单个案件之间的证据效力及诉辩意见的矛盾、单个案件的处理结果对其他案件的影响等方面，是法务和律师需要特殊注意的。此处不再引述案例。

二、行政、刑事诉讼法律风险

在企业的运行过程中，除了民事法律风险，还会出现行政类和刑事类的法律风险，本部分进行分别阐述。

（一）行政类诉讼法律风险问题

很多人认为自己的权利受到了侵害，打起行政类诉讼时却"莫名其妙"地败诉了，其中很重要的原因即原告主体资格不适格。行政诉讼法第二十五条规定，行政行为的相对人以及其他与行政行为有利害关系的公民、法人或者其他组织，有权提起诉讼。合格的行政诉讼原告，特别是否系利害关系人的判断，应当从几个方面来考量：原告的诉讼请求，应当是自己所拥有的合法权益；原告的诉讼请求所针对的具体行政行为应当是与原告形成了在行政法层面上的权利义务关系，而非其他部门法领域中的法律关系。《行政诉讼案例研究（九）》一书中提到北京市曾经发生过这样一起案例。

【案例】

某 B 将其与某 A 共有的位于北京市的房产中自己的份额通过买卖关系转移登记至某 A 一人名下，某 A 取得全部所有权后，将该房产在银行办理了最高额抵押贷款，并与某 C 签订了抵押借款合同，上述贷款、借款均办理了抵押权登记。同年，甲公司获得胜诉判决书，乙公司应当偿还甲公司的欠款，某 B 对乙公司的上述欠款承担连带偿还责任。甲公司另行提起民事诉讼，要求撤销某 A、某 B 的房屋买卖合同，案件经过两审，甲公司胜诉。甲公司遂提起了行政诉讼，要求法院判决撤销住建委依据已被判决确认撤销买卖合同为某 A、某 B 办理房屋变更登记的登记行为，并恢复涉案房屋所有权人为某 A、某 B 共有。

人民法院经审理认为，依据最高人民法院关于审理房屋登记案件若干问题的规定中规定的四种可以撤销房屋登记机构为债务人办理房屋转移登记的债权人及案件情况之规定，甲公司不属于其中任何一种类型，本案的原告为与某 A、某 B 仅存在债权债务关系，因此原告与行政诉讼所诉争的房屋所有权关系并无法律上的利害关系，不具备提起本次行政诉讼的主体资格，故驳回了原告的起诉。

【分析】

在本起案件中，原告顺理成章地认为撤销了买卖合同，两位被告的登记就应当进行恢复，不恢复即起诉行政单位。但原告第一次诉讼中的未实现债权与登记是否撤销，只存在事实上的利害关系而非在法律层面上的利害关系，故其行政案件中的诉讼请求不能得到支持，其未实现债权应当在民事案件的执行程序中进行救济。

（二）刑事类诉讼法律风险问题

在刑法分则第三章破坏社会主义市场经济秩序罪的罪名中，大部分都涉及单位犯罪，但在企业涉刑的诉讼中，因法律程序以公检法为主导，针对的主体除单位外，还会涉及单位的责任人员，故在诉讼中的主要风险点，集中在人员和辩护人方面。关于单位犯罪中公司的刑事问题，将在后文的企业合规不起诉与企业刑事法律风险一节中进行介绍。

第二节　虚假诉讼相关规定的法律风险辨析

2021 年 11 月 9 日，最高人民法院发布了关于深入开展虚假诉讼整治工作的意见，重申"整治虚假诉讼工作，是党的十八届四中全会部署的重大任务，是人民法院肩负的政治责任、法律责任和社会责任，对于建设诚信社会、保护群众权利、保障经济发展、维护司法权威、建设法治国家具有重要意义"。因此，虚假诉讼的整治工作将是未来一段时间内人民法院在具体案件办理中审查的重点，辨别虚假诉讼、保护自身权益，也是企业应当重视的问题。虚假诉讼相关法律风险，如图 11-2 所示。

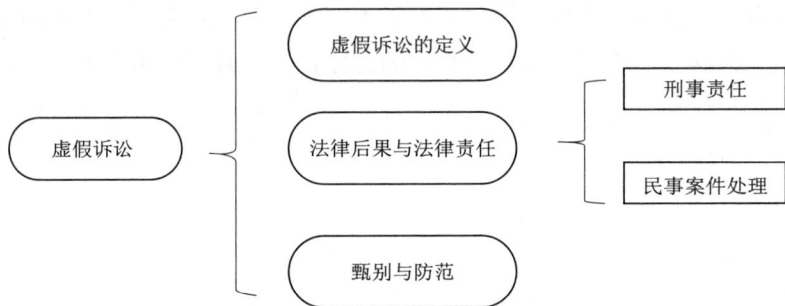

图 11-2　虚假诉讼相关法律风险

一、如何定义虚假诉讼

在诉讼中遇到的虚假事实、证据，并不是虚假诉讼罪，而是涉及诉讼的伪证罪、妨害作证罪等犯罪。虚假诉讼罪，是刑法修正案（九）中加入的罪名，它是指以捏造的事实提起民事诉讼，妨害司法秩序或者严重侵害他人合法权益的犯罪行为。

二、虚假诉讼的法律后果和法律责任

主动实施虚假诉讼行为，不但可能导致诉争案件的败诉，还可能因此导致责任人承担刑事责任风险。

（一）刑事案件中单位和责任人的刑事责任

根据刑法第三百零七条的规定，对于犯虚假诉讼罪的行为人，处三年以下有期徒刑、拘役或者管制，并处或者单处罚金；情节严重的，处三年以上七年以下有期徒刑，并处罚金。

单位犯前款罪的，对单位判处罚金，并对其直接负责的主管人员和其他直接责任人员，依照前款的规定处罚。

（二）民事案件的处理

民事案件中发现案件事实可能涉及虚假诉讼罪的，或者民事诉讼案件所依据的基础事实关系已被认定为为虚假诉讼的，《最高人民法院关于在审理经济纠纷案件中涉及经济犯罪嫌疑若干问题的规定》第十一条规定，"人民法院作为经济纠纷受理的案件，经审理认为不属经济纠纷案件而有经济犯罪嫌疑的，应当裁定驳回起诉，将有关材料移送公安机关或检察机关"。

三、虚假诉讼的甄别与防范

在大多数虚假诉讼的案件中，被告人捏造事实通过诉讼的方式要解决的通常是另一起诉讼案件中的问题，且多为债权债务问题。例如下面这起案件，不仅当事人本人，民事案件的代理人也因犯罪合意被判处了刑罚。

【案例】

在刘某甲申请执行冯某的民间借贷案件中，查封了冯某名下房产一处。冯某为了参与分配自己即将被拍卖的房产中的拍卖款，经与同案被告人张某、杨某等人共谋，捏造了冯某对外的其他大额欠款并提起了民事诉讼，杨某作为冯某的代理人，刘某作为捏造债务中债权人常某的代理人，两人的代理费用均由冯某支付。后刘某代理常某提起了对冯某的民间借贷案件，冯某则指定杨某作为代理人应诉。该案因故撤诉。

后冯某再次与姚某合谋了虚假民间借贷诉讼，姚某作为原告，其代理人仍为刘某，冯某作为被告，其代理人仍为杨某，案件以冯某偿还姚某欠款结果调解结案。结案后，张某、刘某、冯某要求姚某为冯某出具了执行的相关手续，后刘某作为姚某的代理人向人民法院申请强制执行，并要求分配冯某名下房产的拍卖款。

真正的债权人刘某甲后向公安机关举报，要求对冯某等人虚构债务、虚假诉讼的犯罪行为进行侦查。公安机关启动侦查并对几名犯罪嫌疑人采取刑事强制措施后，冯某在人民法院提起再审，撤销了其与姚某合谋捏造案件的民事调解书。刑事案件经过审判程序，最终债务人冯某及其虚假诉讼案件的代理人杨某、介绍人张某、虚假原告姚某及其虚假诉讼案件的代理人刘某分别被判处有期徒刑、罚金并没收违法所得。

【分析】

在这起案件中，有几个关于甄别虚假诉讼的关键点：

（1）真实诉讼发生后，突然出现同一债务人的大额诉讼；

（2）在真实诉讼中已出现了债务人的有效可控制财产；

（3）新发生的大额诉讼快速调解结案；

（4）新的大额诉讼可进入执行程序进行财产分配。

当上述关键点发生时，作为真实诉讼的权利人就要考虑该新发生诉讼的真实性问题。当然，辨别和打击虚假诉讼离不开公检法部门的努力，随着同案同判及诉讼数据化的发展，司法部门对于判断虚假诉讼的甄别能力也较以往有显著提升。材料显示，在前述案例中，冯某首次捏造的诉讼原告常某因无法回答出人民法院就大额出借款项的来源，无法完成待证事实证据链的证明责任而撤回了起诉。

第三节　企业合规不起诉与企业刑事法律风险问题

近年来，企业合规不起诉制度是司法领域的热门话题之一，其内涵和运用对企业在未来的发展经营有较为深远的影响。本节对企业合规不起诉制度进行讨论。

一、企业合规不起诉制度的背景与目的

合规不起诉源起于欧美的协议不起诉制度，在美国得到了发展后，演化成针对公司涉罪的协议不起诉制度。协议不起诉制度，包括暂缓起诉制度及协议不起诉制度，是指检察机关与涉罪企业通过达成协议的方式，采取整改考验期、罚金等较温和的措施以达到使企业合法合规的法律目的，较为著名的几起针对巨型企业的罚款，即是通过达成缴纳罚款的协议以换取不起诉处理，例如大众汽车的排放门事件。美国这个制度的弊端是检察官的权力过大，缺乏监督，我国的企业合规不起诉制度则在探索中注重了解决这个问题。

我国的企业合规不起诉制度源于 2020 年 3 月。最高人民检察院在上海浦东、金山，江苏张家港，山东郯城，广东深圳南山、宝安等 6 家基层检察院

开展了企业合规改革第一期的试点工作。至 2021 年 4 月，最高人民检察院又将试点检察院扩大至 10 个省份，确定了对民营企业负责人涉经营类犯罪的，依法"能不捕的不捕、能不诉的不诉、能不判实刑的提出适用缓刑的量刑建议。同时，探索督促涉案企业合规管理。同时，针对企业涉嫌具体犯罪，结合办案实际，督促涉案企业作出合规承诺并积极整改落实，促进企业合规守法经营，减少和预防企业犯罪，实现司法办案政治效果、法律效果、社会效果的有机统一。"

二、企业合规不起诉对中国企业的实质性影响和企业承担的法律后果

最高人民检察院披露，"截至 2021 年 11 月底，第二期改革试点工作 10 个试点省份共办理涉案企业合规案件 525 件，其中适用第三方监督评估机制案件 254 件"。"坚持和落实能不捕的不捕、能不诉的不诉、能不判实刑的提出判缓刑的量刑建议等司法政策的同时，通过检察建议督促企业进行合规建设、履行合规承诺"。使得一些轻微犯罪的企业纠正错误的同时，保证了企业主、职工等相关主体的生存利益，较好地实现了法律效果与社会效果的统一。

（一）企业适用合规不起诉的条件

我国的企业合规不起诉制度刚刚起步，什么情形的企业符合适用该制度的条件，目前最高检的公开文件中尚未给出明确的列示，但从反向的不适用角度明确了不适用该制度的情形，具体见表 11-1。

表11-1　企业不适用合规不起诉的情形

个人为进行违法犯罪活动而设立公司、企业的
公司、企业设立后以实施犯罪为主要活动的
公司、企业人员盗用单位名义实施犯罪的
涉嫌危害国家安全犯罪、恐怖活动犯罪的
其他不适宜适用的情形

（二）适用企业合规不起诉制度对企业的影响

按照上述规定，我们可以想象的空间是，只要企业"犯罪动机不强、主观恶性不大，社会危害性轻微"，原则上是可以适用该制度进行救治的。适用合规不起诉制度，可以带动企业进行合规治理，弥补第三方损失。对于一些大型企业，充分地利用合规不起诉制度，进行合规化治理，还能够帮助企业提升竞争力。

（三）企业合规不起诉的途径和法律后果

按照《关于建立涉案企业合规第三方监督评估机制的指导意见（试行）》规定的要求，制度的实施中，当检察院办理涉企犯罪案件时，对于其中检察院认为符合改革试点适用条件的，要求涉案企业做出合规承诺，并交由第三方监督评估机制管理委员会（以下简称管委会）选任组成的第三方监督评估组织（以下简称第三方组织），对涉案企业的合规承诺进行调查、评估、监督落实和考察，作为最终做出是否起诉的决定时的重要参考。

管委会由最高人民检察院等机关组建，各地方司法、行政机关组织本地区的管委会，选任由专业服务机构组成的第三方组织。

第三方组织对涉案企业合规计划的可行性、有效性和全面性进行审查，并且根据计划确定考察期限。第三方组织可以对合规计划的履行情况进行检查、评估和考核并报送办理案件的人民检察院。达到合规整改预期效果的，检察院作出不起诉决定，认为需要给予行政处罚、处分或者没收其违法所得的，应当结合合规材料，依法向有关主管机关提出检察意见。

三、典型的企业合规不起诉案件示例

最高人民检察院于 2021 年 9 月发布了四起典型案例，其中有一起案件的处理，特别实现了企业合规经营后的良好发展社会效果。

【案例】

深圳 Y 科技股份有限公司(以下简称 Y 公司)系深圳 H 智能技术有限公司(以下简称 H 公司)的音响设备供货商。Y 公司业务员为了在 H 公司音响设备选型中获得照顾，向 H 公司采购员刘某甲陆续支付好处费 25 万元，并在刘某甲的暗示下向 H 公司技术总监陈某行贿 24 万余元。

2019 年 10 月，H 公司向深圳市公安局南山分局报案，王某某、林某某、刘某乙及刘某甲、陈某相继到案。2020 年 3 月，深圳市公安局南山分局以王某某、林某某、刘某乙涉嫌对非国家工作人员行贿罪，刘某甲、陈某涉嫌非国家工作人员受贿罪向深圳市南山区检察院移送审查起诉。

2020 年 4 月，检察机关对王某某依据刑事诉讼法第一百七十七条第二款作出不起诉决定，对林某某、刘某乙依据刑事诉讼法第一百七十七条第一款作出不起诉决定，以陈某、刘某甲涉嫌非国家工作人员受贿罪向深圳市南山区法院提起公诉。同月，深圳市南山区法院以非国家工作人员受贿罪判处被

告人刘某甲有期徒刑 6 个月，判处被告人陈某拘役 5 个月。法院判决后，检察机关于 2020 年 7 月与 Y 公司签署合规监管协议，协助企业开展合规建设。

【分析】

检察机关在司法办案过程中了解到，Y 公司属于深圳市南山区拟上市的重点企业，该公司在专业音响领域处于国内领先地位，已经在开展上市前辅导，但本案暴露出 Y 公司在制度建设和日常管理中存在较大漏洞。检察机关与 Y 公司签署合规监管协议后，围绕与商业贿赂犯罪有密切联系的企业内部治理结构、规章制度、人员管理等方面存在的问题，制定可行的合规管理规范，构建有效的合规组织体系，健全合规风险防范报告机制，弥补企业制度建设和监督管理漏洞，防止再次发生相同或者类似的违法犯罪。Y 公司对内部架构和人员进行了重整，着手制定企业内部反舞弊和防止商业贿赂指引等一系列规章制度，增加企业合规的专门人员。检察机关通过回访 Y 公司合规建设情况，针对企业可能涉及的知识产权等合规问题进一步提出指导意见，推动企业查漏补缺并重启了上市申报程序。

四、企业合规不起诉的适用展望

2020 年 12 月 16 日，辽宁省人民检察院等 10 个部门制定了《关于建立涉罪企业合规考察制度的意见》，其中对企业适用刑事合规考察制度案件的范围做出了规定，包括初犯、偶犯、犯罪事实清楚、自愿认罪认罚、积极赔偿损失、补足欠缴税款罚款、完成环境修复等。同时，意见也对不得适用合规考察制度的情形做出了明确列示，还对考察方式、内容、实施机关、考察后合规企业的处理措施等进行了明确规定。

2020 年 10 月，浙江省岱山县人民检察院印发《岱山县人民检察院涉企案件刑事合规办理规程（试行）》，其中除了制度、情形、流程、实施主体之外，还要求检察官主动走访认罪认罚的企业，征求企业是否有合规经营意愿，选定监督员派驻企业确定合规整改方案。规程还对整改期间又犯新罪的企业，要求检察官综合衡量罪行的社会危险性而决定是否继续执行整改，并且对于承诺期内未完成整改的企业，由检察官衡量企业未完成原因，如果包含非人为因素导致未完成整改的，可以适度延长整改期限给予企业补救机会。

重庆、深圳、广东等地的人民检察院也陆续出台了类似规定或规范。随着 2021 年第二批扩大试点的增加，各地将会开展对合规不起诉制度的积极探索，我们也期待着制度的生根发芽能够为企业的生存和发展带来更好的法制保障。

第十二章

企业管理者法律风险防控

在现代经济发展过程中，企业对于经济社会发展起到了非常重要的作用，企业作为经营实体，其生死存亡一定程度上取决于管理者。因此，法律制度对于管理者的行为、义务和责任从各方面进行了规范。如果管理者不知道、不遵守这些规范，就可能存在相关法律风险。因此，企业管理者包括董事、监事需要对相关法律风险进行识别和防控。

第一节　忠实勤勉责任

因现代公司治理结构中特别是上市公司，所有者、管理者进行了分离（大部分民营企业的所有者和管理者合一的情况，随着时间的推移和民营经济的发展壮大，也面临所有者管理者分离的局面）。为了从制度上保证在所有权、管理权分离情况下公司利益最大化，公司法中第 147 条、148 条、149 条，对公司高级管理人员向公司负有忠实义务和勤勉的义务进行了具体规定。

一、忠实勤勉义务

公司法规定董事、监事、高级管理人员应当遵守法律、行政法规和公司章程，对公司负有忠实义务和勤勉义务。如果董事、监事、高级管理人员执行公司职务时违反法律、行政法规或者公司章程的规定，给公司造成损失的，应当承担赔偿责任。

（一）董事、监事、高级管理人员不得利用职权收受贿赂或者其他非法收入，不得侵占公司的财产。

（二）董事、高级管理人员不得有下列行为：挪用公司资金；将公司资金以其个人名义或者以其他个人名义开立账户存储；违反公司章程的规定，未经股东会、股东大会或者董事会同意，将公司资金借贷给他人或者以公司财产为他人提供担保；违反公司章程的规定或者未经股东会、股东大会同意，与本公司订立合同或者进行交易；未经股东会或者股东大会同意，利用职务便利为自己或者他人谋取属于公司的商业机会，自营或者为他人经营与所任职公司同类的业务；接受他人与公司交易的佣金归为己有；擅自披露公司秘密；违反对公司忠实义务的其他行为。

忠实勤勉对于公司高管的要求，可以从两个方面来理解，一方面是不得以积极行为的方式来侵犯公司利益；另一方面，必须尽职履责，不得玩忽职守，而导致公司利益受损。下面将从这两个方面举例说明。

【案例】

股东将公司资金挪存到个人账户，并私自进行分配，而最终按照判决应归还公司的案例。在最高人民法院（2019）最高法民终 1039 号民事判决中，陈某作为公司小股东（持有 WG 公司 35% 的股权）和监事，对公司股东于某（持有 WG 公司 65% 的股权）、案外人张某以损害公司利益责任为由提起了诉讼。

2011 年 9 月 30 日，WG 公司与荣成市宁津街道办事处签订了威港公司海域及附属设施征用补偿协议书，约定荣成市宁津街道办事处对 WG 公司被征用的 120 公顷海域、围堰及附属设施大坝围堰、育苗场、海参池、别墅、保卫用房等资产予以补偿，补偿金额为 12 127 万元（不含税）。荣成市宁津街道办事处依据该补偿协议的约定和于某的指示，向案外人张某的个人账户支付征收补偿金共计 12 127 万元。

一审法院认为，本案的争议焦点是于某、张某是否应当将征收补偿款退回 WG 公司并支付利息。

法院经审理认为，在 WG 公司实际取得补偿款之前，于某、陈某、周某于 2010 年 1 月 12 日就如何分配 WG 公司的征收补偿款问题签订了一份协议书，对公司将取得补偿款进行了分配。但是，上述三方协议约定的分配方案，应当在全部清偿公司债务后通过公司解散程序依法予以履行。

WG 公司作为企业法人，具有独立的人格，于某直接分配、占有公司资产，侵害了 WG 公司及其债权人的利益，违反了公司法的相关规定，因此，于某关于自己有权直接分配征收补偿款的主张不能成立。……张某占有公司资金缺乏事实和法律依据，应当承担返还责任。于某指令付款人将征用补偿款汇入张某个人银行账户，也应当承担相应的责任。陈某作为公司股东，要求于某、张某返还征收补偿款及占有期间的利息，符合法律规定，应当予以支持。

一审判决于某、张某于判决生效后 30 日内向 WG 公司返还征用补偿款 12 127 万元并支付相应的利息；二审和再审，均认为一审判决认定事实清楚，适用法律正确，应予维持。

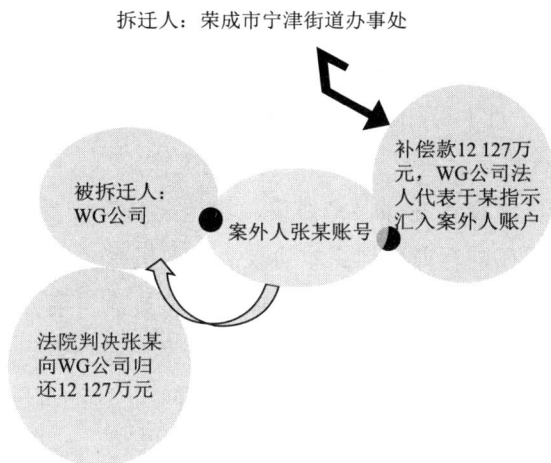

图 12-1　于某、张某损害公司利益责任纠纷案法律关系图

【案例点评】

上述案例中,如图 12-1 所示,股东收取了本应归属公司的利益,未交还公司,直接汇入案外人账户,侵害了公司利益,其他股东有权要求其返还给公司。

【建议】

作为公司股东,要密切关注并了解公司经营,发现控制公司的一方股东把本应归属公司的收入,账外收取,并挪作他用,有权要求其归还公司。作为控制公司的一方股东也要遵守公司法,不得违反公司法规定,侵犯公司利益,在公司以外处分公司财产,否则终须返还。

二、公司的"归入权"

公司内部人违法获利的行为与忠诚义务相背离,对社会公平秩序造成了破坏,因此其所获的经济利益不予保护;针对内部人实施特定违法行为所得收益,世界上其他很多国家的公司法都规定了"归入权",规定董事、高级管理人员违规所得的收入应当归公司所有。

【案例】

公司高管在任职期间,如果违反竞业限制约定,公司有权要求行使"归入权",将高管取得的收入归属公司所有。在上海市宝山区人民法院民事判决书中，某公司主张：2012 年 6 月 18 日，某公司与某高管签订劳动合同，聘请某高管为该公司总经理，合同期限为 2012 年 7 月 1 日至 2015 年 6 月 30 日，该高管自 2012 年 7 月 1 日开始在某公司处工作，担任某公司的总裁及事业部总经理，负责执行董事会决议，全面主持公司工作。

同日，公司与该高管签订保密协议，约定某高管接受竞业禁止的限制，离职后两年内不得在同行业中泄露本协议之约定机密，自己也不提供与某公司同类服务或生产与某公司同类产品，或者受聘其他与某公司有竞争关系的企业或组织。并约定某高管在劳动合同工期内，不得在外兼职，如违反本规定，某高管需返还某公司兼职期间支付的劳动报酬并承担违约责任等。

某高管在某公司任职期间在外设立了第三人公司，经营与某公司相同的主营业务，该高管自 2015 年 4 月 22 日至 2016 年 1 月 22 日在第三人公司应得的收入人民币约 141 万元，法院认为，公司法明文规定：董事、监事、高级管理人员应当遵守法律、行政法规和公司章程，对公司负有忠实义务和勤勉义务。如若利用职务便利为自己或者他人谋取属于公司的商业机会，自营或者为他人经营与所任职公司同类业务的，违规所得的收入归公司所有。综上所述，某高管违反了我国公司法中高管竞业禁止及忠实义务，损害了某公司的利益，并使自身获利，故而应当承担相应法律责任。

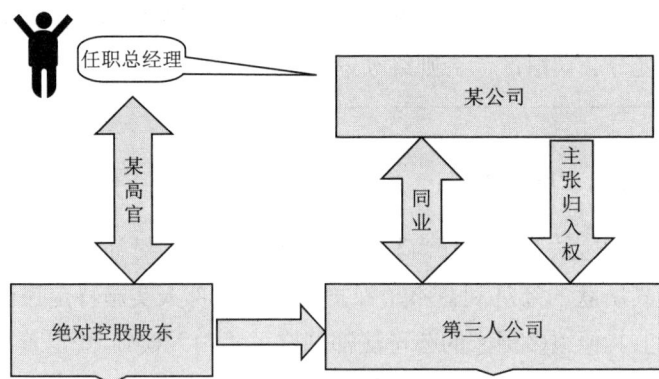

图 12-2　某竞业限制纠纷案法律关系图

【案例点评】

如图 12-2 所示，公司高管是公司的重要人力资源，公司出于经营效率效益的需要，也为了防止公司商业秘密的泄露等多种原因，公司一般都会与高管签订保密协议，约定某高管接受竞业禁止的限制，因此公司有权要求其隶属人员精力和时间用在公司经营和管理活动中，否则按照公司法的相关规定，公司高管就可能违反了竞业限制约定，需承担违约责任。

【建议】

公司高管如果和公司签订了竞业限制协议等文件，又另行注册公司经营同类或相近业务，互联网时代很多信息都是透明可查的，公司是可以通过查询、调查等手段得到信息。

三、公司管理人员签订、履行合同失职被骗

国有公司、企业、事业单位的直接负责的主管人员，在工作中严重不负责任，不认真、不正确履行依其职责应履行的义务，玩忽职守，使公共财产、国家和人民的利益遭受重大损失。

【案例】

公司特别是国有企业职员，因签订、履行合同失职被骗，导致国家遭受巨额经济损失的，本人也要受到法律的制裁。因此，要严格按照国家有关规定正确履行职责，决不能存在侥幸心理。

1999 年 1 月至 2000 年 9 月间，于某在担任某公司综合贸易部经理期间，依照公司的授权，接受另一国内公司委托，以公司的名义，与某外国企业在北京签订一份出口合同及其项下的 4 份树脂工艺品及服装等补充出口合同，以易货贸易的形式偿还另一国内公司所欠外国企业为"营口、南京"热电厂提供设备的款项。

于某根据上述出口合同又与下游供应商分别签订了购销合同及其项下的 4 份补充购销合同，购进广西树脂工艺品、广东服装等货物，贸易总金额共计人民币 2.2 亿余元。

于某在签订、履行合同过程中，违反国家的外贸出口规定，从事了"四自三不见"（"四自"是指自带客户、自带货源、自带汇票、自行报关，"三不见"是指不见出口产品、不见供货渠道、不见外商）的业务，未按国家法律规定履行职责，最终造成中国北方工业北京公司损失人民币 1 819 万余元。

法院经过审理认为，于某身为国有公司直接负责的主管人员，在直接负责出口业务签订、履行合同过程中，不正确履行职责，因严重不负责任，不

按国家法律规定履行自己的职责被诈骗，致使国家利益遭受特别重大损失，其行为已构成签订、履行合同失职被骗罪。法院以于某犯签订、履行合同失职被骗罪，作出判处有期徒刑 4 年的终审裁定。

【案例点评】

经济生活纷繁复杂，公司管理者在公司运营过程中，需要与外部进行业务往来，如果履职没有做到尽职尽责，很可能上当受骗，由此导致被追究法律责任。

【建议】

公司管理者在业务活动中，对于重大交易，一定要聘请专业人士出具专业意见，最大限度防控风险，避免被骗导致公司财产损失，也避免自身因公司财产损失被追究法律责任。

四、关联交易损害公司利益

关联交易有利于减少公司经营中的不必要环节，获得最大的利润。但非公允性关联交易会严格损害正常的竞争秩序，也会严重损害公司及中小股东、债权人的合法权益。

【案例】

在高管损害公司利益的行为中，较为隐秘的一种是利用关联交易。因此，如果高管与公司发生关联交易，被诉请赔偿的可能性很大。

例如，下面这例损害公司利益责任纠纷案，被告 B 公司与 A 公司系关联公司，均为 C 公司控制的公司。沈某系 A 公司监事。侯某任 A 公司的总经理兼董事。侯某同时担任集团公司的副总裁，被分管原告 A 公司。

A 公司 2016 年 6 月 21 日生效的公司章程第四十一条规定，"董事会行使以下职权：……（十二）任何单笔未超过 300 万元且累计未超过 1 000 万元的关联交易"……需要经全体董事中的三分之二以上审议通过。

案涉交易发生时间 2017 年 2 月 27 日，B 公司以往来款为由要求 A 公司支付人民币 300 万元（以下简称案涉交易），通用审批单载明业务审批人，侯某已同意。

A 公司认为案涉交易构成关联交易。时任 A 总经理的被告侯某未将案涉交易提交 A 公司董事会审议，擅自将款项支付给 B 公司，且截至 A 公司提起本案诉讼之日，B 公司也未向 A 公司返还该笔款项。

根据公司法第二十一条及一百四十九条的规定，B 公司与侯某共同利用关联交易损害了 A 公司的合法权益，被告 B 公司与侯某应当共同向 A 公司返还占用资金，并赔偿资金占用期间 A 公司所遭受的损失及 A 公司为追索该等损失所支出的一切费用。

公司法第一百五十一条规定，董事、高级管理人员有本法第一百四十九条规定的情形的，有限责任公司的股东、股份有限公司连续一百八十日以上单独或者合计持有公司百分之一以上股份的股东，可以书面请求监事会或者不设监事会的有限责任公司的监事向人民法院提起诉讼。因被告侯某为 A 公司原总经理，系高级管理人员，A 公司的股东特提请公司监事代表公司向法院提起诉讼。

被告侯某辩称，A 公司和 B 公司同属于集团公司，集团公司之间互相拆借资金是正常现象，涉案的借款行为并非挪用资金归个人使用，也区别于高买低卖损害公司利益的行为。侯某并非以损害公司利益为目的，仅是在流程上存在失误，主观上并不是以损害公司利益为目的。

法院认为，公司的控股股东、实际控制人、董事、监事、高级管理人员不得利用其关联关系损害公司利益。违反前款规定，给公司造成损失的，应当承担赔偿责任。董事、监事、高级管理人员执行公司职务时违反法律、行政法规或者公司章程的规定，给公司造成损失的，应当承担赔偿责任。

被告 B 公司占用 A 公司的资金，A 公司主张返还，被告 B 公司理应返还；被告侯某作为 A 公司高管人员违反了公司章程，对给公司造成的损失应承担赔偿责任。被告 B 公司与被告侯某的抗辩意见，没有事实及法律依据。被告 B 公司与被告侯某偿还原告 A 公司 300 万元及资金占用期间的损失，见图 12-3。

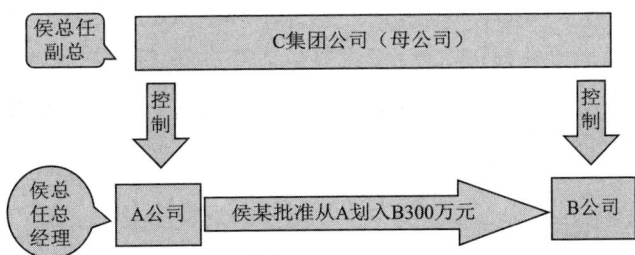

图 12-3 关联交易损害公司利益责任纠纷案法律关系图

作为公司高管，应该高度关注安全、环保、应急、防疫等法律法规明确规定的责任，并切实按照法律规定履行领导职责，将各项工作落到实处，这不只是管理要求。作为企业负责人，如果所管理的企业违反了有关的行政管理法规，在很多情形下，由于履行职权不当，很可能要受到相应的行政处罚，包括相应的经济处罚，如果同时具备公职人员身份的，还要按照《中华人民共和国公职人员政务处分法》接受相应的处罚，更有可能承担刑事责任。

【案例点评】

关联交易看似与其他交易无二，但很有可能成为侵害公司利益的手段，因此公司法等相关法律法规对关联交易进行了多角度的规范和约束，对于通过关联交易损害公司利益的股东，公司及其他股东有权要求实施关联交易的股东和有关人员予以赔偿。

【建议】

公司可以规定关联交易的类型、金额以及程序，对关联交易进行管制。相关股东也要最大限度维护公司利益，涉及关联交易，不仅要遵守公司的有关规章制度，还要从实质上维护交易双方的公平对等。

第二节　安全管理责任

2021 年刚刚修订的《中华人民共和国安全生产法》（以下简称安全生产法），提出了"人民至上、生命至上"的安全管理理念，提出了"三管三必须"的原则，即"管行业必须管安全、管业务必须管安全、管生产经营必须管安全"。无论在哪个岗位，都涉及安全生产职责，特别是领导干部，更要深刻认识到新法传递的安全管理理念。

一、法律依据

安全生产法是国家对安全生产管理的基本法律，对于单位领导在生产中的安全管理责任，还有更为细化的补充性规定。

按照安全生产法（2021 修正）的有关规定，对于日常工作中，从业人员发现事故隐患或者其他不安全因素，应当立即向现场安全生产管理人员或者本单位负责人报告；接到报告的人员应当及时予以处理。

如果发生安全事故，则生产经营单位发生生产安全事故后，事故现场有关人员应当立即报告本单位负责人。

单位负责人接到事故报告后，应当迅速采取有效措施，组织抢救，防止事故扩大，减少人员伤亡和财产损失，并按照国家有关规定立即如实报告当地负有安全生产监督管理职责的部门，不得隐瞒不报、谎报或者迟报，不得故意破坏事故现场、毁灭有关证据。

《最高人民法院、最高人民检察院关于办理危害生产安全刑事案件适用法律若干问题的解释》第三条规定，刑法第一百三十五条规定的"直接负责的主管人员和其他直接责任人员"，是指对安全生产设施或者安全生产条件不符合国家规定负有直接责任的生产经营单位负责人、管理人员、实际控制人、投资人，以及其他对安全生产设施或者安全生产条件负有管理、维护职责的人员。

从以上规定可以看出，高管在安全生产中负有安全生产责任的法律依据。如果单位领导对于安全管理法律责任认识不到位，管理不到位，执行不到位，则很可能被追究法律责任。

二、经典案例分析

【案例】

江西丰城发电厂"11·24"冷却塔施工平台坍塌特别重大事故后，法院经审理查明，2016 年 11 月 24 日，江西丰城发电厂三期扩建工程发生冷却塔施工平台坍塌特大事故，造成 73 人死亡、2 人受伤，直接经济损失 10 197.2 万元。

事故发生后，31 人被采取刑事强制措施。给予 38 人党纪政纪处分、9 人诫勉谈话、通报、批评教育。

2020 年 4 月 24 日，江西省宜春市中级人民法院和丰城市人民法院、奉新县人民法院、靖安县人民法院进行了公开宣判，对 28 名被告人和 1 个被告单位依法判处刑罚。其中，被追究刑事责任人员中，既有上级集团公司（江西投资集团）的领导，也有项目公司的董事长和项目经理，同时监理单位相关人员也被追究了相应刑事责任，材料供应单相关人员也在被追究刑事责任之列；罪名不仅涉及与安全生产有关的罪名，对在事故调查中发现的其他犯罪，比如贪污罪也一并进行追究。

法院经审理查明，该起坍塌事故属于特别重大生产安全责任事故。建设单位在未经论证、评估的情况下，违规大幅度压缩合同工期，提出策划并与工程总承包、监理、施工单位共同启动"大干 100 天"活动，导致工期明显缩短。施工方案存在严重缺陷，未制定针对性的拆模作业管理控制措施。对试块送检、拆模的管理失控，在实际施工过程中，劳务作业队伍自行决定拆模。混凝土供应单位违反合同约定，擅自改变混凝土配合比，未严格按照混凝土配合比添加外加剂，事故发生时，施工人员在混凝土强度不足的情况下违规拆除模板，造成筒壁混凝土和模板体系连续倾塌坠落，坠落物冲击与筒壁内侧连接的平桥附着拉索，导致平桥也整体倒塌，最终导致"11·24"特大事故，造成重大人员伤亡和财产损失。

【案例点评】

本案中，建设方为了赶工期，没有科学组织生产建设，违反工程建设的客观规律，盲目追求速度，忽视了安全生产，最终酿成惨剧，相关领导也被追责。

【建议】

企业领导干部在生产组织过程中，要追求速度和效率，无可厚非，但一定要在安全生产的前提下进行，否则"欲速则不达"。

第三节　环保责任

2017 年 5 月 26 日，习近平主席在主持中共中央政治局第四十一次集体学习时指出："生态环境保护能否落到实处，关键在领导干部。"领导干部要按照有关环境保护的法律法规，做好生产管理工作，不污染环境，同时还要保护好自然生态环境，否则可能面临承担法律责任的风险。

一、污染产生单位负责人的主要法律责任

按照《中华人民共和国环境保护法》（2014 修订）的规定，排放污染物的企业事业单位，应当建立环境保护责任制度，明确单位负责人和相关人员的责任。

二、危险废物相关从业单位负责人的法律责任

按照《国务院办公厅关于印发强化危险废物监管和利用处置能力改革实施方案的通知》的有关规定，危险废物产生、收集、贮存、运输、利用、处置企业的主要负责人（法定代表人、实际控制人）是危险废物污染环境防治和安全生产第一责任人，严格落实危险废物污染环境防治和安全生产法律法规制度。

上文中对于"危险废物产生、收集、贮存、运输、利用、处置企业"的表述，意味着涉及危险废物的全流程都属于规制的范围，因此上述行业环节的各单位法定代表人、实际控制人，如果防治不到位或安全管理措施不到位，就很可能要承担相关法律责任。

按照《中华人民共和国固体废物污染环境防治法》（2020 修订），如果造成污染事故的，按照事故造成的直接经济损失的一倍以上三倍以下计算罚款；造成重大或者特大固体废物污染环境事故的，按照事故造成的直接经济损失的三倍以上五倍以下计算罚款，并对法定代表人、主要负责人、直接负责的主管人员和其他责任人员处上一年度从本单位取得的收入百分之五十以下的罚款。前述规定，不仅规定了对于事故单位的处罚比例，而且对于事故单位的高管也规定了罚款比例。

【案例一】上海 W 牌冷藏实业有限公司"8·31"重大氨泄漏事故

【基本案情】

2013 年 8 月 31 日 10 时 50 分左右，上海 W 牌冷藏实业有限公司，发生氨泄漏事故，造成 15 人死亡，7 人重伤，18 人轻伤。

经调查，事故原因包括：由于责任单位违规设计、违规施工和违规生产；主体建筑竣工验收后，擅自改变功能布局；氨调节站布局不合理；安全生产责

任制、安全生产规章制度及安全技术操作规程不健全；未按有关法规和国家标准对重大危险源进行辨识；擅自安排临时用工；未设置安全警示标识和配备必要的应急救援设备；公司管理人员及特种作业人员未取证上岗，未对员工进行有针对性的安全教育和培训。

依据有关部门事后出具的调查报告，公司高管的责任情况及被追究责任情况具体如下。

（1）翁某某，W牌公司法定代表人、董事长、总经理。作为公司安全生产第一责任人，在主体建筑竣工验收后，擅自改变功能布局，违法建设构筑物，将设备交给无资格人员进行设计和施工；未组织健全安全生产责任制、安全生产规章制度和安全操作规程；未按有关法规和国家标准对重大危险源进行辨识。对事故发生负有直接责任。

（2）缪某某，W牌公司安全经理。未健全并落实安全技术规程及操作规程，员工安全生产教育培训不到位；未按有关法规和国家标准对重大危险源进行辨识；对存在的安全隐患排查治理不力。对事故发生负有直接责任。

（3）孙某某，技术工程师。在明知企业负责人违法改建加工车间、本人无设计制冷系统压力管道专业资质的情况下，违法设计单冻机生产线。对事故发生负有直接责任。

（4）潘某某，氨压缩机操作工。在未取得特种作业人员操作证的情况下，违规对加工车间的单冻机进行热氨融霜作业，致使氨泄漏，引发事故。对事故发生负有直接责任。

（5）陈某某，承接W牌公司业务的个人。违法承接单冻机生产线管线施工建设，单冻机生产线管线焊接不符合技术规范要求，存在重大安全隐患。对事故发生负有直接责任。

公安机关已对上述五名人员采取强制措施，建议司法机关以涉嫌重大责任事故罪，依法追究刑事责任。

（6）陈某某，W牌公司加工车间实际负责人。擅自安排临时用工，未对临时招用的工人进行安全教育培训；未告知作业场所存在的危险因素，违法组织生产。对事故发生负有直接责任。鉴于陈某某在事故中重伤，建议治疗结束后，视情追究相应的责任。

（7）乐某某，公司加工车间主任。作为企业部门安全生产第一责任人，未对招用的临时用工进行上岗教育，未告知作业场所存在的危险因素。对事故发生负有直接责任。鉴于乐某某在事故中死亡，建议不予追究责任。

（8）虞某某，公司顾问。在担任分管安全生产工作的副总经理期间，未督促、检查本单位的安全生产工作并及时消除生产安全事故隐患。对事故发生负有责任。

（9）潘某某，公司氨机房主管。不具备特种设备管理人员和操作人员资格，无证上岗。对事故发生负有责任。建议翁牌公司分别给予虞某某、潘某某解除劳动关系的处理。

【案例点评】

本案中，造成事故的原因有多种，但归根到底，是企业领导抓工作不到位、不到底，导致涉及安全生产的多个风险点集中爆发，也导致自身被追责。

【建议】

现代化工业生产，企业领导一方面要尊重科学，依靠专业认识管好生产；另一方面，还要加强管理，管理出现薄弱环节还是会导致事故发生。各级领导如果工作不够认真、不够仔细，事故就难免发生，自身也难逃其责。

【案例二】 秦岭生态环境保护检察监督典型案例

【基本案情】

近年来，生态环境恶化已经日趋严重；保护生态环境，刻不容缓；要有对党、对人民、对历史高度负责的精神，履行好环境保护职责，让美景永驻、青山常在、绿水长流。

秦岭在世界上有"世界生物基因库"之称，是国家生态安全保障的主体区域之一，承担着我国南水北调中线工程水源地保护责任。近年来，旅游房地产开发项目的违规建设和城镇建设的不规范，使秦岭遭遇了前所未有的开发与破坏，环境污染日益严重，形势危急。在事后的责任追究过程中，据有关报道，仅秦岭北麓违法建筑，涉及的责任人就有 200 人。其中，有关部门的领导受到了责任追究，一些公司企业的领导也被追责。

例如，2010 年某公司被检察院起诉，被告人张某某作为该单位主要负责人，在明知无审批手续建设商业住宅，商铺属于非法占用农用地，且未获国土部门批准的情况下，擅自占用秦岭保护范围内的农用地，领导、管理该公司继续建设商业住宅和商铺并进行售卖。

经国土资源部门鉴定，占地面积中耕地 20.748 亩，耕地整理难度与复垦工程量极大，造成对耕地种植条件的严重破坏。

法院认为，被告单位违反土地管理法规，非法占用耕地，改变被占用土地用途，构成非法占用农用地罪，判决被告单位罚金人民币 241 000 元。被告人张某某作为该公司直接负责的主管人员，以非法占用农用地罪追究其刑事责任，鉴于被告人具有自首情节，判决被告人张某某有期徒刑二年，缓刑三年，并处罚金人民币 200 000 元。

【案例点评】

随着经济的发展，国家和社会越来越重视对环境的保护，注重对自然生态的保护。如果企业继续延续过去以破坏环境，牺牲生态为代价而谋求企业发展的策略，那么企业的管理者面临的是法律的严厉制裁。

【建议】

企业领导者要在企业涉及环境保护、占地用地等方面进行自查，发现问题及时整改，消除环保方面的法律隐患。

第四节　自然灾害中的责任界定

近年来，由于气候环境的重大变化，极端恶劣天气频频出现，因此，企业领导人员，应做好预案，实时应对，否则因为履职缺位导致发生事故可能因此承担刑事责任。

按照《国家防汛抗旱应急预案》规定，发生汛灾或旱灾后，受灾地区的各级防汛抗旱指挥机构负责人、成员单位负责人，应按照职责到分管的区域组织指挥防汛抗旱工作，或驻点具体帮助重灾区做好防汛抗旱工作。

受灾地区的各级防汛抗旱指挥机构负责人、成员单位负责人，应按照职责到分管的区域组织指挥防汛抗旱工作。

【案例一】

2021 年 5 月 22 日，2021 年（第四届）黄河石林山地马拉松百公里越野赛暨乡村振兴健康跑在白银市景泰县黄河石林大景区举行，比赛期间遭遇突发降温、降水、大风的高影响天气发生公共安全责任事件，造成 21 名参赛选手死亡，8 人受伤。

事故定性：这是一起由于极限运动项目百公里越野赛在强度、难度最高的赛段遭遇大风、降水、降温的高影响天气，赛事组织管理不规范、运营执行不专业，导致重大人员伤亡的公共安全责任事件。

涉及责任单位：

赛事执行单位为黄河石林大景区管委会，推广和实际执行单位为景泰黄河石林文化旅游开发有限公司，运营单位为甘肃 SJ 体育文化发展有限公司。

甘肃 SJ 体育文化发展有限公司（以下简称 SJ 公司）于 2016 年 9 月 2 日成立，为自然人投资或控股的有限责任公司，法定代表人吴某某，注册资本人民币 500 万元，股东张某某、吴某某（夫妻关系）各控股 50%，有员工 12 人。经营范围主要包括企业营销策划、企业形象策划、会展服务、文化艺术交流活动策划、体育赛事活动策划等。2018 年至今，先后参与运营四届黄河石林百公里越野赛。

经调查，SJ 公司是此次赛事的运营单位，涉嫌串通投标；未落实山地马拉松越野赛相关标准和要求；未落实中标协议内容；赛事组织管理不力，未审核参赛人员资格，运营服务、赛事准备不足；未开展最危险赛点风险评估；制定虚假赛事应急处置预案；未对气象预警信息采取有效的应对措施，安全保障措施不力；接到求救信息后未及时作出停赛决定，对事件的发生负有直接责任。建议由相关部门依法对公司及其相关人员进行行政处罚。公司相关人员张某某、吴某某、郑某某、张某某、王某某等 5 人因涉嫌刑事犯罪依法被批准逮捕，由司法机关依法追究其刑事责任。

【案例点评】

本案中组织单位"以包代管"，忽视活动的安全运行，对于可能发生的自然灾害没有做好预防；运营单位晟景公司工作中各种疏忽大意，灾情发生后应对不力，最终导致巨大损失。

【建议】

涉及人员密集类的经营活动，一定要把人的生命放在第一位，组织单位要发挥监督作用，不能"一包了之"，运营单位如果忽视了安全运行，单位领导难辞其咎，严重的要被追究刑事责任。

【案例二】

河南省 2021 年 7 月 20 日遭遇大暴雨，引发大规模洪灾，省会郑州在暴雨后发生地铁灌水和京广路隧道淹水事故，官方 8 月 2 日通报，截至当天，河南洪灾已致 302 人遇难，50 人失踪，其中郑州市有 292 人遇难。

据报道，中国国务院河南郑州特大暴雨灾害调查组已进驻河南，要求既充分肯定干部群众为防汛救灾所付出的艰苦努力，也实事求是地复盘灾害过程、深入查明灾害原因，深入反思在贯彻新发展理念上的差距，深入谋划推进防灾减灾救灾工作，下决心、下功夫提高灾害防御应对能力和城市安全保障水平，不断推进应急管理体系和能力现代化。要查清问题短板、厘清相关责任，对失职渎职行为将移交纪检监察机关追责问责。

河南省委书记楼阳生表态强调决不隐瞒推诿、决不弄虚作假，全力做好配合调查工作，对调查中发现的失职渎职行为，依法依纪依规追责问责。

【案例点评】

上述案例中，大暴雨是天灾，损失巨大，伤亡惨重，国家已经组织了相关调查组入驻调查，如果查明事故中相关责任主体存在失职失责的行为，很可能要追究有关人员的责任。

【建议】

企业管理者，不仅要做好日常经营，对于突发自然灾害一定要保持警醒，对于自然灾害的预警，主要负责领导一定要当成一项常态工作，长期保持关注，这样才能防患于未然，从自身工作讲，也避免相关责任追究。

【案例三】

2016 年 5 月 28 日 15 时 23 分许，位于台山市端芬镇的凤凰峡景区受强降雨影响突发山洪，导致部分参加漂流活动的游客和漂流河道周边人员被山洪冲走，事故共造成 8 人淹溺死亡、10 名游客受伤，直接经济损失 878.65 万元。

调查报告分析，造成本起事故的直接原因是：事故发生区域短时强降雨引发山洪，导致漂流河道流量剧增；JFH 公司无视气象预警，在漂流活动不具备安全生产条件的情况下，依然冒险开展漂流活动。金凤凰公司违反了安全生产法第十七条、《广东省经营高危险性体育项目体育场所开放条件与技术要求》第 11 部分和《广东省突发气象灾害预警信号发布标准及防御指引》暴雨橙色预警信号防御指引的规定。

经调查认定，台山市端芬镇凤凰峡"5·28"较大淹溺事故是一起由于强降雨引发山洪导致的责任事故。调查报告披露，移送司法机关处理人员：①成某某，JFH 公司副总经理，涉嫌重大责任事故罪，建议移送司法机关依法处理；②潘某某，JFH 公司法定代表人，负责该公司全面工作。涉嫌重大责任事故罪，建议移送司法机关依法处理。

法院经审理认为责任人潘某某，在灾害天气预警的情况下，忽视预警，在生产、作业中违反安全生产管理的规定，造成重大伤亡事故，情节特别恶劣，考虑自首和积极赔偿，判决有期徒刑 3 年，缓刑 5 年。

【案例点评】

随着全球极端气候现象的多发，企业经营不可避免受到影响，尤其对于涉及户外经营的企业来说，不仅要时刻关注天气变化，更好做好方案预防，否则一旦发生安全事故，相应的责任追究在所难免。

【建议】

企业管理者要高度关注经营环境，包括所处的自然地理环境，对来自环境的重大风险，要时刻关注，并制定切实可行的预案，避免灾害导致的人员伤亡和财产损失。

第五节　财务管理责任

财务信息对于判断公司经营情况至关重要，是公司投资者、债权人经济决策的重要参考指标；若干个体的经营主体的财务信息构成国家宏观经济信息的一部分，如果失实，对于国家经济计划制定并实施各类经济政策也会造成重大干扰。

按照《中华人民共和国会计法》（2017修正）（以下简称会计法）第二十一条规定，财务会计报告应当由单位负责人和主管会计工作的负责人、会计机构负责人（会计主管人员）签名并盖章；设置总会计师的单位，还须由总会计师签名并盖章。单位负责人应当保证财务会计报告真实、完整。

《中华人民共和国审计法》（2006修正）规定，被审计单位负责人对本单位提供的财务会计资料的真实性和完整性负责。

刑法第一百六十一条规定，违规披露、不披露重要信息罪，依法负有信息披露义务的公司、企业向股东和社会公众提供虚假的或者隐瞒重要事实的财务会计报告，或者对依法应当披露的其他重要信息不按照规定披露，严重损害股东或者其他人利益，或者有其他严重情节的，对其直接负责的主管人员和其他直接责任人员，处三年以下有期徒刑或者拘役，并处或者单处二万元以上二十万元以下罚金。

【案例一】

*ST毅达公司实际控制人自然人何某某，主要业务为园林绿化工程施工，主要资产为公司全资子公司厦门中毅达环境艺术工程有限公司（以下简称厦门中毅达）相关苗木资产。

2015年7月至9月，厦门中毅达在未实施任何工程的情况下，以完工百分比法确认了井冈山国际山地自行车赛道景观配套项目的工程收入和成本，导致*ST毅达2015年第三季度报告虚增营业收入7 267万元，占当期披露的营业收入的50.24%；虚增利润总额1 063.89万元，占当期披露的利润总额的81.35%；虚增净利润797.92万元，将亏损披露为盈利。

2018年4月，上海证监局针对*ST毅达2015年三季报虚假记载行为作出行政处罚决定，对公司给予警告并处以50万元罚款，对时任董事、监事、高级管理人员及相关财务人员等17名责任人员，分别给予警告并处以3万～20万元的罚款。同时，上海证监局依法将该案移送公安机关。

一审中，检察院起诉指控，上海中毅达股份有限公司(以下简称上海中毅达)系上海证券交易所上市公司（A股代码:600610),依法负有信息披露义务，事实证明，由厦门中毅达承接的井冈山国际山地自行车赛道景观配套项目工程量未实际开展。

检察机关调查发现，虚增业绩活动，由时任公司副董事长、总经理任某某决定，具体由公司副总经理、财务总监林某某、公司财务经理秦某某、厦门中毅达副总经理盛某实施。

法院认为，上海中毅达作为依法负有信息披露义务的公司，向股东和社会公众提供虚假的财务会计报告，虚增净利润，将亏损披露为盈利，属于法律规定的其他严重情节；被告人均已构成违规披露重要信息罪，应予依法惩处。

2020 年 4 月 10 日，法院作出判决，4 名责任人员均构成违规披露重要信息罪，分别被判处拘役或者有期徒刑。该案由上海证监局查处并移送公安机关，系上海市首例提起公诉并判刑的违规披露重要信息罪案件。

【案例点评】

有的经营主体及管理人员，出于经济利益的驱动，会直接虚增收入、虚计利润，甚至虚构根本不存在的业务或交易。

【建议】

公司财务造假，尤其是上市公司的财务造假，会直接影响公司股票在资本市场的价格，从而损害证券市场的公平交易秩序，损害普通中小投资者的合法权益，从而导致责任人员面临刑事风险。建议财务管理人员一定要留意彻头彻尾的虚假交易，必要时实地查勘、核实，万不可盲目配合，甚至参与其中。

【案例二】

2018 年 1 月开始试运营的瑞幸咖啡，于 2019 年 5 月在纽交所上市，后被浑水调研公司的报告爆出严重财务造假。

报告认为，瑞幸咖啡从 2019 年第三季度开始捏造财务和运营数据，夸大门店的每日订单量、每笔订单包含的商品数、每件商品的净售价，从而营造出单店盈利的假象。又通过夸大广告支出，虚报除咖啡外其他商品的占比来掩盖单店亏损的事实。

证监会公告信息显示，瑞幸咖啡大规模虚构交易，虚增收入、成本、费用，虚假宣传等行为，违反了会计法、反不正当竞争法的相关规定。

2020 年 12 月 16 日，瑞幸咖啡发布公告称，已与美国 SEC 就公司某些前高管和员工实施的捏造交易的调查达成和解，瑞幸咖啡同意向 SEC 支付 1.8 亿美元的民事罚款。2021 年 2 月 8 日，据媒体报道，该和解方案已经被美国纽约南区地方法院批准。

据报道，中国证监会表态：会高度关注瑞幸咖啡财务造假事件，对该公司财务造假行为表示强烈谴责。中国证监会将按照国际证券监管合作的有关安排，依法对相关情况进行核查，坚决打击证券欺诈行为，切实保护投资者权益。

因此，瑞幸咖啡是否会被中国司法机关追究刑事责任尚未最终确定，但根据刑法第七条的规定，对瑞幸咖啡直接负责的主管人员和直接责任人员，在国内被追究刑事责任仍存在很大可能。

【案例点评】

据网上曝光的浑水调研公司公布的调查报告，瑞幸咖啡财务造假链条较长，涉及交易的最前端交易单据，被发现的难度很高，可能性很低。由于调查者投入大，准备充分，时间较长，完整交易造假也被发现。

【建议】

财务造假即使做得如此"认真、仔细"，可假的终归是假的，总会留下蛛丝马迹，在专业调查机构面前，早晚会暴露出来。尤其是公众公司，财务人员参与造假，可能造成自身直接面对各种法律责任的风险。因此，建议财务管理人员一定要怀敬畏之心，万不可心存侥幸。

第六节　保守国家秘密的责任

一定程度上，关系国家安全的企业商业秘密，同时也可能是国家秘密。如果企业可能涉及国家秘密，或者企业高管可能接触或知悉国家秘密，泄露国家秘密的，可能因此承担行政处罚或刑事责任。

按照保守国家秘密法第十二条的规定，机关、单位负责人及其指定的人员为定密责任人，负责本机关、本单位的国家秘密确定、变更和解除工作。国家秘密的知悉范围以外的人员，因工作需要知悉国家秘密的，应当经过机关、单位负责人批准。《保守国家秘密法实施条例》规定，机关、单位负责人对本机关、本单位的保密工作负责，工作人员对本岗位的保密工作负责。

【案例】

经济数据秘密的利益链条：据业内人士称，一些与市场密切相关的经济数据，对于券商研究人员可以极大提高自身知名度，获取更多基金公司的分仓，收取更多费用。

经法庭调查，原金麦龙资产管理有限公司总经理伍某从原央行金融研究所货币金融史研究室副主任伍某处获得国家尚未公布的宏观经济数据 19 项，经鉴定为"秘密级"，从李某处获得国家尚未公布的宏观经济数据 11 项，经鉴定为"机密级" 6 项、"秘密级" 5 项。伍某掌握秘密后，以手机短信方式向蔡某、孙某、叶某等 11 人故意泄露累计达 144 次。

伍某因泄露国家秘密一审被判刑 5 年半。

【案例点评】

企业经营过程中，各类经济数据息对于某些行业非常重要，涉及经济利益巨大。但是由于某些经济数据在公布之前，按照有关保密规定属于国家秘密，如果通过不正当手段在正式公布之前获得该类数据，可能承担刑事责任。

【建议】

企业高管在内部管理、对外交往过程中，一定要谨慎对待各类国家秘密，"不该问的坚决不问，不该说的坚决不说，不该看的坚决不看"，避免涉及泄露国家秘密犯罪。

第七节　管理者的域外风险

改革开放以来，中国深度参与世界经济分工。随着中国经济发展，越来越多的企业实施"走出去"战略，有的去境外开拓产品销售市场，有的去海外资本市场上市，有的并购境外主体，还有的和境外主体之间从事商品、服务的贸易。

随着中国企业越来越多、越来越密切地参与国际经济，不可避免地会面临各种各样的法律风险。

为了打击境外对中国企业及企业家的不公平、不公正对待，国家层面出台了《中华人民共和国反外国制裁法》，商务部发布了《阻断外国法律与措施不当域外适用办法》，这些法律政策的公布实施有效地维护了我国企业的合法权益。

作为企业以及企业家个体，合法权益要坚决维护，但也要做到合规经营，避免授人以柄。在合规经营的基础上，预判境外法律环境，避免遭遇相关法律风险。

【案例一】

据有关报道，湖南神力实业有限公司创建于1989年。位于享有"烟花之乡"美誉的浏阳，是一家从事胶粘剂产品研发、生产、贸易的高科技企业。

神力公司称其自1993年就开始使用ABRO商标，设计立意来自与"神力"意蕴相同的大力士"阿波罗"（ABRO）。2002年6月4日，神力公司向中国国家商标局申请在国际分类第16类商品上注册ABRO商标。

2003年1月11日，美国爱宝公司也向中国国家商标局在同类商品上申请注册该商标，但因申请在后而被国家商标局驳回。随后，爱宝公司对神力公司的申请提出异议，经国家商标局、国家商标复审委员会和北京市一中院分别裁定和判决，决定不予核准神力公司注册申请。

神力公司与爱宝公司双方多次联系，希望能对此事进行协商谈判。谈判9月14日在英国伦敦进行。9月14日，神力公司袁某某乘坐客机降落伦敦希思罗机场，被三名英国警察在飞机上扣留，并于当年11月16日，在伦敦的法庭进行了一次听证。

【案例点评】

知识产权对于企业的生存、发展影响非常大，许多发达国家对于知识产权保护法律体系非常完备，利用包括民事、行政、刑事各种法律门类加强对知识产权侵权的打击力度，如果企业涉及涉外知识产权争议，可以咨询知识产权专业人士，对涉及的域外法律风险进行评估，并依法采取针对性防范措施。

【建议】

企业要高度重视涉外法律，其法律影响不仅涉及境内，也涉及境外；万不可陷入一个误区，以为国内争议解决完了，就放松了对手在国外发起的法律程序。

【案例二】

据报道，A 某浏览黑客论坛来搜索被破解的软件，以及可以来运行软件的用户名与密码，这些软件实际价值从每个几百美元到超过 100 万美元不等，但是 A 某售价却不到 5%，一般是 20~1 200 美元。被盗软件的企业包括微软、Oracle、SAP、罗克韦尔、安捷伦、西门子、达康、艾尔特拉等企业。

A 某在自建的网站上发布后，通过 Gmail 来传输压缩的操作文件，或者给购买者发送链接，由购买者自己下载。链接主要是在建立的 crack99.com。

美国国土安全部在 2010 年 1 月就盯上了 A 某。1 月，美国国土安全部的特工向 A 某发去了电子邮件，商谈购买软件事宜。在接下来的几个月内，美国国土安全部逐渐取得了 A 某的信任，后者同意在 2011 年 6 月至美属塞班岛面谈。

在塞班岛的酒店当中，A 某随身携带了一个容量为 20GB 非法从美国软件公司获得的未授权文件，几张盗版软件产品 DVD 和一些包装材料及相关设计等，A 某当场被捕。

2013 年 1 月 8 日，外媒报道，A 某当地时间 7 日在特拉华州地区法院宣布认罪，承认出售了价值 1 亿美元的盗版软件。如果罪名成立，A 某将面临长达 25 年的监禁和巨额罚款。

【案例点评】

国际知名的 IT 企业，其销售区域遍布全球，特别注重对其知识产权的保护，尤其注重打击侵权行为，通过破解等非法手段取得相关软件使用，甚至进行转售谋利的行为，侵权者可能浑然不觉，但早落入被维权者打击的范围。

【建议】

经营手段要合法，非法经营手段一时谋利，从长期来看，潜伏巨大法律风险。通过黑客技术破解他人软件，侵犯他人著作权，可能导致经营者个人承担刑事责任。

第八节　群体性事件引发的管理者法律责任

随着社会经济的快速发展，人民群众内部有些矛盾可能激化，过去没有的矛盾可能现在产生了，可能会以各种形式表达出来形成群体行为，表达利益诉求和政策主张，对社会秩序和稳定造成一定影响。

2016年10月8日，中央办公厅、国务院办公厅印发《信访工作责任制实施办法》（以下简称实施办法），实施办法第十七条授权"各省、自治区、直辖市，中央和国家机关各部门，可以根据本办法制定实施细则"。

实施办法是《中国共产党问责条例》正式施行后，围绕信访工作制定的一项重要党内法规，是加强新时期信访工作的重要举措。实施细则，进一步明确责任内容，细化责任追究，树立失责必问、问责必严的鲜明导向。

例如，中共北京市委办公厅、北京市人民政府办公厅印发《北京市信访工作责任制实施细则》（以下简称实施细则）。实施细则规定，对发生集体访或者信访负面舆情处置不力，导致事态扩大，造成不良影响的，各级党政机关及其领导干部、工作人员将受到责任追究。

一方面，明确主体责任。依据信访条例有关规定，按照"属地管理、分级负责，谁主管、谁负责，依法、及时、就地解决问题与疏导教育相结合"的工作原则，分别对各责任主体的责任进行了明确。

另一方面，细化责任内容。实施细则主要结合实际，对领导干部包括国有企业领导的职责进行了细化。关于信访工作列入议事日程的要求。实施细则明确了量化标准："各级党政机关应当将信访工作列入议事日程，市党政领导班子每半年、各区党政领导班子和各市属部门及单位领导班子每季度至少听取一次信访工作汇报，分析信访形势，研究解决工作中的重要问题，从人力物力财力上保证信访工作顺利开展；各街道（乡镇）、各区属部门及单位领导班子根据需要随时听取信访工作汇报，研究解决信访突出问题。"

实施细则规定，除了对发生集体访或者信访负面舆情处置不力，领导干部、工作人员要追责外，因决策失误、工作失职，损害群众利益，导致信访问题产生，造成严重后果等建议重视不够、落实不力，导致问题长期得不到解决等情形，也将追究责任。

【案例】

吉林省大型钢铁联合企业通钢集团，为深化企业改革，经与众多战略投资者商谈和比较，吉林省国资委作出决定，由第二大股东 JL 集团对 TG 集团进行增资扩股，并控股经营。2009 年 7 月 24 日上午，人群在 TG 集团办公区内聚集，一度达到千余人冲击生产区，堵塞原料运输线，造成部分高炉休风。

在聚集中，部分人员将矛盾集中在 JL 集团派驻 TG 总经理陈某身上，对其进行围堵，并将其打伤。

在此情况下，JL 集团提出立即由多方股东商议，并要求终止执行增资扩股方案。吉林省政府工作组为防止事态扩大，同意终止实施 JL 集团增资扩股 TG 集团方案，并将陈某抢救出来，但陈某因抢救无效死亡。

2009 年 8 月 5 日，吉林省委常委会研究决定，免去安某 TG 集团党委书记职务，建议免去其 TG 集团董事长职务。

【案例点评】

上述案例中，企业重组方案的组织、实施没有取得大多数员工的支持，终导致群体性事件的发生，企业领导人员也被免职。

【建议】

企业领导一定要做好预演，充分考虑发生各种情况的可能性，更重要的是涉及企业重组等重大事项须让职工参与，必须维护职工利益。

第九节　社会舆情之下管理者法律责任

随着互联网等信息技术的裂变式发展，微博、微信等新媒体加速了"自媒体"时代的到来，针对舆情影响较大、情况复杂的突发事件和热点问题，需要加强对"报、网、微、端、屏"等新闻媒体的组织协调，要占领舆论制高点，争取受众的理解和支持。

大型企业集团，下属成员企业几十个，项目上万个，遍及全国各地，但隐含突发性事件及其舆论应对的风险也随之增大。一旦发生突发性事件，各成员企业在舆论应对中，压力很大。

为此，必须统一领导，分级处置，做好应对处置工作。一旦发生突发性事件，要主动出击，积极与主流媒体沟通交流，发布新闻，引导舆论，不说谎、不诡辩、不掩饰，及时给社会大众全面、真实的信息，维护企业良好的社会形象和信誉。在舆情应对和处置方面，工作不力或工作失误，也往往导致公司领导被追究责任。